從
著色繪本
學習
COPIC麥克筆插畫
12色繪製女孩與可愛背景！
まりぽり

前　言

「我想用COPIC麥克筆畫插圖！」
「但是感覺好難喔！」
本書是針對有以上想法的人製作而成的著色練習本。

內容相當豐富實用，不僅適合第一次使用COPIC麥克筆的初學者，也適用於有能力繪製一定程度的插畫，但想嘗試更多不同主題的人。

我們將在最初的５堂課學會基本知識。
接下來將練習不同的女孩角色插畫３張，各角色搭配背景的插畫６張，透過９張著色練習，學習如何運用COPIC麥克筆。

而且只需要準備12色，輕鬆好上手也是本書的教學重點。

完成９張著色練習後，學習如何挑選符合主題的顏色，以及疊色與漸層色的上色技巧，讓著色過程變得更有趣。
請務必將本書發揮得淋漓盡致，練習到運用自如的程度。

必備工具

❶12支COPIC麥克筆
❷白色墨筆
❸白紙（影印紙之類的紙。由於墨水會滲透至下方，需將紙張墊在下方）

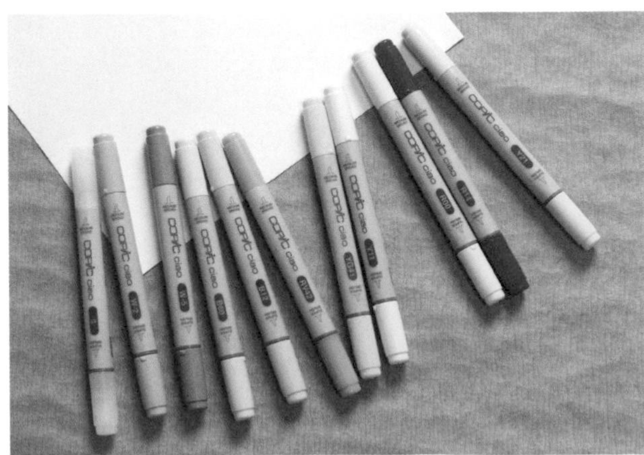

COPIC ciao
RV42
eat me

Contents

本書使用的12支COPIC麥克筆

本書總共使用12支筆，包含11支COPIC麥克筆以及 0 號無色調和液。
另外準備一支白色的筆以便繪製高光。
接下來將為你詳細介紹推薦的11色。

◆膚色與淡粉色　**◆2支灰色（深淺）**
◆淡陰影色　**◆6支彩色**

膚色與淡粉色

繪製角色時不可或缺的膚色基底，以及用於臉頰等部位的淡粉色。
是必備的 2 支麥克筆。

E000 ➡ 膚色

R00 ➡ 淡粉色

2支灰色

用來畫暗部的 2 支灰色，一深一淺。
偏紅的暖灰色也能表現出褐色的效果，很適合用來繪製以人物為中心的插畫。

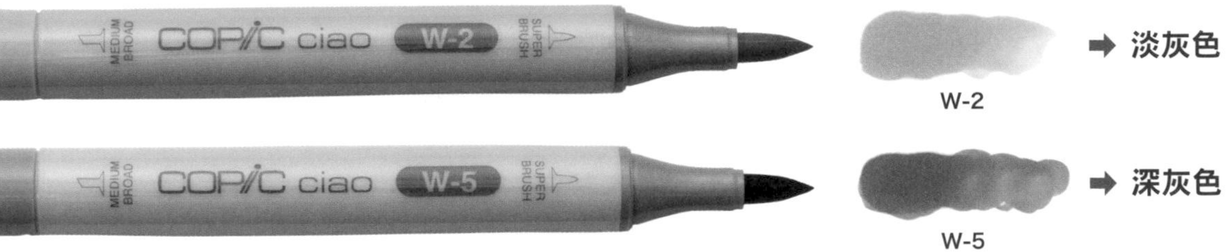

W-2 ➡ 淡灰色

W-5 ➡ 深灰色

淡陰影色

在白色物品的陰影或暗部上疊色時，表現活躍的一支麥克筆。

B60 ➡ 淡紫色

雖然本書也會標記色號，但為了讓讀者更直接地理解用色，解說中將以此處的顏色為標示。

6支彩色

用於繪製各種不同主題的必備6色。
也可以利用疊色法畫出更深的顏色。

B12 ➡ 藍色

Y11 ➡ 黃色

Y21 ➡ 橘色

RV42 ➡ 粉紅色

R14 ➡ 紅色

YG41 ➡ 綠色

無色調和液

想利用複數顏色製造漸層效果時，無色調和液可以發揮功用。
塗色超出線條時也能用來去除顏色。

0 ➡ 0號

白色墨筆

高光專用筆，白色墨筆可以將插畫修飾地更漂亮。

其他配色也可以

難道只能用本書指定的12色才畫得出來嗎？沒有這樣的事喔！
除了０號以外，在其他11色的準備上，也可以搭配其他原創色彩。
以下為你介紹其他色彩模式，可以依照喜歡的氛圍進行配色，也可以使用市售的顏色套組。
（市售套組為2021年的版本）

	まりぽり配色	童話配色	清晰配色	Ciao12色套組	Sketch12色套組B
◆膚色	E000	R000	E50	R000	E000
◆淡粉色	R00	R00	E93	E93	YR61
◆淺灰色	W-2	W-1	C-2	W-2	E11
◆深灰色（褐色）	W-5	E53	E35	E31	E15
◆淡紫色	B60	V91	BV31	BV31	BV11
◆藍色	B12	B000	B05	B02	B12
◆粉紅色	RV42	RV10	RV23	RV21	RV00
◆紅色	R14	R02	R27	R35	R43
◆黃色	Y11	Y00	Y06	Y02	Y02
◆橘色	Y21	Y21	Y38	YR31	YR65
◆綠色	YG41	YG11	G05	BG23	G02
					G000 無０號

◆童話配色◆

不使用深紅色，呈現柔和的氛圍。
用灰色繪製白色襯衫的陰影。

◆清晰配色◆

健康的膚色。深藍色可以
將藍莓和寶石畫得很清楚。

◆Ciao12色套組◆

6種彩色很鮮豔，營造出流行的氛圍。
因為紫色比較深，可畫出更清楚的陰影。

◆Sketch12色套組B◆

沒有0號，以淺綠色代替。
加入淡粉色，畫出可愛的蝴蝶結和珍珠。

COPIC麥克筆是什麼樣的筆？

Caio與Sketch有何不同？

COPIC麥克筆主要有「Caio」與「Sketch」兩個系列。

Sketch系列的特色是色彩數量多，共有358種顏色選擇，可滿足專業設計師及插畫師的需求。此外，墨水容量約為3mL，比Caio系列多。

Caio系列則是180色的初階入門款，價格比Sketch系列低，很適合預算有限又想增加顏色數量的人。墨水容量約為2.5mL，比Sketch系列少。

Sketch

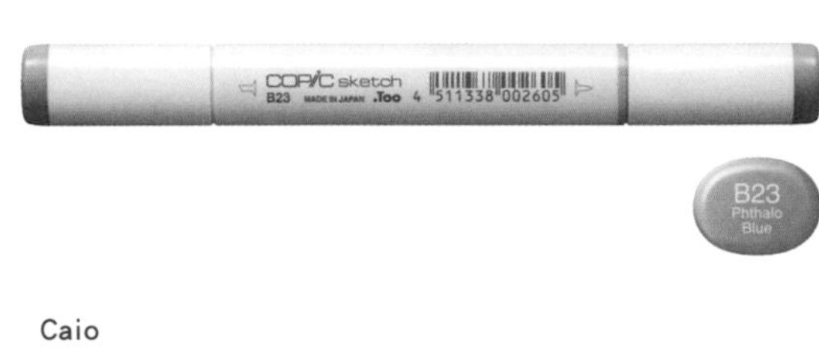

Caio

COPIC麥克筆的色號含義為何？

COPIC麥克筆的顏色名稱是以英文字母和數字表示。英文字母代表顏色，數字則是明度與彩度的差異。

另外還有以下幾種顏色：

E＝Earth Tone（大地色）　C＝Cool Gray（冷灰）
N＝Neutral Gray（中性灰）　T＝Toner Gray（調色灰）
W＝Warm Gray（暖灰）　A＝無彩色（0/100）
F＝螢光色

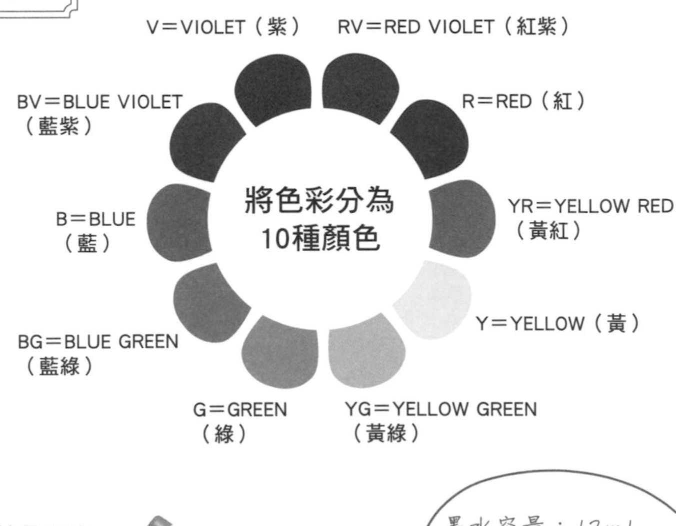

補充墨水

COPIC是一款可以愈用愈久的實用麥克筆，其具有高CP值的替換用墨水。

Caio系列每支275日圓，Sketch系列每支418日圓，12ml的替換用墨水為418日圓。12ml的容量大約可使用Caio系列９次，Sketch系列７次。（※皆為2021年含稅定價）

COPIC麥克筆小知識

墨水溢出過多時，請打開另一側的筆蓋

COPIC麥克筆有兩種筆頭，分別是軟筆型的「SUPER BRUSH」以及方形斜寬筆頭型「MEDIUM BROAD」。請根據作品選擇不同的筆頭。

大量補充墨水可能發生溢出的情形，這時請打開未使用的另一側筆蓋吧！這麼做可以讓空氣流通，解決墨水過多的問題。

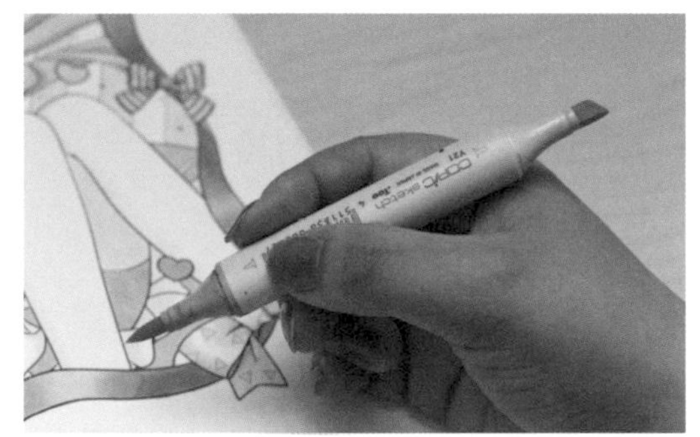

用0號去除汙漬

墨水沾到桌子或手上時，0號是很好用的工具。用衛生紙沾一些0號墨水，就能除去擦不掉的墨水污漬。

除此之外，指甲彩繪去光水之類的酒精溶劑也能確實擦除墨水。

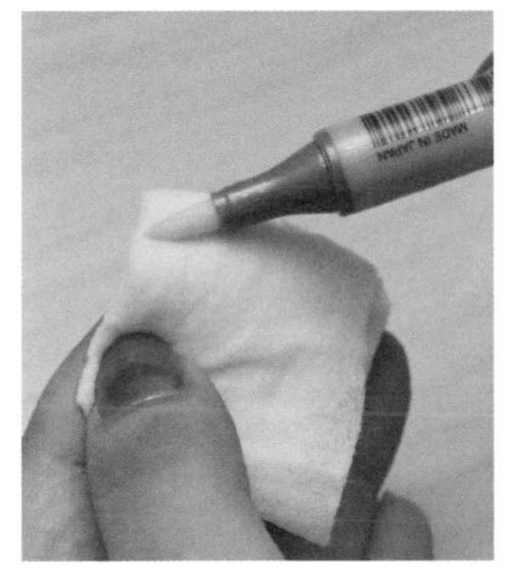

影印底稿時的注意事項

本書可以實際著色練習，應該有不少讀者想用家裡的印表機印出底稿再上色。

使用雷射印表機影印的底稿，可以用COPIC麥克筆進行著色，但如果是噴墨印表機，就需要搭配使用顏料墨水。顏料墨水中也有會暈開的類型，這方面必須多加注意。

本書的作畫過程拍攝方面，使用Epson顏料墨水的噴墨印表機影印，將底稿印在COPIC麥克筆專用畫紙後進行上色。

關於畫紙

考量紙張與COPIC麥克筆的適合度，本書選用上質紙作畫。不過市面上也有販售其他更適合COPIC麥克筆、不會滲透到下一頁的畫紙，畫完練習本之後，你可以自行購買畫紙，繼續練習上色。

COPIC麥克筆專用紙

COPIC專用紙很適合搭配使用COPIC麥克筆，接下來將為你介紹幾款專用紙的特色。

◆COPIC PAPER SELECTIONS（特選上質紙）

紙張是很舒適的白色，易於進行混色、繪製漸層色。由於表面較粗糙，也適合搭配使用鋼筆或代針筆。這款畫紙也有插畫速寫本的款式。

◆COPIC PAPER SELECTIONS（畫學紙）

紙張顏色更白，擁有繪畫用紙的質感，是一款易於滲透暈染的紙張。
塗太多顏色可能會出現過度滲透的情況，較適合大量暈染的風景畫。

◆COPIC PAPER SELECTIONS（Custom Paper特製紙）

紙張很白，表面十分光滑，顯色效果佳，善於表現鮮豔的顏色。比起用來繪製暈染類型的插畫，更適合採用動畫上色法。

特選上質紙

特選上質紙
插畫速寫本

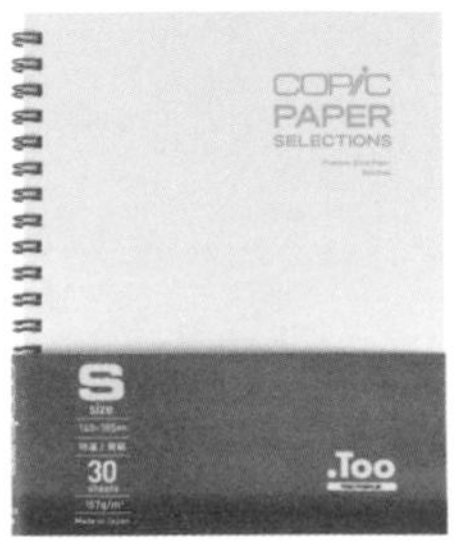

畫學紙

特製紙

其他

◆Winsor & Newton溫莎牛頓　Cotman細紋紙

稍微偏黃的水彩紙，易於延展顏色且適合暈染，不會留下草稿的痕跡，紙面強韌，可承受橡皮擦摩擦。
但是對墨水的吸收性很好，墨水的消耗量較高。此外，成品顯現的顏色會變淡。

◆Maruman速寫本

價格便宜且容易入手，適合用來作為初次試畫的紙張，顯色度佳。
但紙面會留下草稿痕跡，過度上色容易造成顏料滲透，墨水的消耗量也比較高。

Cotman細紋紙

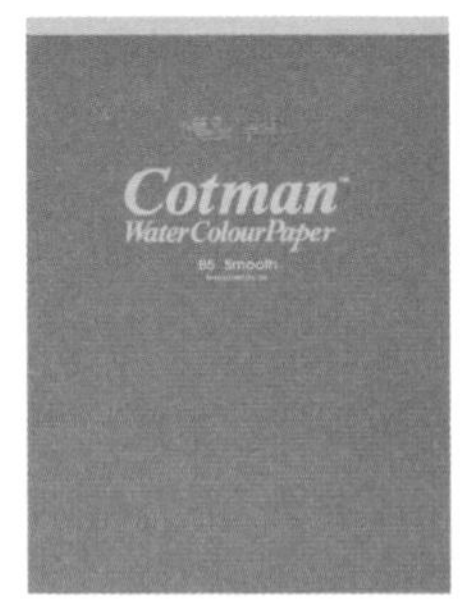

Maruman速寫本

請在練習頁底下墊一張白紙

（有墊板更好）

第1章

COPIC的基本練習

在底下墊一張白紙

COPIC是酒精滲入下方的酒精性麥克筆。開始上色之前，建議先在底部墊一張白紙作為墊板，再進行塗色。

本書是容易展開的書籍，將書頁攤開至露出車線的程度，畫起來會更順手。

底稿的背面沒有印刷任何東西，將書頁剪下來塗色也OK。

本章內容

在開始COPIC繪畫之前，本章將進行一些暖身練習。
請在進入正題前學會麥克筆的使用方法，練習疊色和漸層色的畫法吧！
認為自己「不做基礎練習也沒問題」的人，可以直接開始第 6 課的上色練習。

Lesson 2
點與線的上色練習

Lesson 5
漸層色練習

Lesson 1

11色平塗練習

COPIC有兩種筆頭，這裡使用的是軟筆頭（SUPER BRUSH）。
先試著用11種顏色塗色吧！

塗塗看

請試著用軟筆頭在上色面積中塗色。
將細筆頭對準線條，斜斜地塗上顏色。

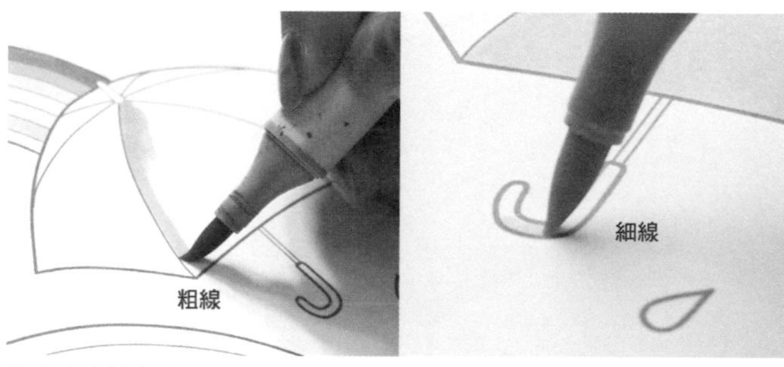

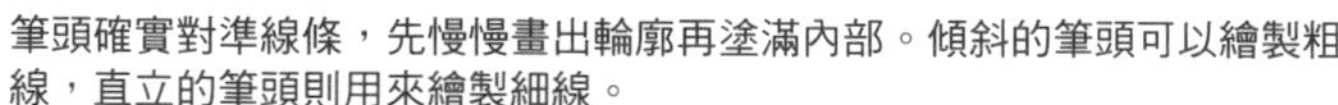

筆頭確實對準線條，先慢慢畫出輪廓再塗滿內部。傾斜的筆頭可以繪製粗線，直立的筆頭則用來繪製細線。

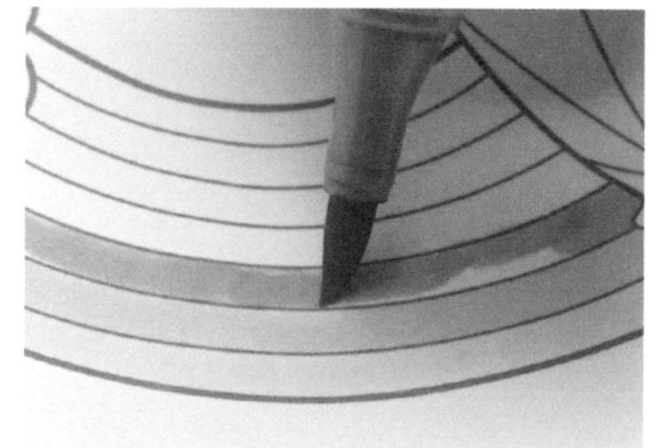

筆頭難以對準線條時，請轉動紙張，找到塗得順手的位置。

修正

如果不小心塗出去了，可以用 0 號擦除。

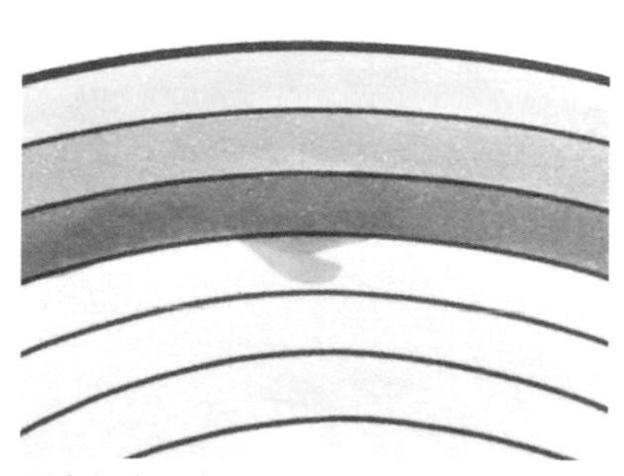

不小心塗到線的外面了。

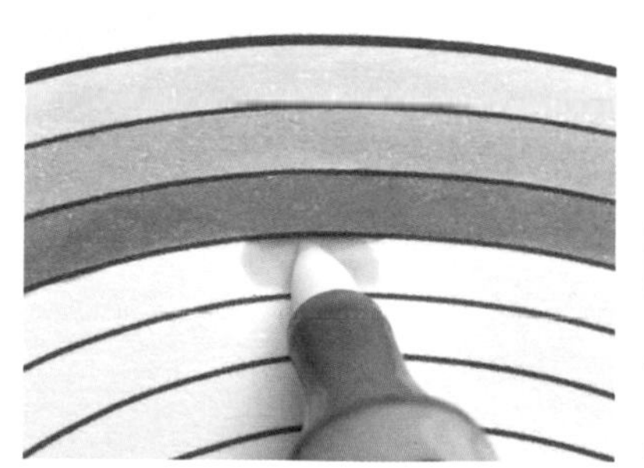

用 0 號在塗出去的地方上色。

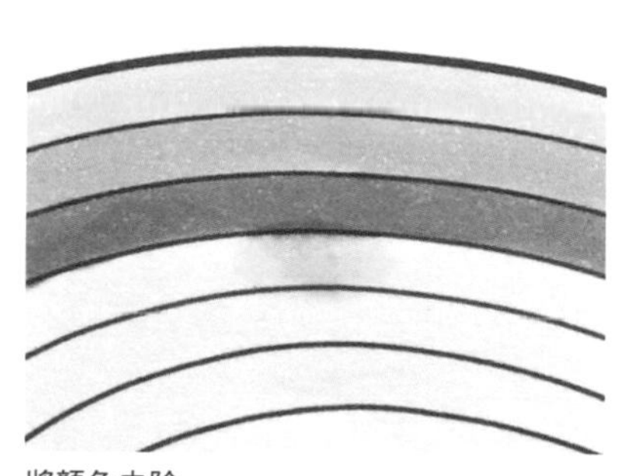

將顏色去除。

練習畫畫看

使用本書全部的11種顏色，儘量不要塗出去。
不小心塗出去時，請用 0 號修正。

點與線的上色練習

沒有線條的地方也能加上陰影、圓點、格紋圖案，畫出很漂亮的成品。
首先，讓我們從這裡開始練習吧！

畫圓點

在拱形的邊緣畫出圓點。

暈開邊緣

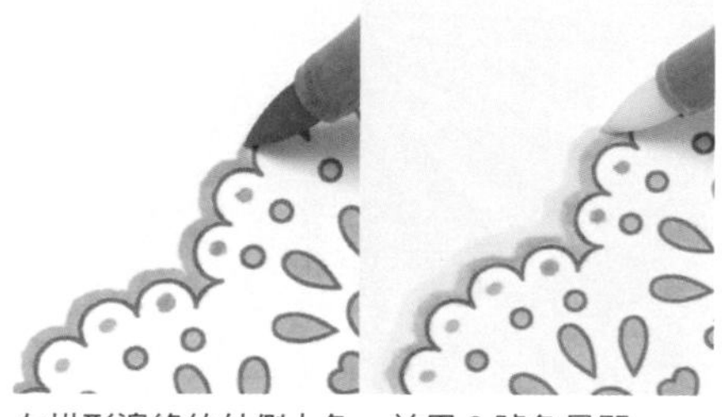

在拱形邊緣的外側上色，並用 0 號色暈開。

畫陰影

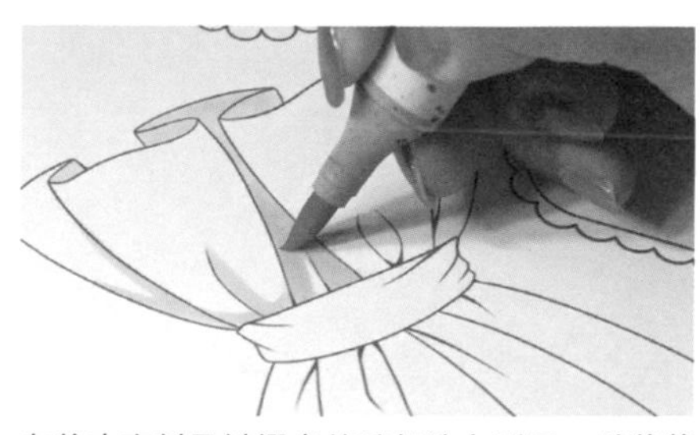

在後方布料及皺褶處的暗部塗上影子，試著將陰影畫出來。

在下襬畫出線條

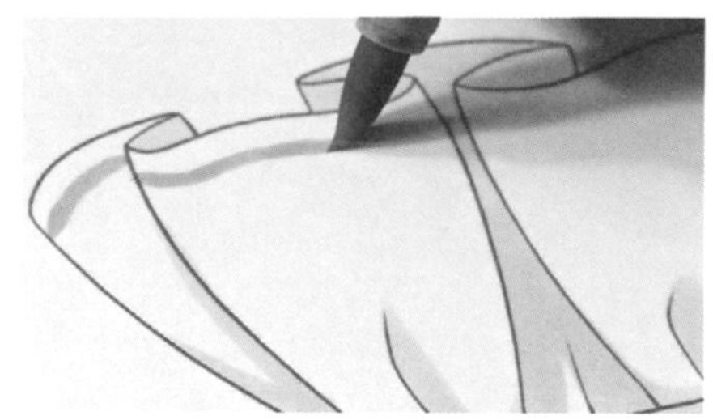

將筆尖立起來，畫出下襬的線條。

畫出格紋圖案

決定格紋的寬度。將短線連接起來，拉成長長的線條。

用兩種顏色畫出格紋後，在交界處上色（藍色）。

練習畫畫看

請模仿範例的畫法，自行添加線條、圓點和陰影吧！

以混色調製顏色

利用COPIC疊加不同顏色，可以調製出其他顏色，11種顏色也能將各式各樣的色彩表現出來。請試著疊加顏色，做出新的色彩吧！

製作混色表

疊加兩種顏色時，該等顏色乾了再疊色嗎？該從哪個開始上色？有時可能會產生這些疑問。雖然差別並不大，但基本上需以「乾了再畫」、「在深色上疊加淺色」的原則上色，這樣顏色比較不會不均匀。

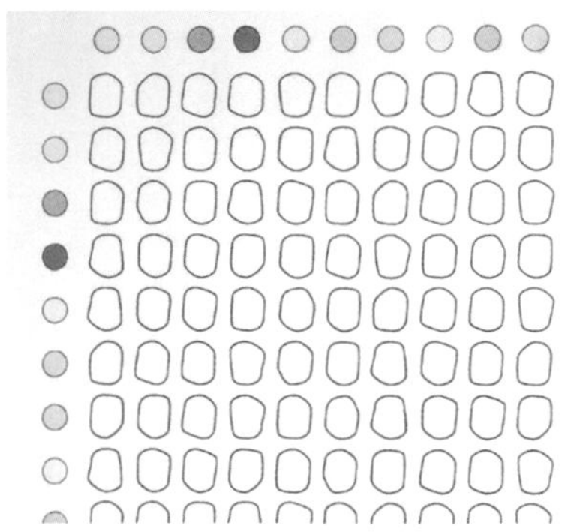

首先，在上方和左方的圓形中上色。以相同順序排列顏色，看起來會更清楚好懂。

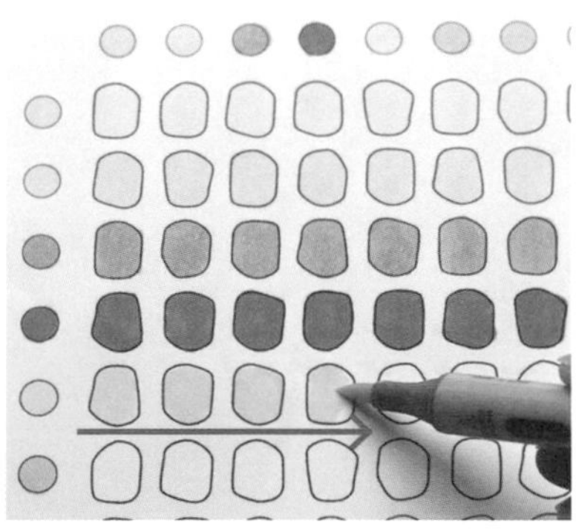

選擇左側直排的顏色，橫向塗上同樣的顏色，稍微塗出去也沒關係。

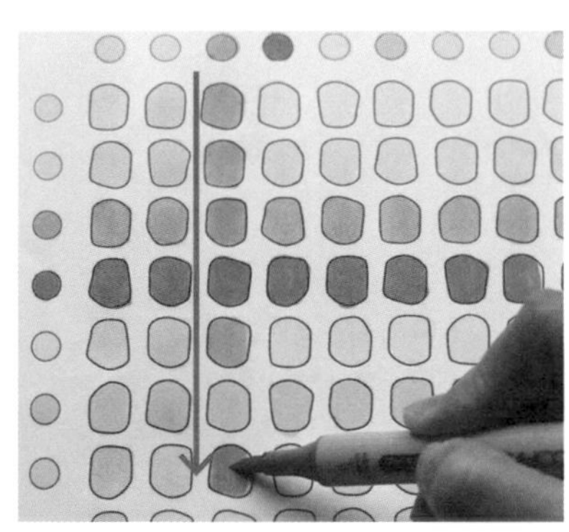

顏色乾了之後，選擇上排圓形的顏色，往下塗色。在左側直排的顏色上疊加上方橫排的顏色，混色表就完成了。

混色猜謎

以下 4 個氣球皆疊加了兩種顏色，請問分別是哪兩種顏色呢？

❶ ❷ ❸ ❹

〈解答〉❶藍（B12）＋黃（Y11） ❷紅（R14）＋深灰（W-5） ❸粉紅（RV42）＋橘（Y21） ❹淺灰（W-2）＋淡紫（B60）

練習畫畫看

本書使用的11色混色表。只要對照縱軸和橫軸，就能知道是哪兩種顏色的混色。
相同顏色的疊色，就是指塗兩次的意思。

E000　R00　RV42　R14　Y11　Y21　YG41　B60　B12　W-2　W-5

※用手邊的11種顏色製作混色表吧！

覺得全部填滿太辛苦的話，也可以只畫虛線右上方的空格，這樣便足以作為混色樣本。

Lesson 4 思考色彩的搭配

本書有 6 張著色畫，請確認每張插畫的配色為何。
另外也要思考看看，每種顏色分別該搭配什麼樣的陰影色。

確認 6 張著色畫的配色

採用三色配色法，在左側疊加陰影色。

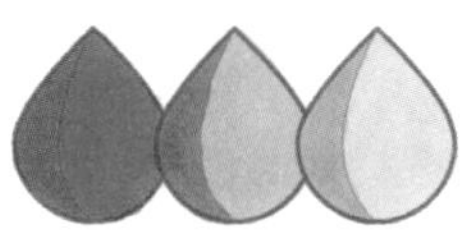

紅色與褐色非常搭！我們用相似的色相來統一顏色。

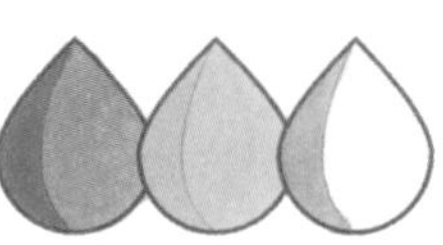

橘、黃、黃綠，是相鄰色相的配色。

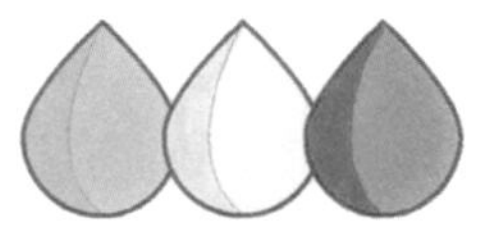

選用維他命色的綠色與黃色，並且搭配紅色。

色相環

兩兩相近的顏色容易互相調和，
兩個位於色環相對位置的顏色
可用來突顯彼此。
同一色相的淺色到深色、
鮮豔色到暗淡色之間，
也能呈現不一樣的明度或彩度。

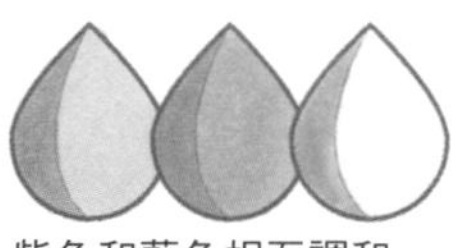

紫色和藍色相互調和，而橘色則是顏色中的亮點。

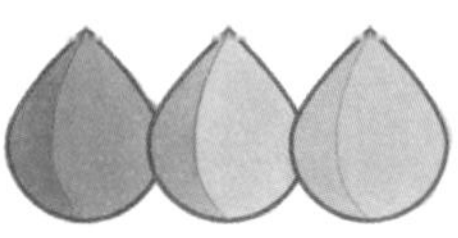

軟萌女孩配色，以粉紅色與黃色統一色調。

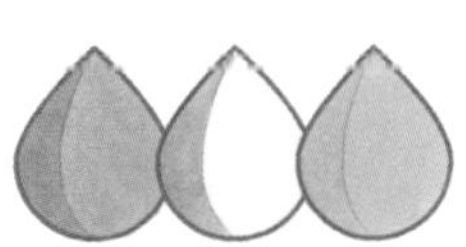

藍色與黃色互相襯托，並且搭配黃綠色。

練習畫畫看

除了採取三色配色法之外，也在花朵中塗上兩種顏色吧！
圖中有色號的標示，陰影顏色比實際的上色更簡單。

■「圍裙女孩」的配色

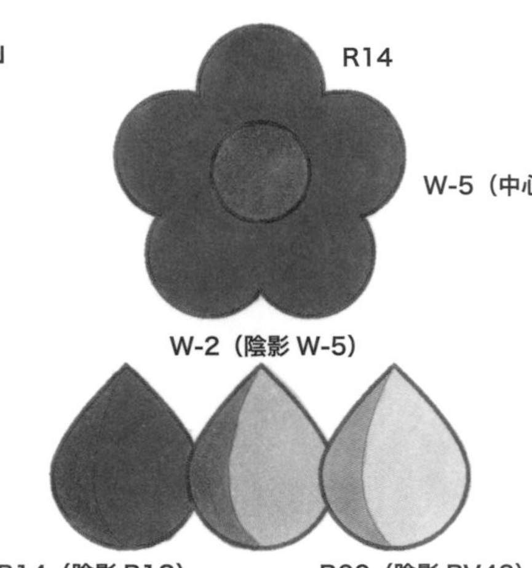

YG41
Y11（中心）
Y11（陰影 R00）
YG41（陰影 B12）
RV42（陰影 R14）

■「長裙女孩」的配色

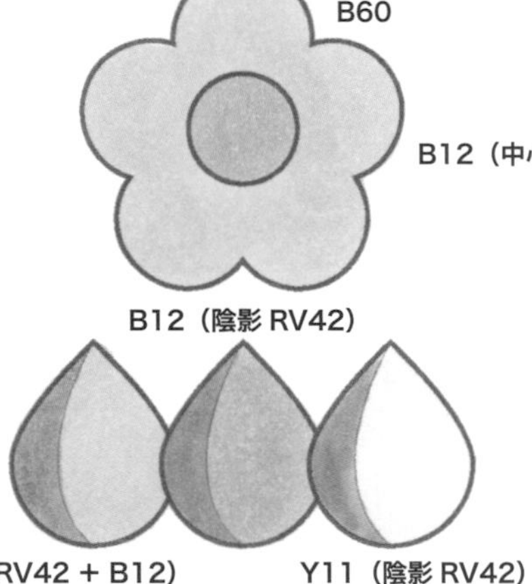
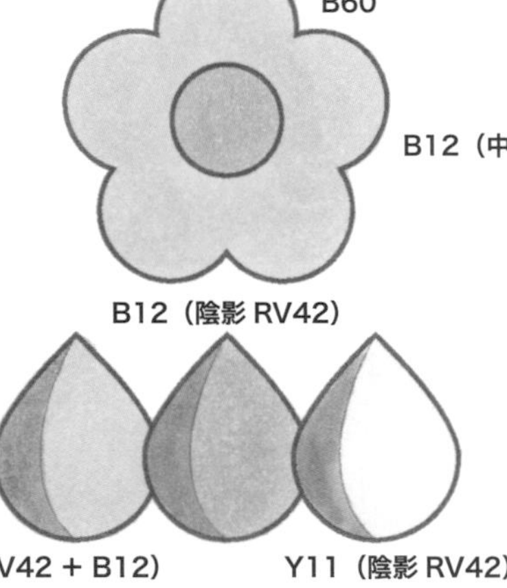

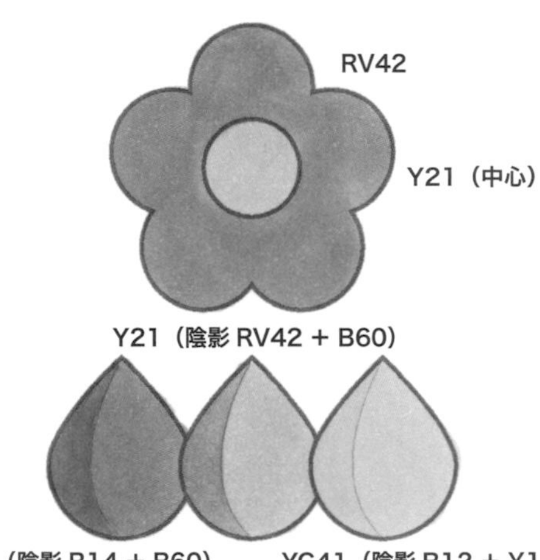

■「短褲女孩」的配色

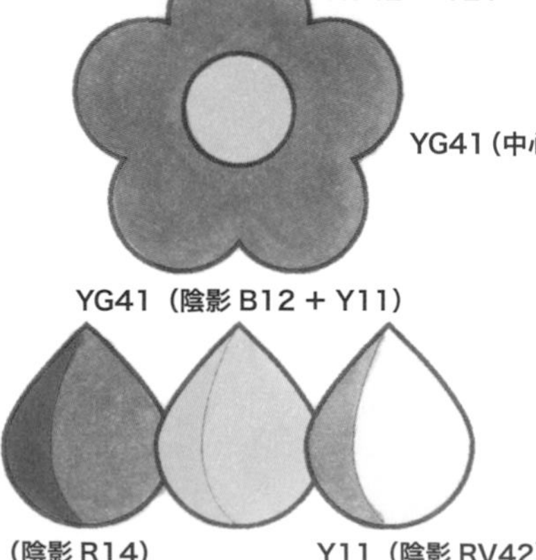

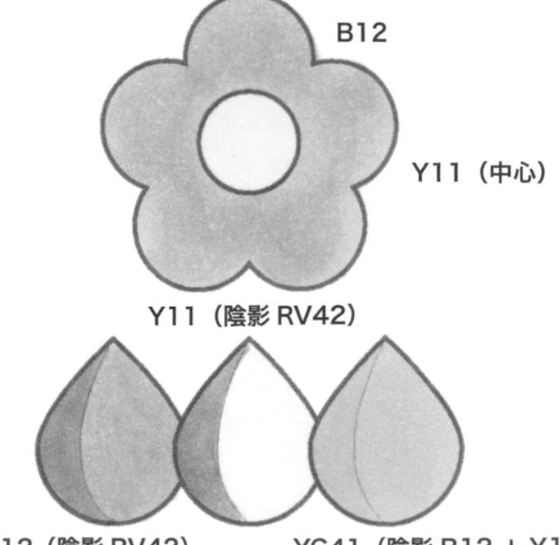

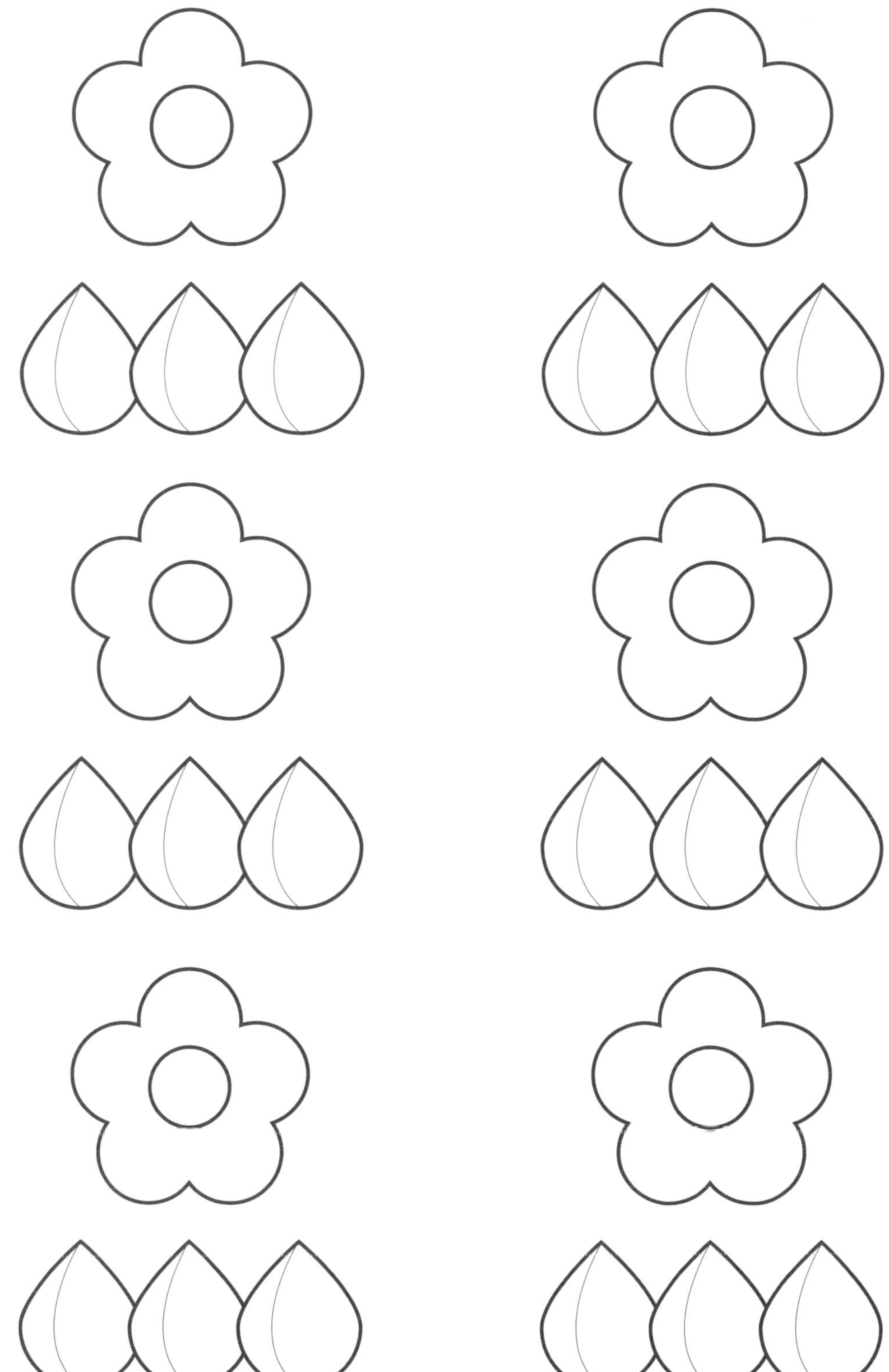

漸層色練習

暈染融合相鄰兩色的邊界，畫出自然的色彩變化，就是漸層色的畫法。
一起練習暈染漂亮的顏色吧！

繪製漸層色的拿筆方式

趁顏色乾掉前快速融入其他顏色是繪製漸層效果的訣竅。
因此，快速替換麥克筆也是必須具備的能力。
接下來將介紹建議的握筆方式。

將欲使用的筆頭朝下，拿著 2 ～ 3 支筆，手要握在筆蓋的地方。

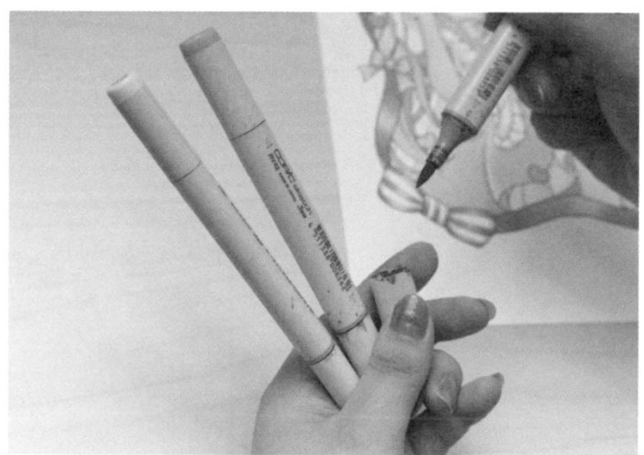

繼續握著筆蓋，將欲使用的麥克筆拔出來。
用完馬上插回筆蓋，並且拔出其他顏色的筆。

試著畫出漸層色

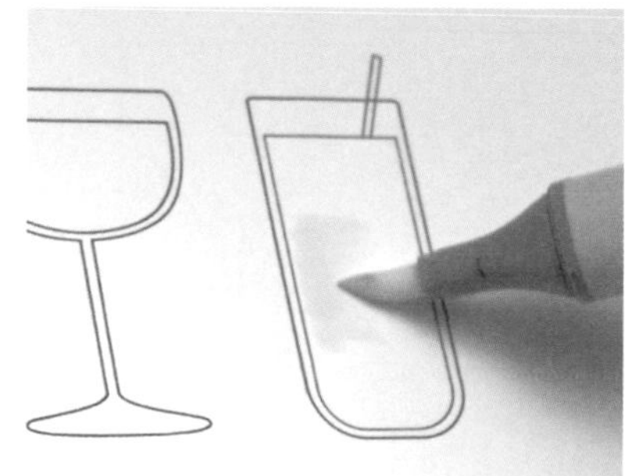

由於深色比較難暈開，需事先用 0 號塗色。

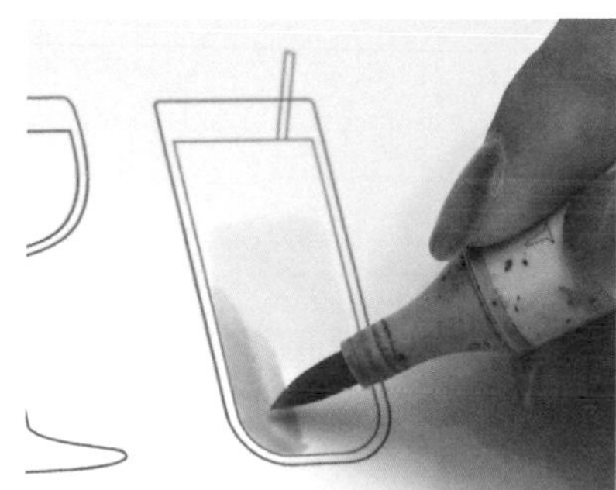

開始著色，使顏色融入 0 號。

從另一端開始塗其他顏色，使兩種顏色互相重疊，模糊邊界。

練習畫畫看

試著在玻璃杯中畫出飲料吧！圖中有顏色和漸層方向的標示，你也可以塗上喜歡的顏色，幫飲料取名字也很有趣喔！

Y11
Y21

柚子檸檬

RV42
Y21

Y11

芒果汁

Y21 RV42
YG41

哈蜜瓜汁

YG41
Y11

奇異果雞尾酒

Y11
R00

粉紅葡萄柚汁

R00
RV42
R14

草莓雞尾酒

Y21 RV42
R14

晚霞雞尾酒

E000
R00
RV42

桃子雞尾酒

R14
RV42
R00
YG41

西瓜汁

Y11
B60

夢幻可愛的果汁

B60
B12

蝶豆花茶

R00
B60

朝霞雞尾酒

請在練習頁底下
墊一張白紙
（有墊板更好）

第2章

人物的基本上色

圍裙女孩

本章內容

本章將進行女孩角色的上色練習。
讓我們一起學習皮膚、頭髮及衣服陰影的上色方式吧！

著色順序

1 皮膚（底色）
↓
2 皮膚（陰影）
↓
3 眼睛
↓
4 頭髮
↓
5 圍裙、襯衫、長襪的陰影
↓
6 紅裙
↓
7 線條
↓
8 裙子的陰影
↓
9 10 蝴蝶結、鞋子
↓
完成

Lesson 6 圍裙女孩

1 皮膚（底色）

E000　R00　RV42

■ 臉部上色

首先，在整個臉部塗上膚色。

保留眼睛和嘴巴。

在臉頰塗上淡粉色，再用膚色暈開。

■ 臉頰上色

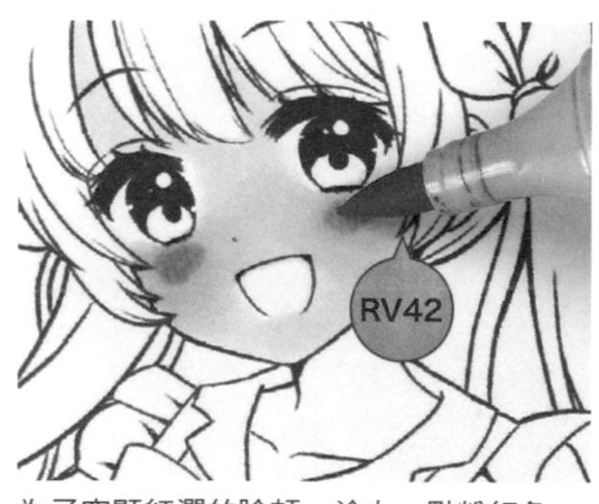

為了突顯紅潤的臉頰，塗上一點粉紅色。

趁顏色未乾前用淡粉色暈染，再用皮膚色暈開。

耳朵也塗上皮膚色。

■ 脖子上色

在脖子的陰影處塗淡粉色，一邊以皮膚色暈染，一邊塗滿顏色。

■ 指尖上色

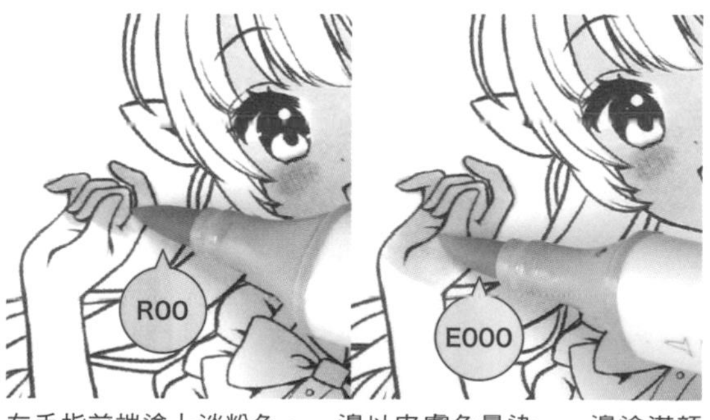

在手指前端塗上淡粉色，一邊以皮膚色暈染，一邊塗滿顏色。

■ 手肘上色

在整體塗上淡膚色。

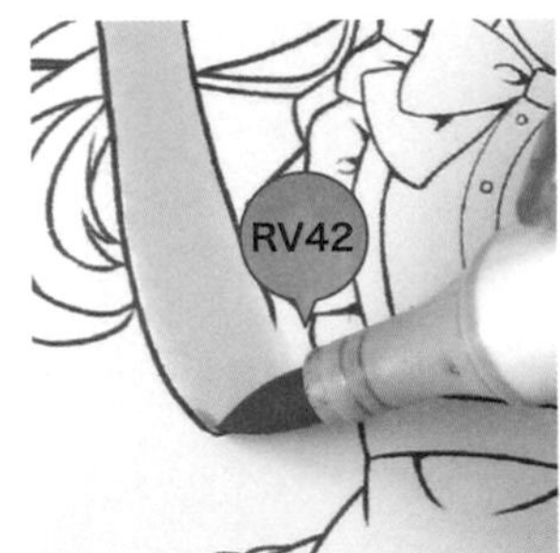

在手肘的前端塗一點粉紅色。

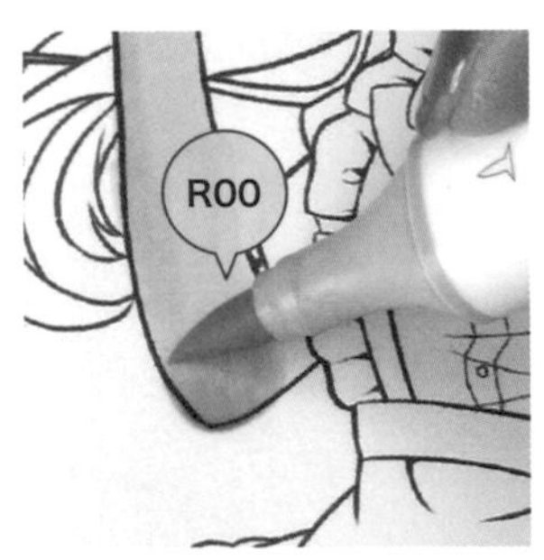

用淡粉色加以暈染，手臂的陰影處也要上色。

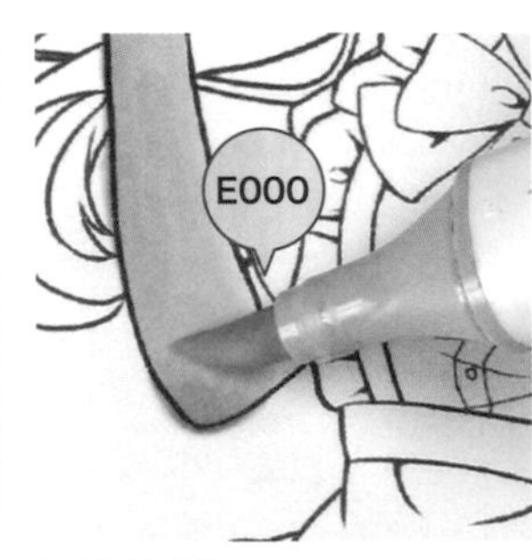

用膚色暈染。

■ 手臂上色

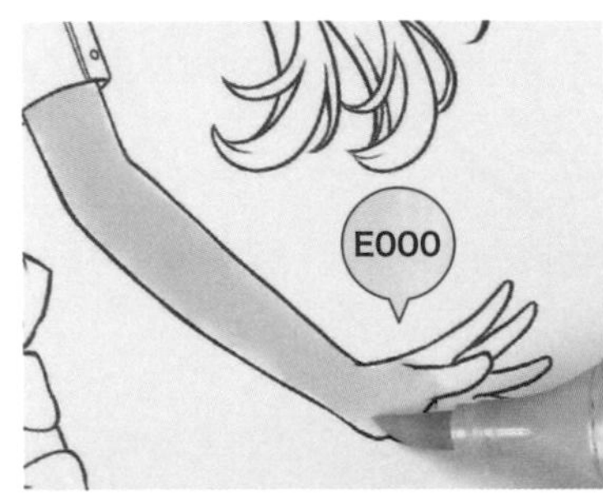

在整體塗上膚色。

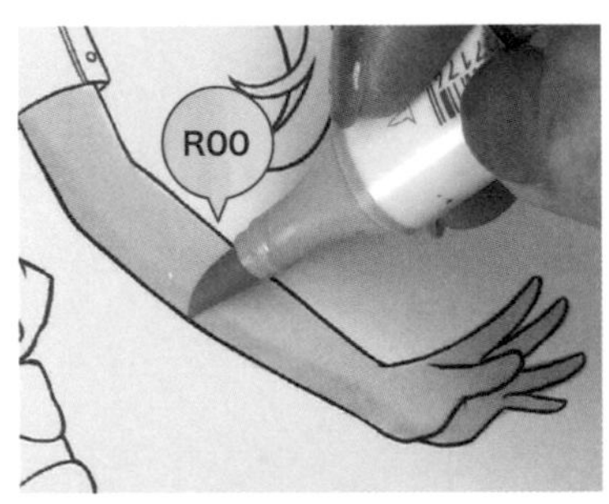

在手臂的陰影處塗淡粉色。

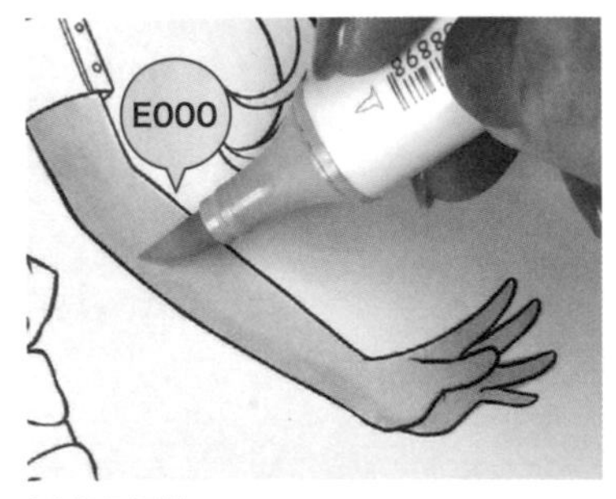

用膚色暈染。

■ 大腿上色

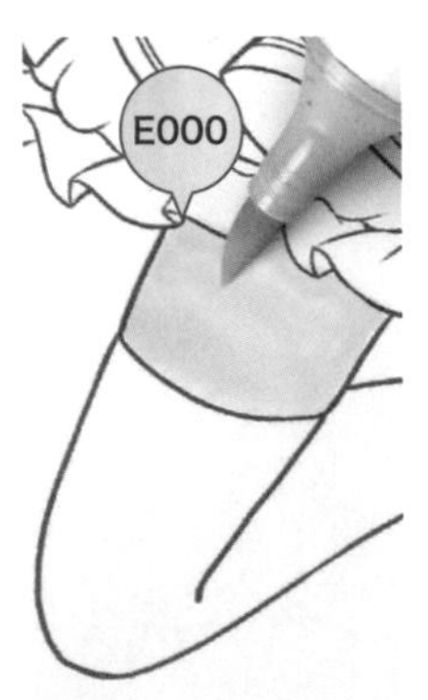

以同樣的方式畫大腿，先在整體塗上膚色。

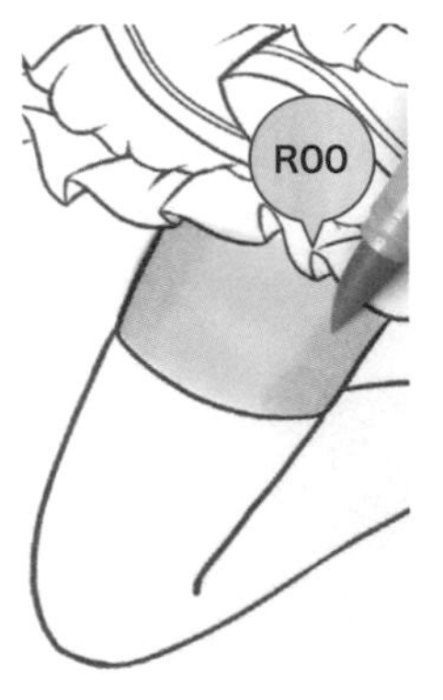

在大腿陰影處塗上淡粉色。

用膚色暈染。

皮膚（陰影）

■ 顏色乾了之後，用粉紅色添加深色陰影

在頭髮陰影、耳朵、嘴巴的地方，用筆尖仔細塗上粉紅色。

先決定脖子的陰影範圍再塗滿顏色，這樣可以減少失敗。

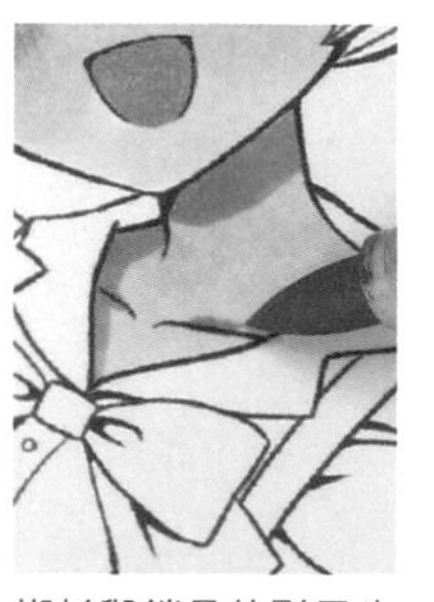

襯衫與鎖骨的影子也要上色。

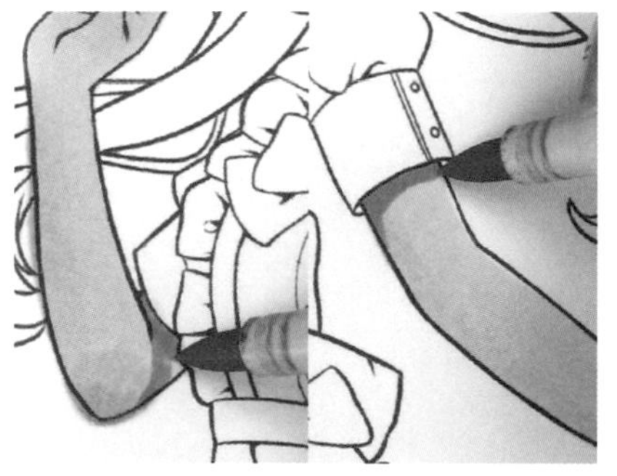

在手臂上畫出襯衫的影子。

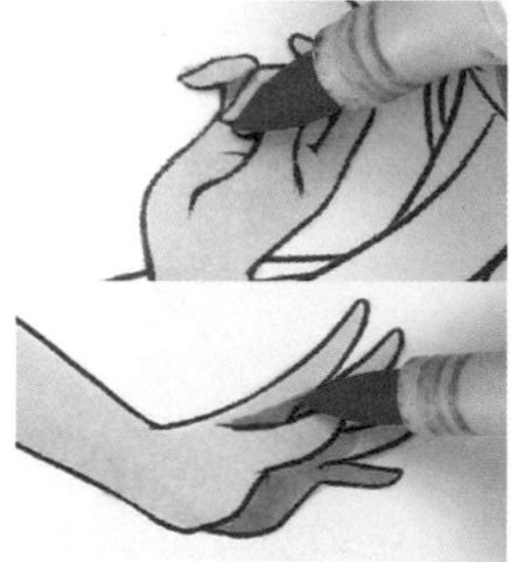

仔細畫出手指的陰影。

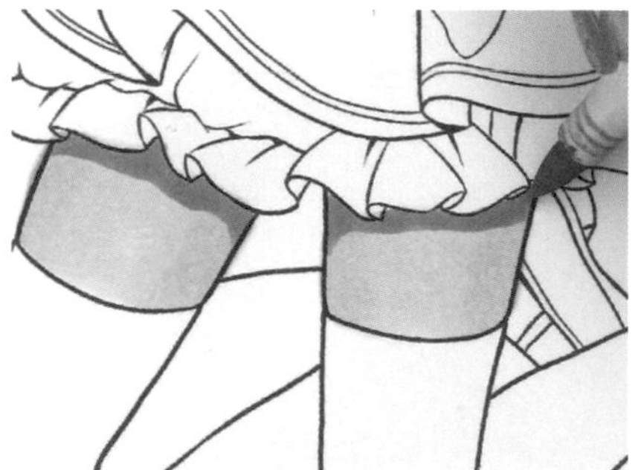

大腿上有裙子的影子。

■ 繼續疊加淡紫色

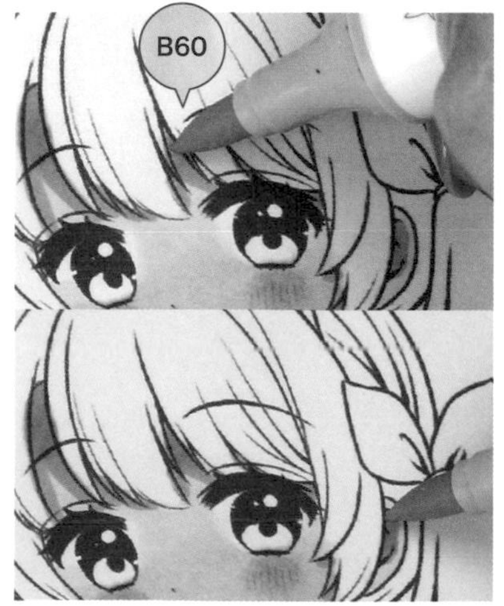

在粉紅色的陰影範圍中，在需要加深的地方疊加淡紫色。

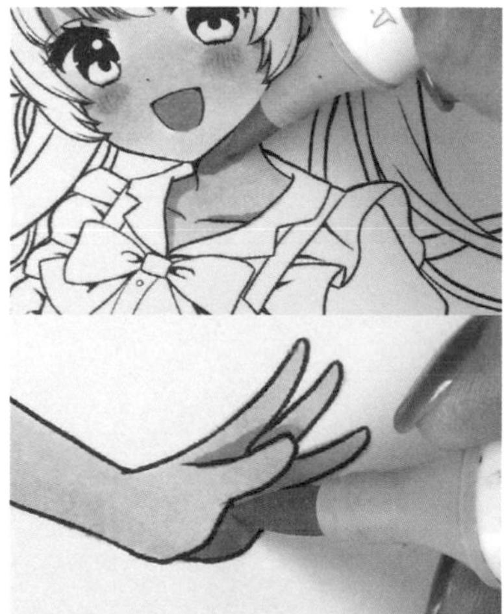

脖子和手指的陰影也要加深。

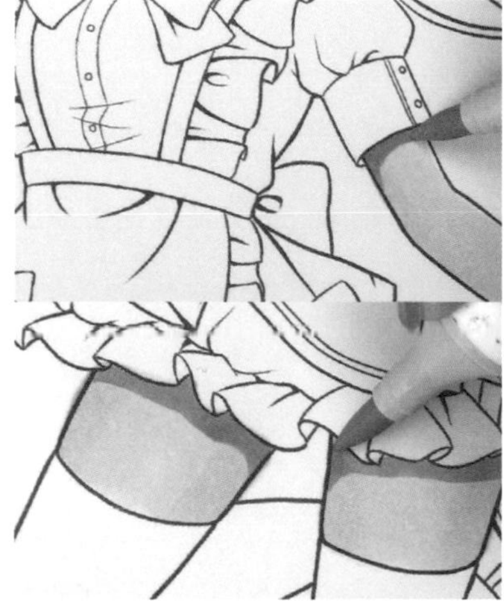

畫手臂和大腿時，需留意衣服的形狀並畫出陰影。

B12 0 Y11 W-2

3 眼睛

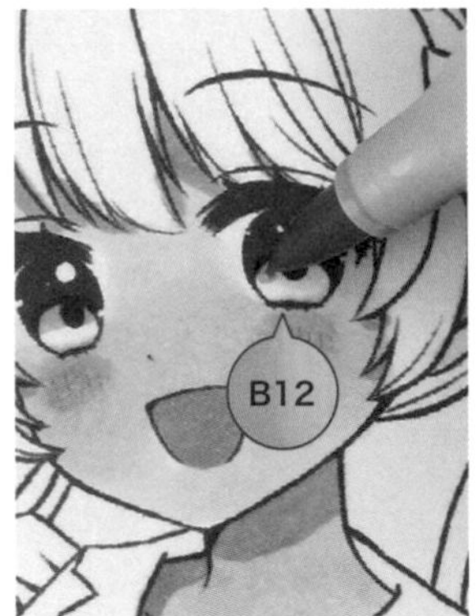

在眼睛的上方塗藍色。

用 0 號暈開藍色。

在眼睛下方塗黃色。

用淺灰色畫出淡淡的眼皮陰影。

皮膚和眼睛完成了！

別漏掉皮膚的細部陰影，加深顏色就能營造層次感。

接下來
練習畫頭髮吧！

4 頭髮

■ 底色上色

從髮旋開始往下塗深灰色。

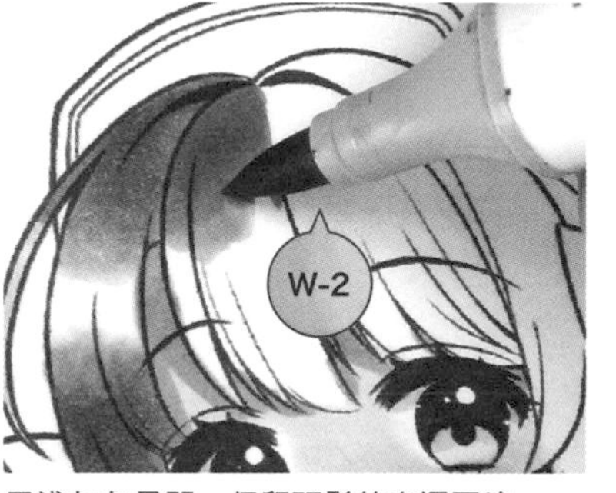

用淺灰色暈開，保留頭髮的光澤區塊。

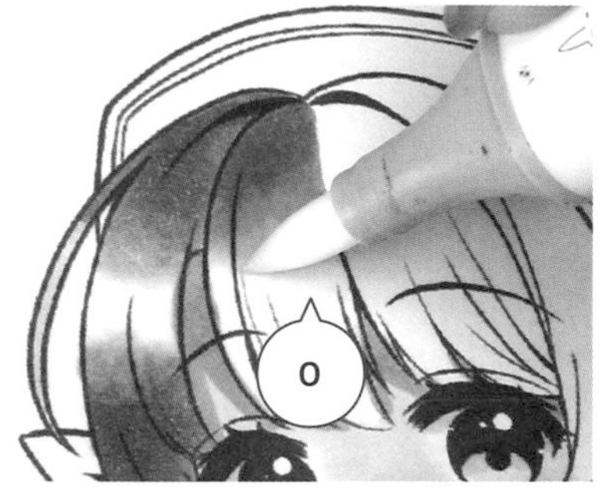

用 0 號暈開。

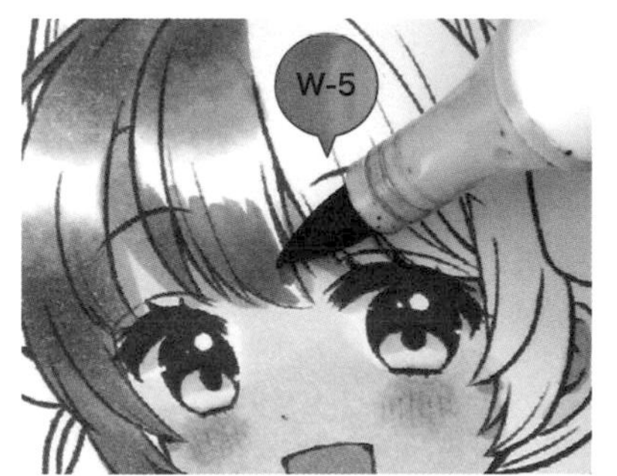

保留光澤區塊不上色，在頭髮尾端塗上深灰色。

用淺灰色暈開，保留光澤區塊。

用 0 號暈開。

後方頭髮也要在光澤處留白，先塗兩種顏色再用 0 號暈開。

用深灰色平塗後面的頭髮。

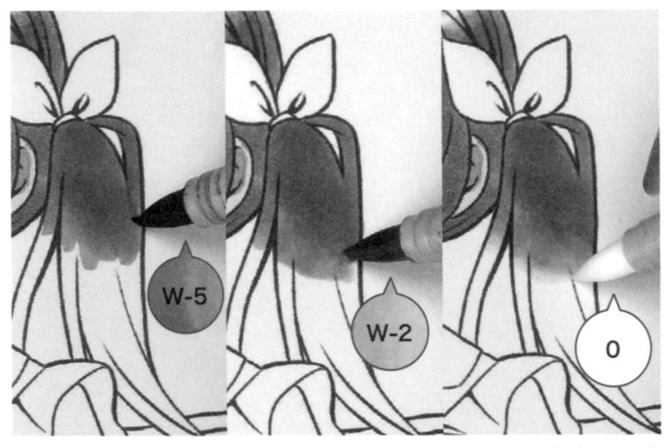

綁起的長髮也以同樣的方式上色。在光澤區塊留白，由上而下塗深灰色，用淺灰色暈染融合，最後用 0 號暈開。

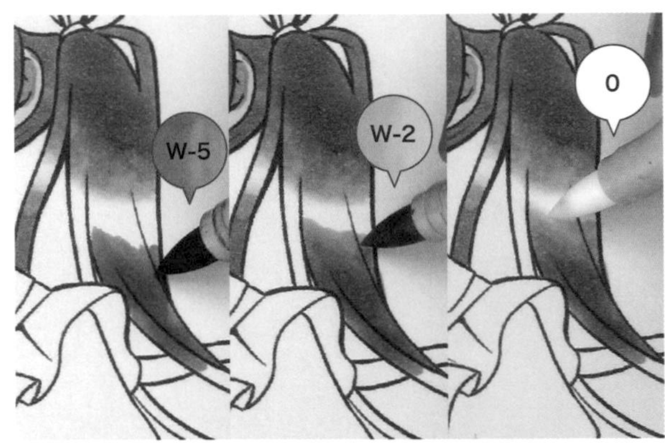

頭髮尾端也是用 3 支麥克筆上色，並且在光澤處留白。

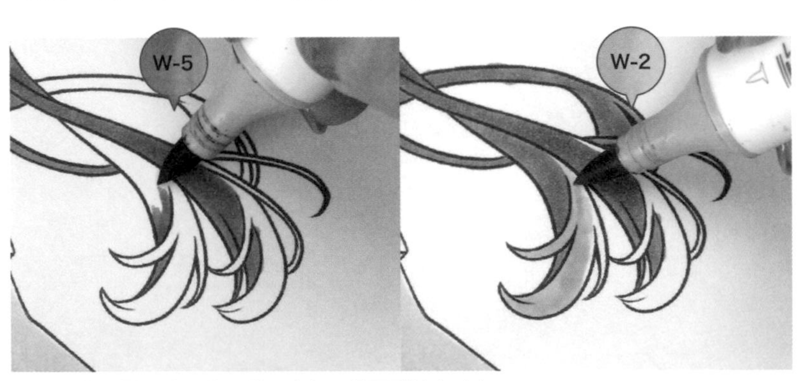

繪製飄動的髮尾時，前面選用亮色，後面則塗上暗色。
先在後方塗深灰色，接著在前方塗淺灰色。

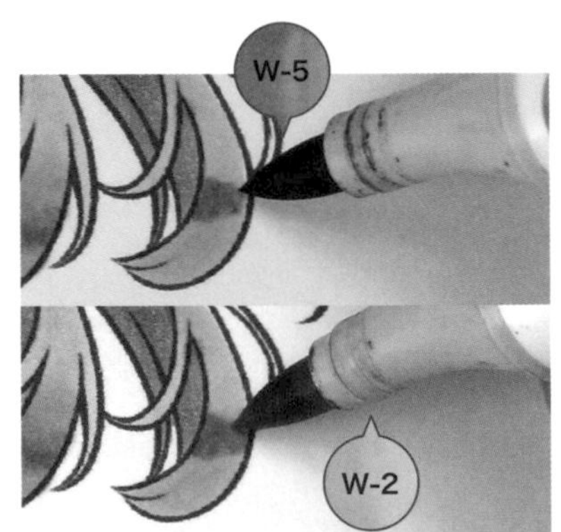

淺色的地方也要添加陰影，塗一點深灰色並加以暈染。

頭髮底色完成

■ 顏色乾了之後，加入深灰色的陰影

用深灰色畫出清楚的陰影並在髮束重疊處加深顏色。

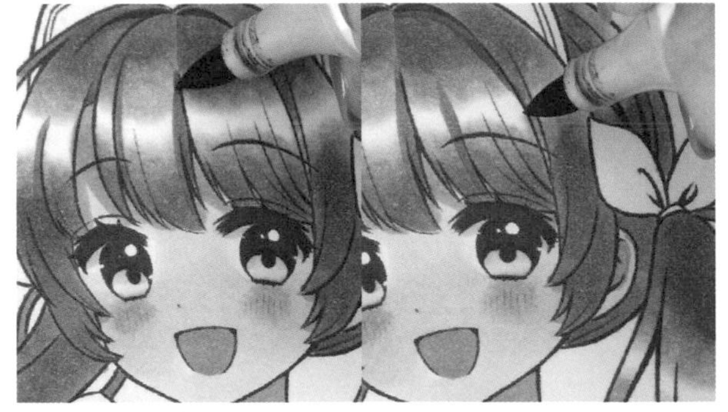

仔細地畫出細線。

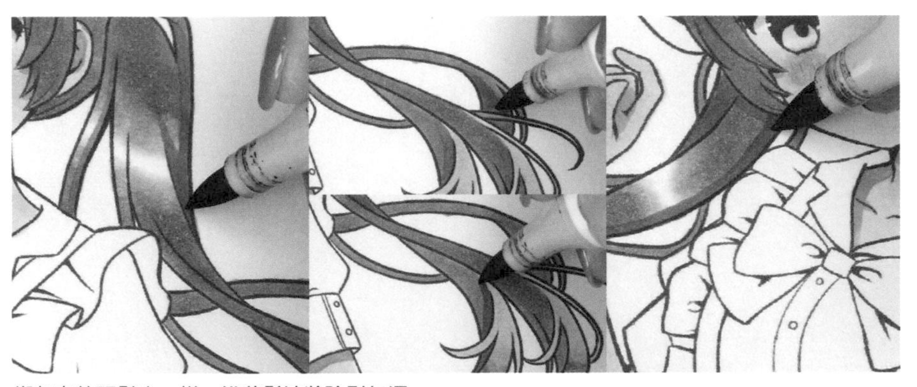

綁起來的頭髮也一樣，沿著髮流將陰影加深。

頭髮完成

畫出明顯的深色區塊就能增加層次變化感。

接下來
練習畫衣服吧！

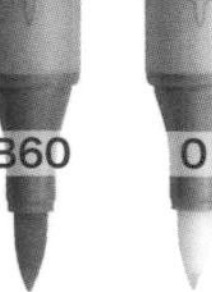

5 圍裙、襯衫、長襪的陰影

■ 塗上淡紫色陰影

在衣領後方加上頭髮的影子。

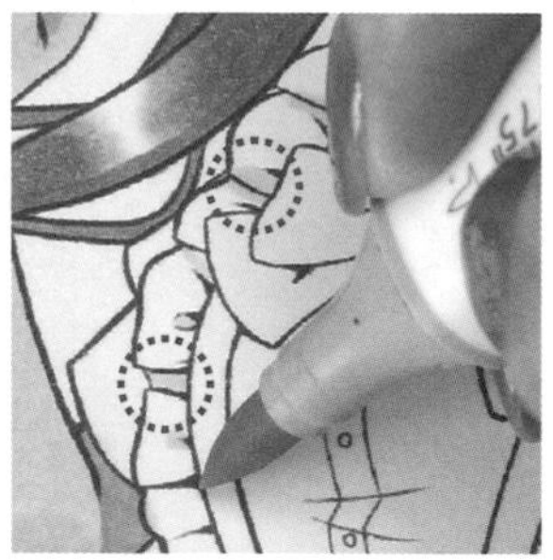
在荷葉邊凹陷處和後方布料上塗色。

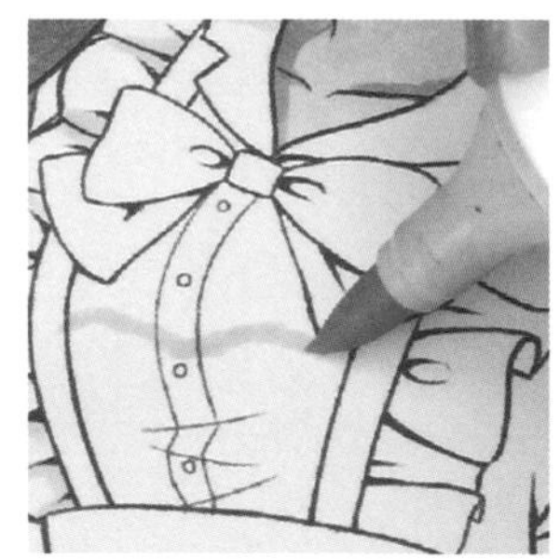
先決定胸部陰影的上色範圍。

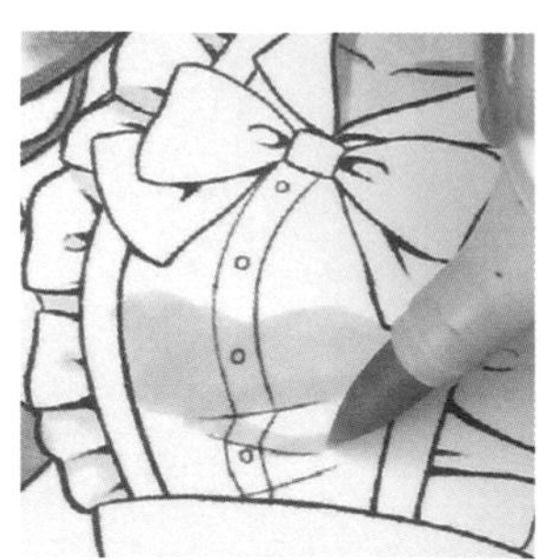
衣服皺褶凸出的地方需要留白。

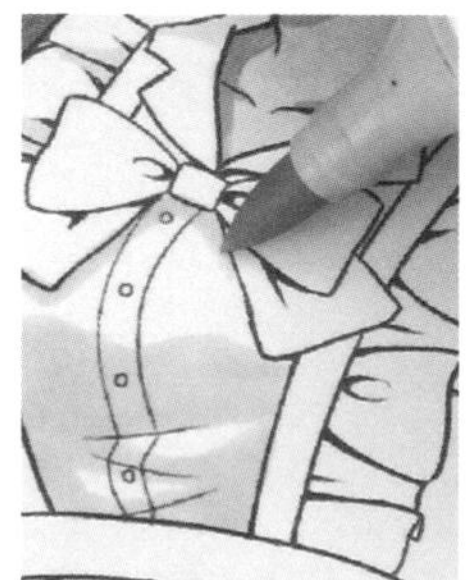
畫出蝴蝶結的影子。

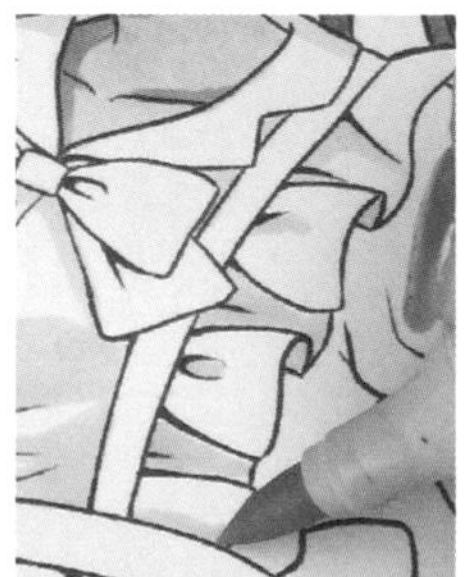
左側的荷葉邊陰影也要上色。

荷葉邊底下也有影子。

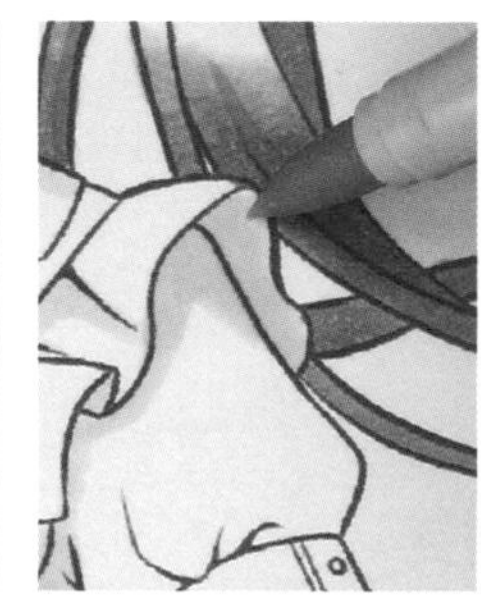
袖子上也有荷葉邊的陰影。

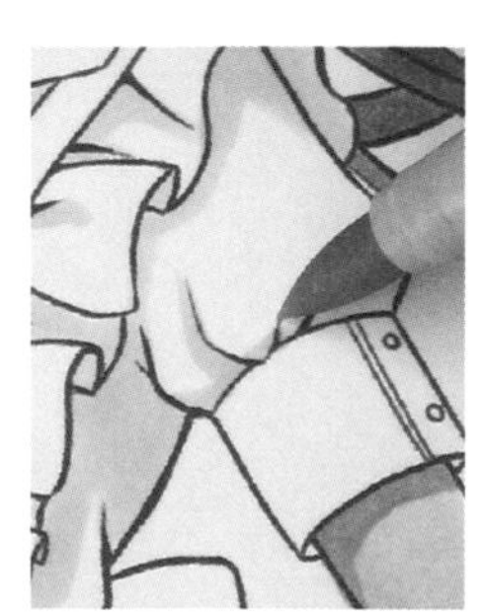
沿著袖子的皺褶畫出陰影。

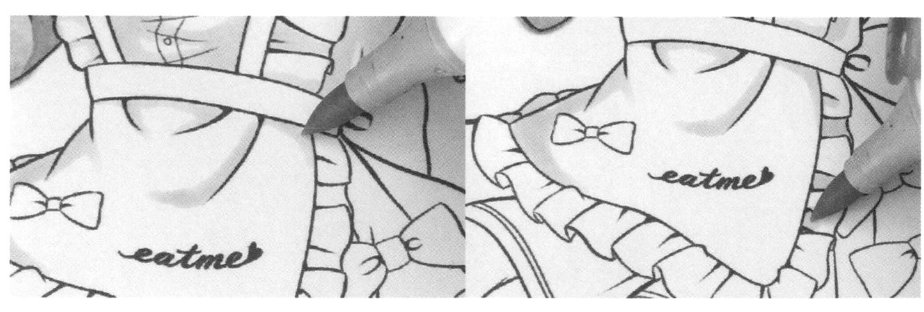

圍裙的皺褶和荷葉邊也有陰影。

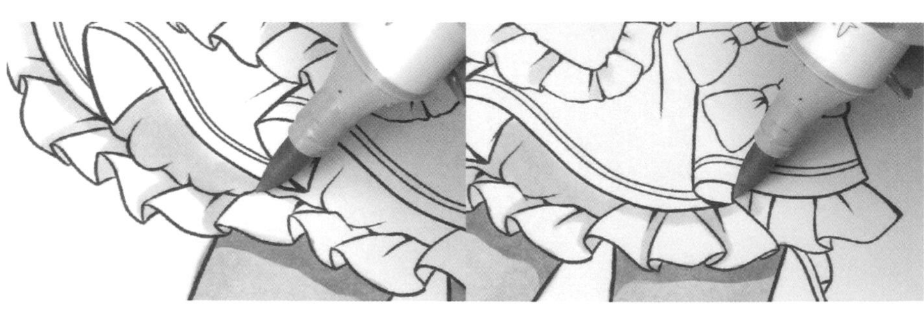
裙子底下的荷葉邊也要添加陰影。

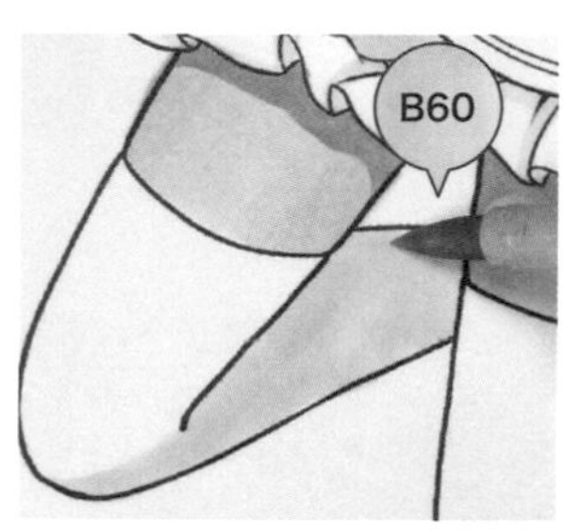

位於內側的右腿小腿肚幾乎全是陰影，在上面填滿顏色。

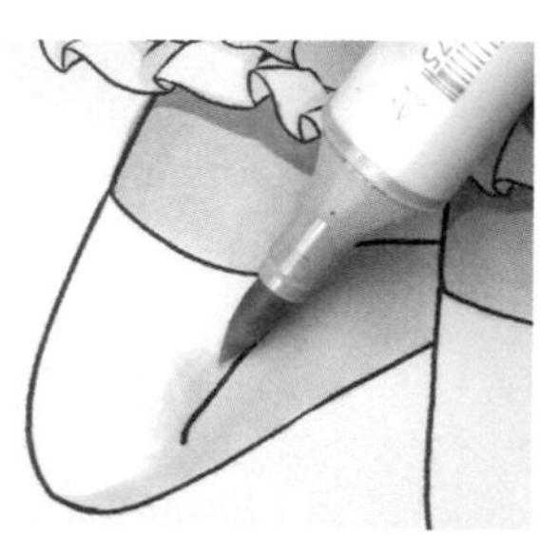

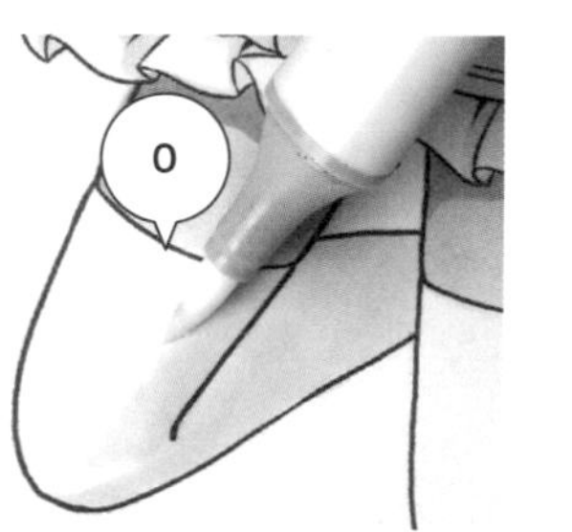

留意大腿的弧度，將立體感畫出來。

B60

膝蓋的弧度也要表現出來。

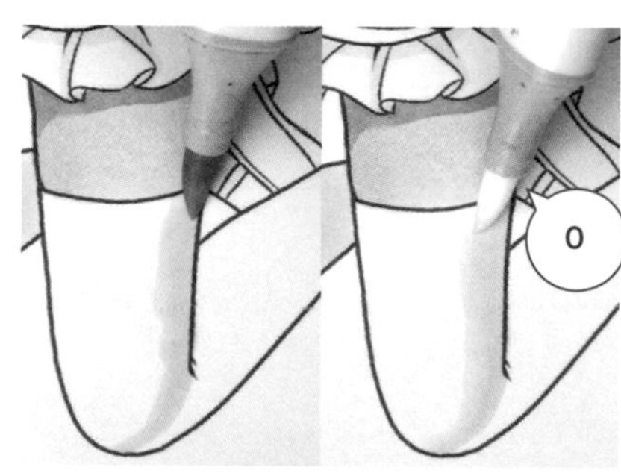

左邊大腿也一樣，留意弧度並塗上顏色。

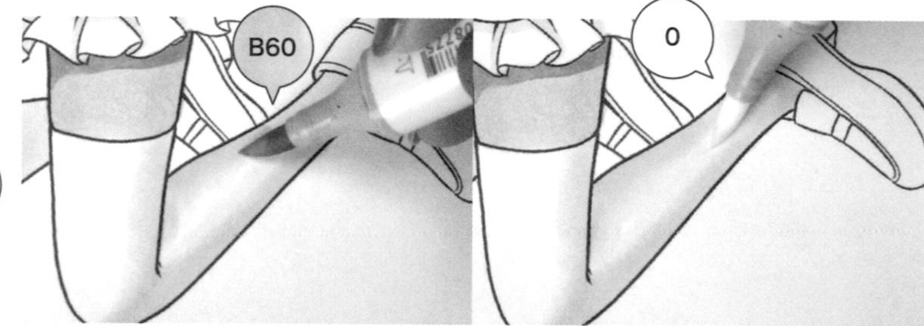

位於前方的左腿小腿肚，要畫出一點亮部。

白色襯衫和長襪的陰影上色完成

上色時，要同時思考亮部與暗部的位置。

R14 RV42 R00

⑥ 紅裙

■ 肩帶與腰帶上色

由上而下塗上紅色。留意胸部的弧度，將亮部保留下來。

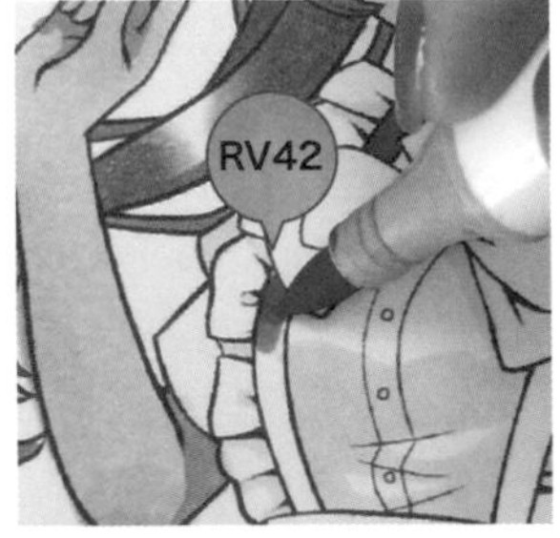

朝最亮的地方上色，用粉紅色暈開。

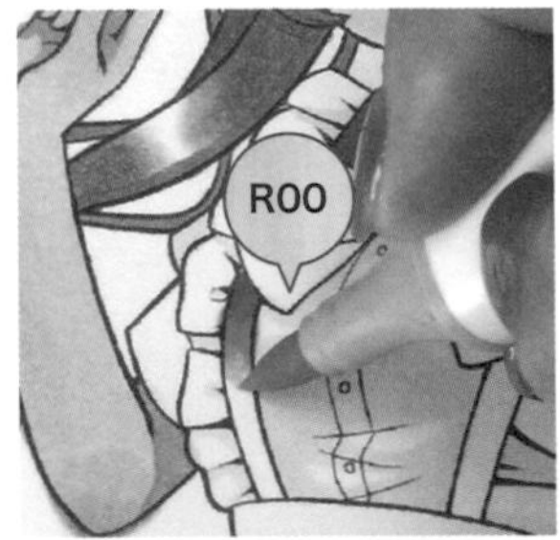

繼續用淡粉色暈染。

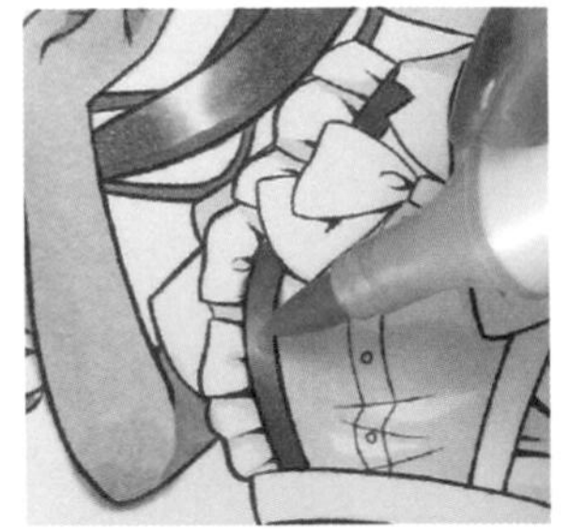

以同樣的方式由下而上畫出 3 色漸層。

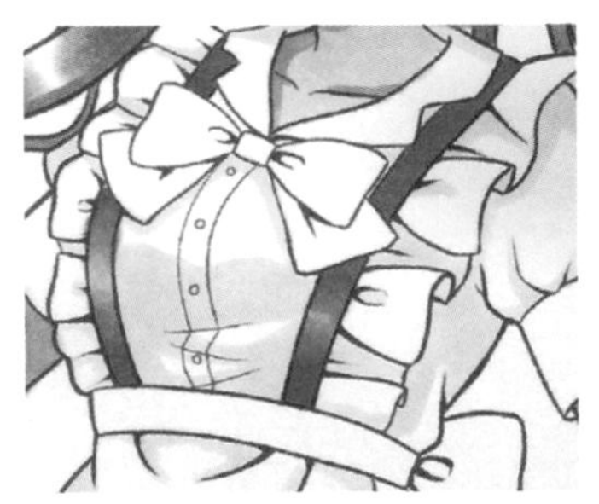

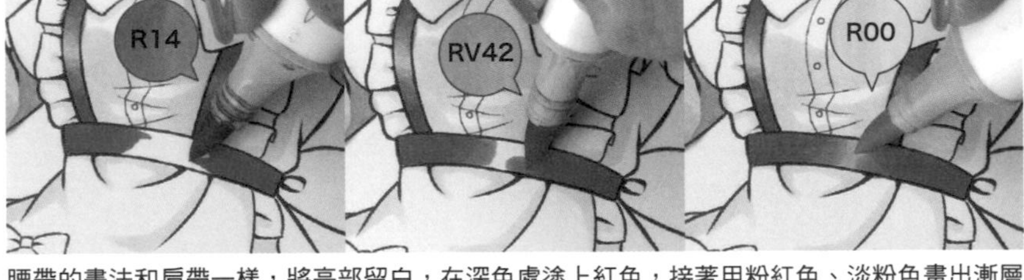

腰帶的畫法和肩帶一樣，將亮部留白，在深色處塗上紅色，接著用粉紅色、淡粉色畫出漸層效果。

■ 袖子上色

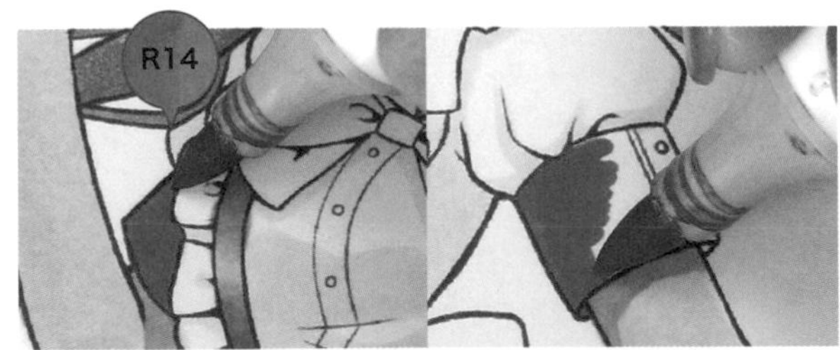

以紅色平塗後方的袖子，前面袖子的亮部則需要留白。

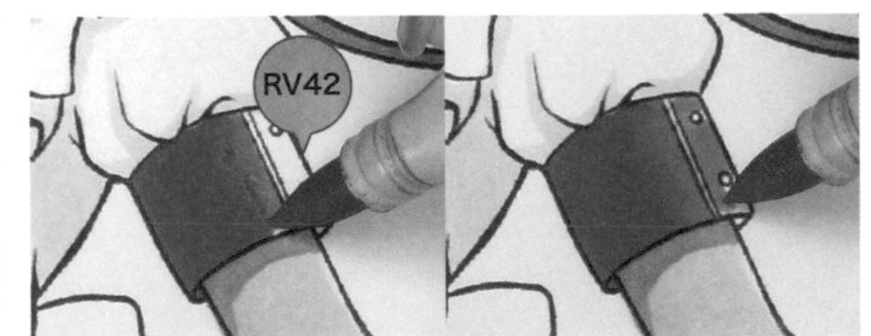

在留白處暈染粉紅色，並且與紅色重疊。

■ 蝴蝶結上色

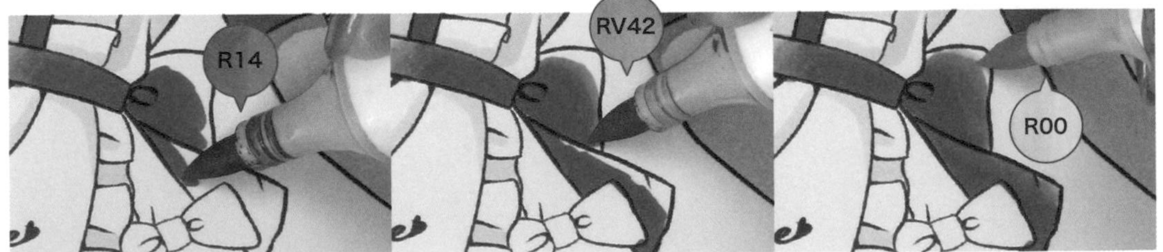

蝴蝶結也是以 3 種顏色畫出漸層色。

■ 裙子上色

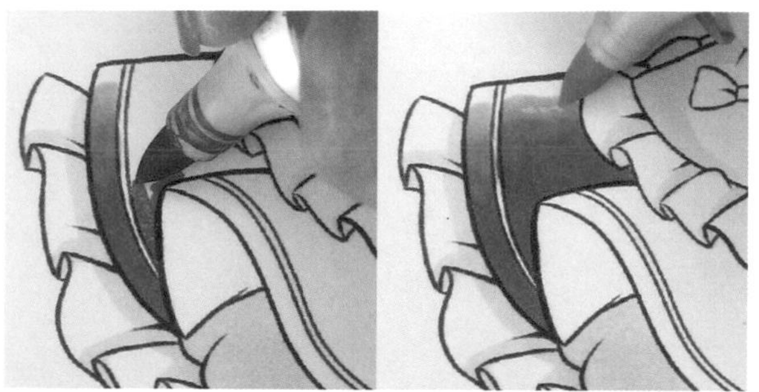

裙子的面積很大，需要分區逐一上色。透過 3 色漸層法將亮部提亮吧！

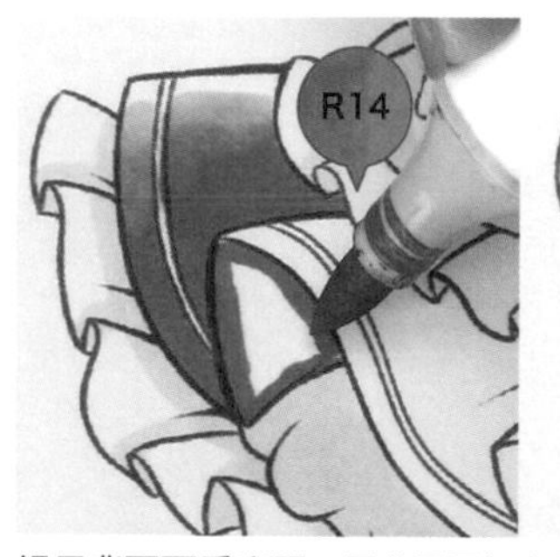

裙子背面不受光照，因此要用紅色平塗。

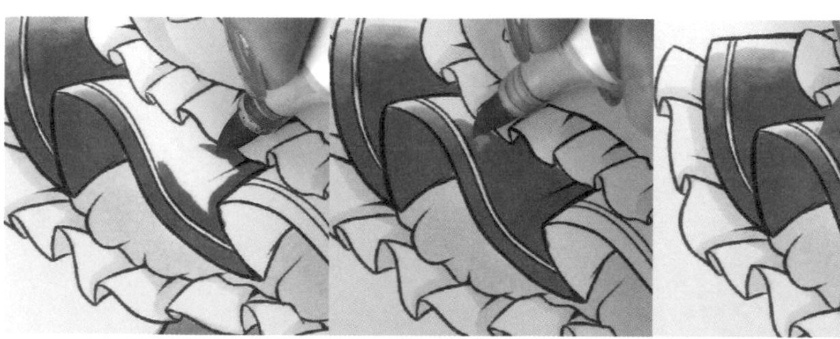

繼續在每個分區中上色。

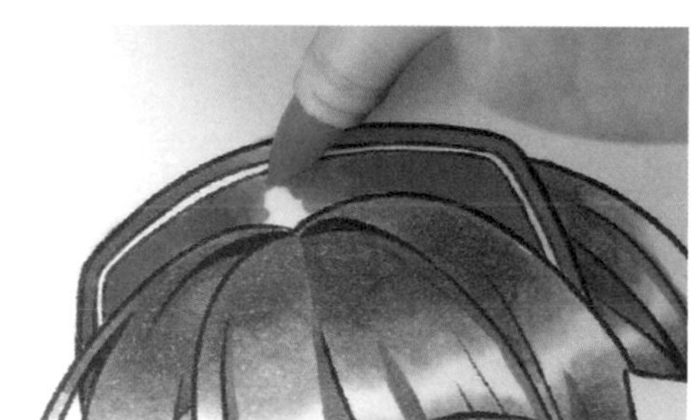

頭上的帽子也採取 3 色漸層法，將正中央提亮。

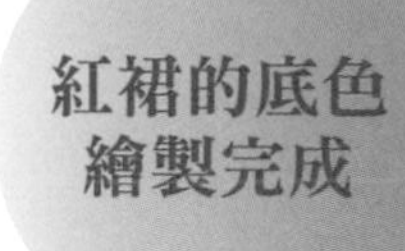

來回替換 3 支麥克筆，快速畫出漸層色吧！

線條

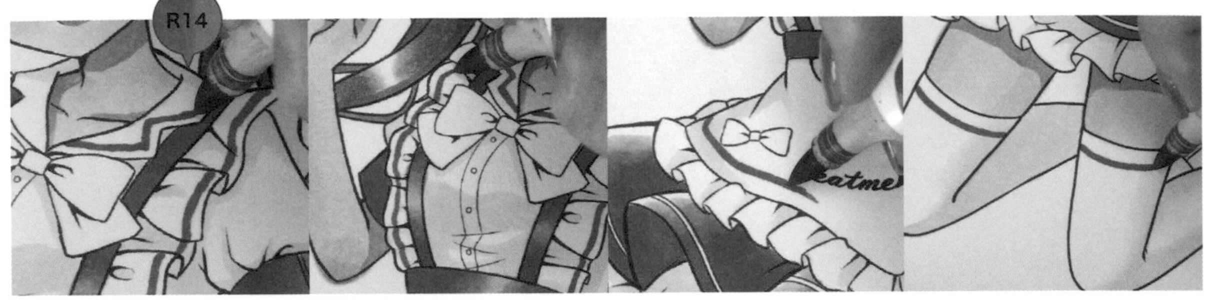

在衣服的邊緣添加紅線，以連接短線的方式作畫，別一口氣畫出整條長線。

裙子的陰影

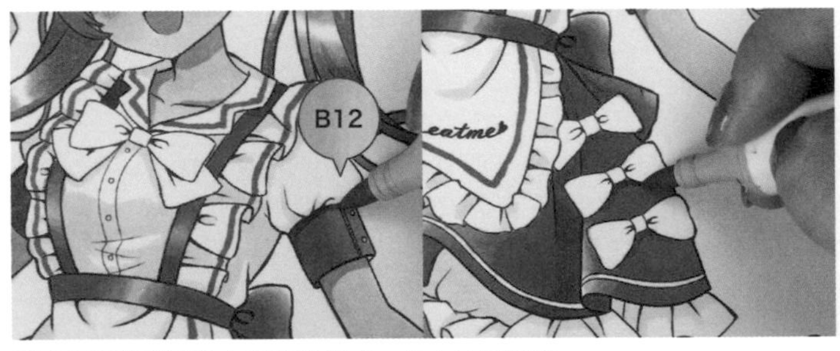

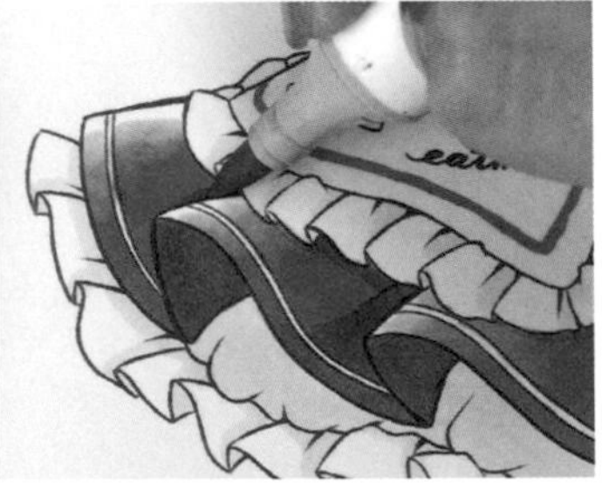

畫出紅裙的陰影並在頭部陰影處、左右袖子的邊緣、裙子的背面或暗部畫出藍色的陰影。接著在同樣的地方疊加紅色，畫出深紫紅色的陰影。

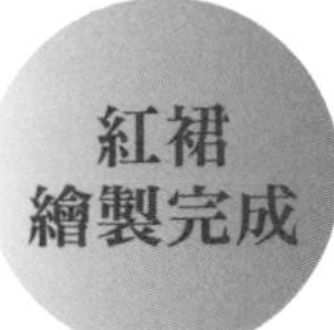

有深紫色麥克筆的人，也可以塗一種顏色就好，不需要進行疊色。

9 蝴蝶結

RV42 R00

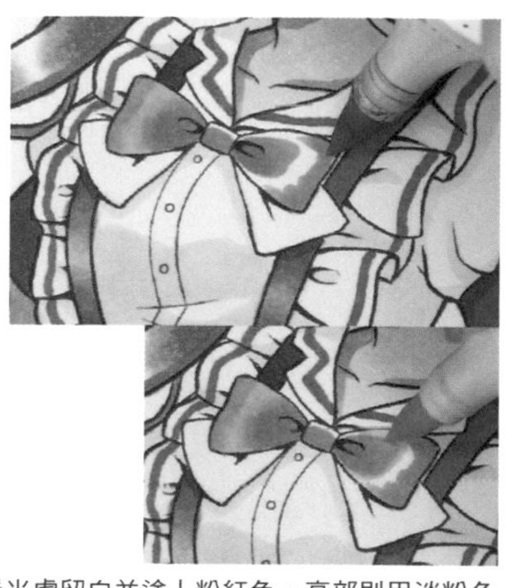

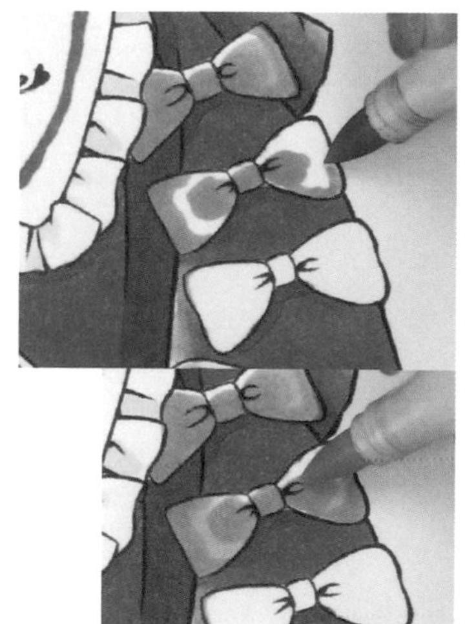

在頭髮、胸口、裙子的蝴蝶結中上色。在受光處留白並塗上粉紅色，亮部則用淡粉色暈開。

10 鞋子

W-5 W-2

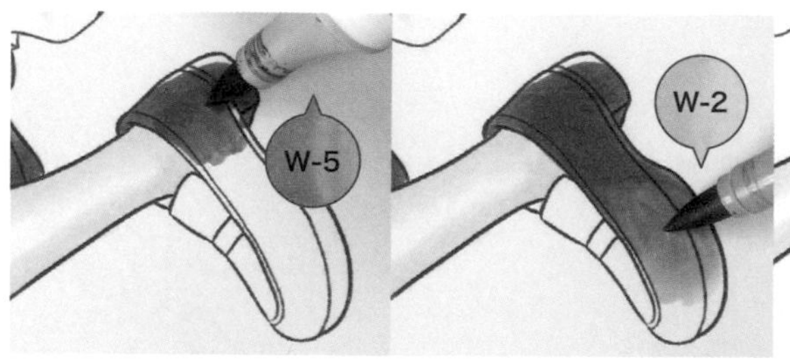

使用深灰和淺灰 2 支筆，一邊暈染顏色，一邊將陰影畫出來。

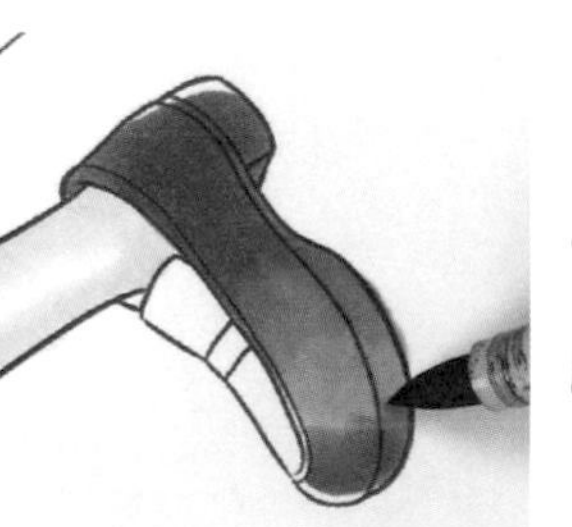

用淺灰色暈開 2 種顏色的邊界。

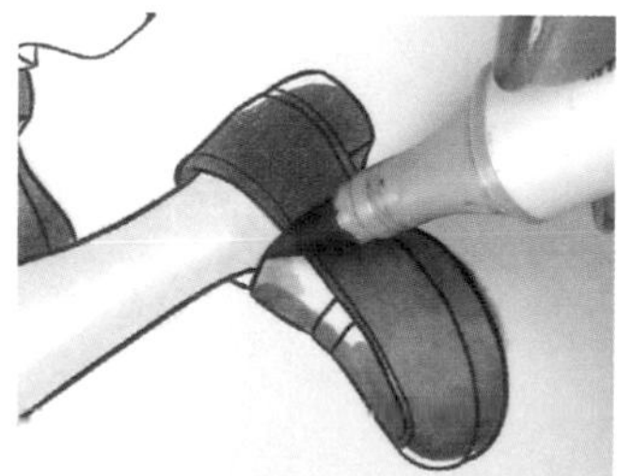

上面的區塊也要塗上 2 種顏色。

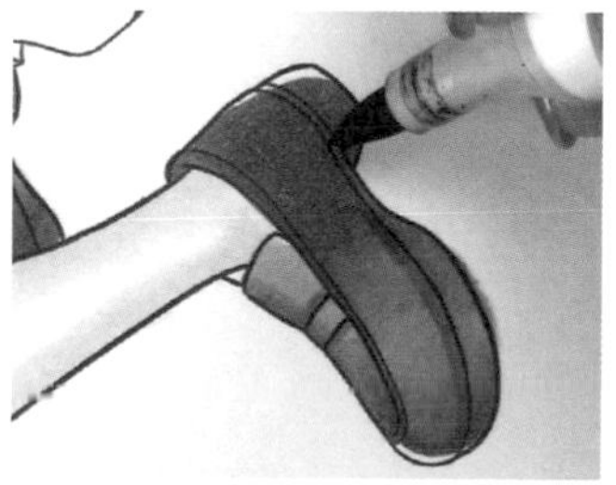

在邊界塗上深灰色的陰影，做出層次感。

完成

練習畫畫看

eatme

請在練習頁底下
墊一張白紙
（有墊板更好）

第3章

背景上色練習

圍裙女孩

本章內容

完成第 6 課女孩角色的練習後，本章將繪製背景。
第 7 課是以水果為背景的插畫，
第 8 課將改變人物的髮型和服裝配色，背景是蝴蝶結裝飾。

第 7 課

第 8 課

Lesson 7 水果背景

皮膚

E000 R00 RV42

■ 底色上色

先在整個臉部塗上膚色。

在脖子陰影之類的深色處塗上淡粉色，再用膚色暈染。至於臉頰的地方，先塗粉紅色再用另外兩種顏色加以暈染。

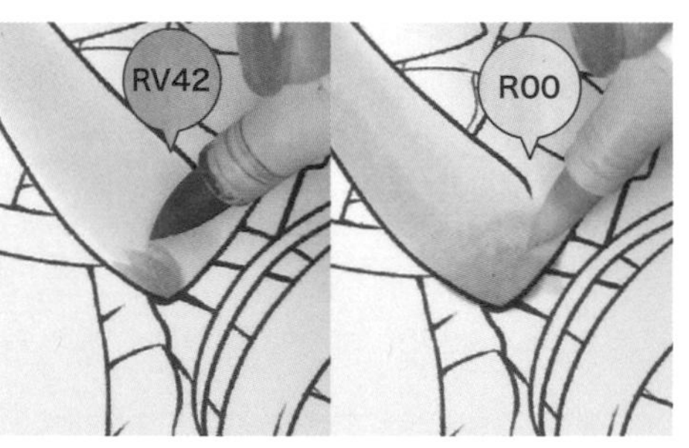

在手肘的前端塗一點粉紅色，再用淡粉色和膚色畫出手臂的陰影，並且加以暈染。

■ 陰影上色

RV42 B60

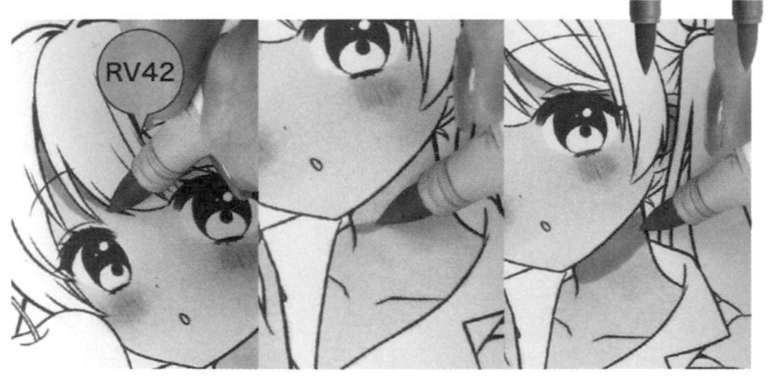

畫出粉紅色的陰影。用筆尖仔細畫出頭髮的陰影，脖子或手臂之類的大面積陰影，需先決定上色範圍再填滿顏色。

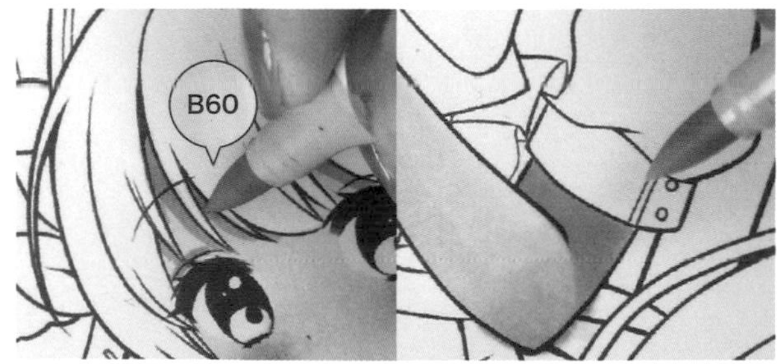

在粉紅色的陰影中，顏色更深的地方疊加淡紫色，這樣可以讓暗部更明顯，藉此營造層次感。

先塗底色
再疊加陰影。

B12 Y11 W-5 W-2 0

2 眼睛、頭髮、衣服

■ 眼睛上色

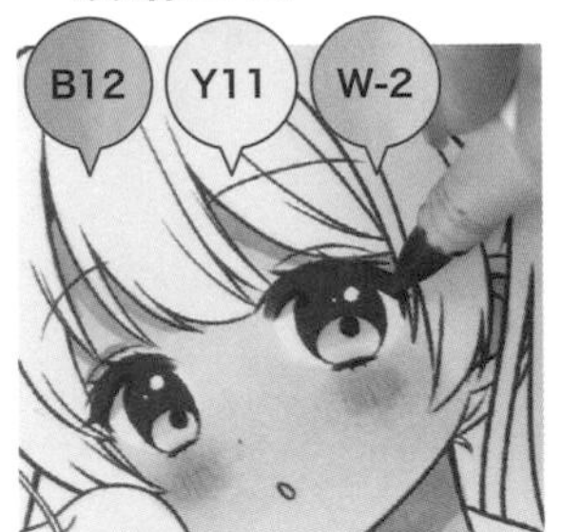

在眼睛中塗上藍色和黃色，用淺灰色畫出眼皮的陰影。

■ 頭髮上色

塗上深灰色並在高光處留白，用淺灰色和 0 號朝高光的方向暈開，畫出漸層色調。

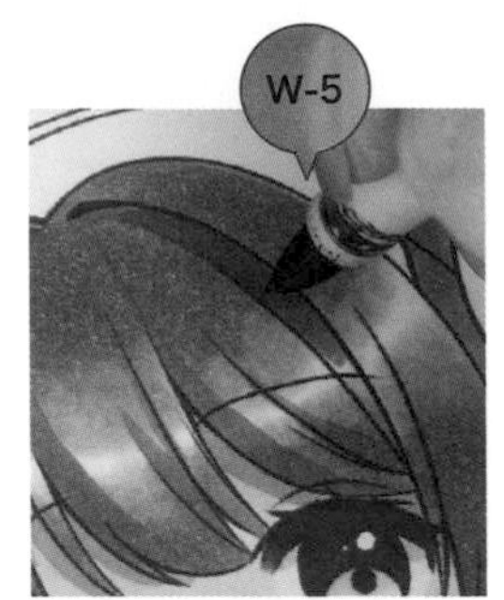

進行最後修飾，加入深灰色的陰影以增加立體感。

R14 RV42 R00 B60

■ 服裝上色

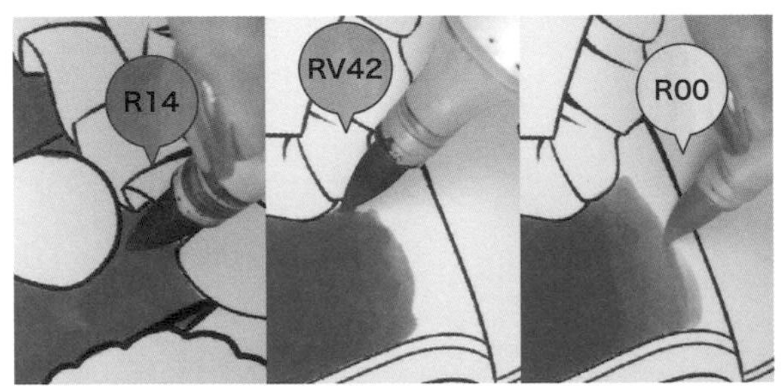

在整體塗紅色，受光處用粉紅色暈染邊界，然後用淡粉色暈開。

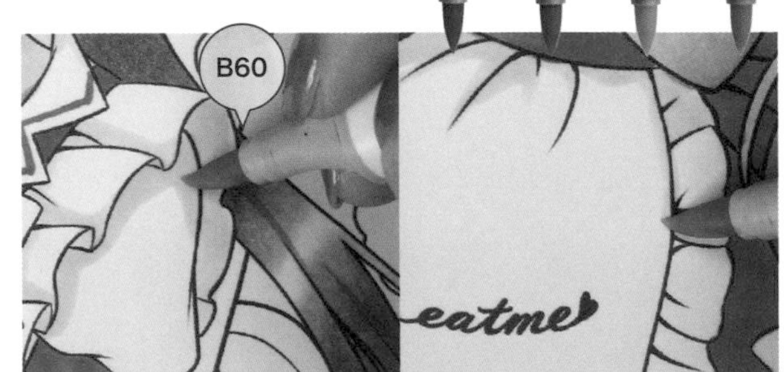

用淡紫色畫出白色襯衫、圍裙荷葉邊的陰影。

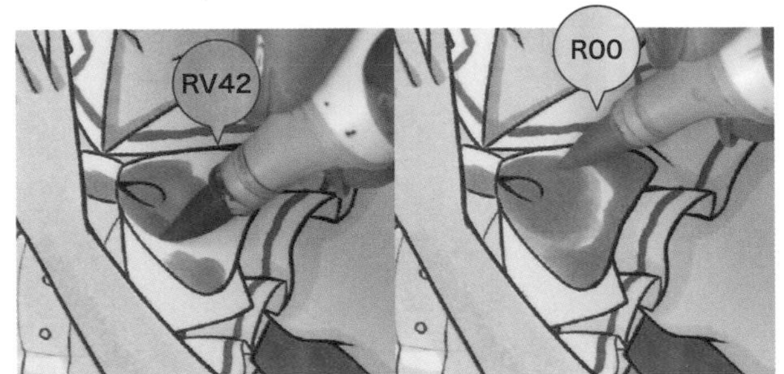

用粉紅色塗上蝴蝶結的底色，在高光部留白，接著以淡粉色暈開邊界。

複習第 6 課。

R14 RV42 R00 0 YG41 Y11 B12 Y21

3 草莓

■ 將剖半的草莓上色

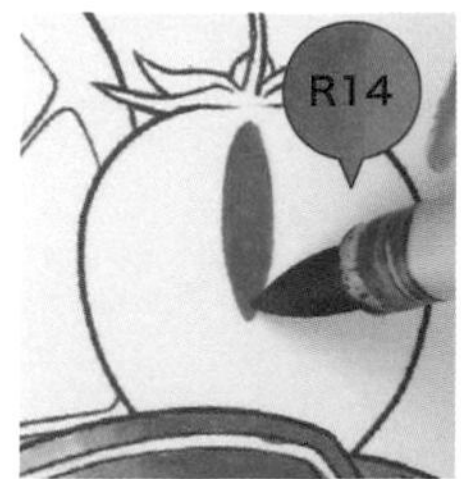

在中間的深色區塊塗上紅色。

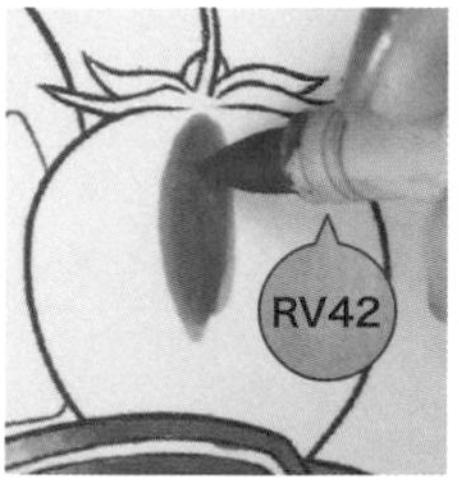

用粉紅色暈開邊緣。

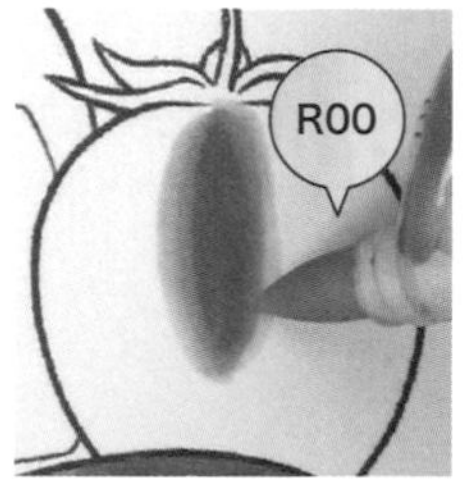

接著用淡粉色慢慢向外暈開。

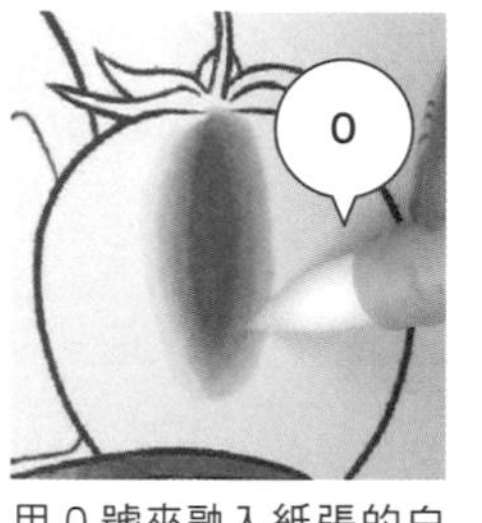

用 0 號來融入紙張的白色。

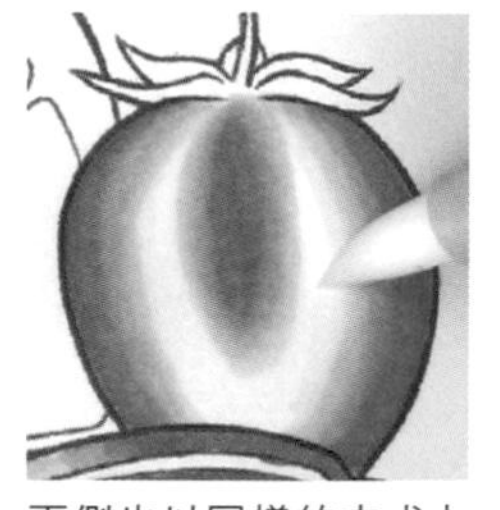
兩側也以同樣的方式上色，由外而內來進行上色。

■ 蒂頭上色

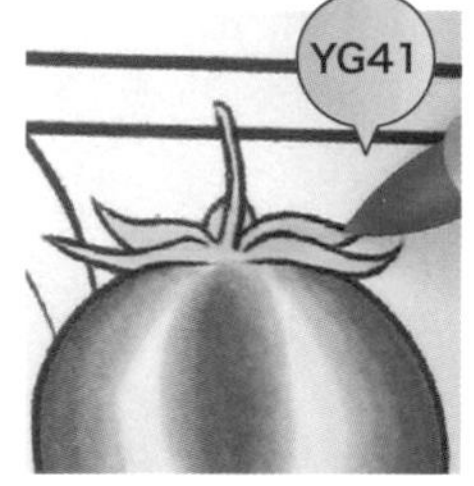

在蒂頭中塗上綠色。

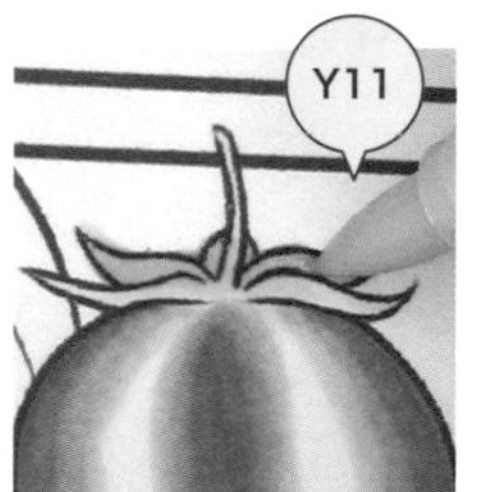

在後方葉子上疊加黃色。

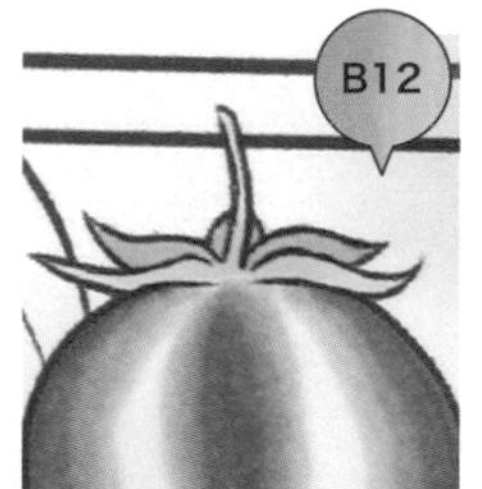

在塗有黃色的地方疊加藍色，畫出深綠色。

■ 外側上色

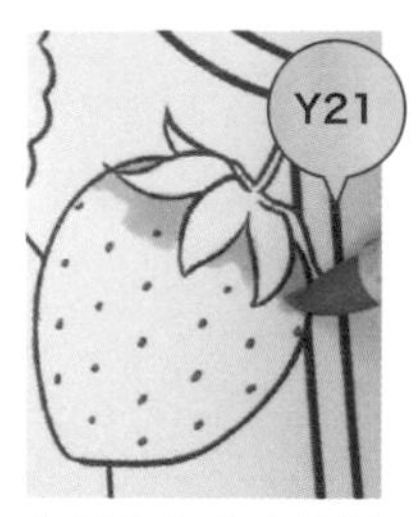

在果實的上方塗橘色。

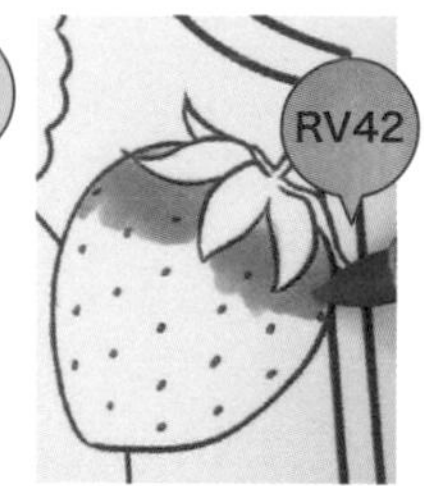

用粉紅色暈開。

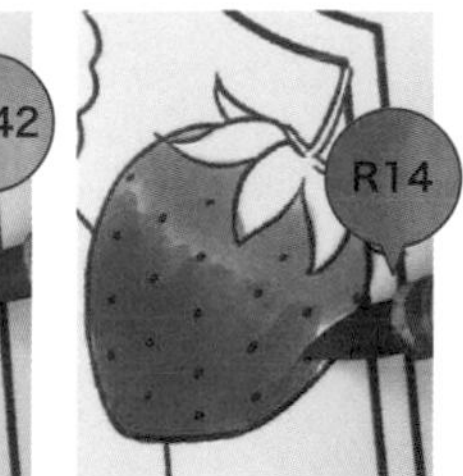

由下而上塗紅色。

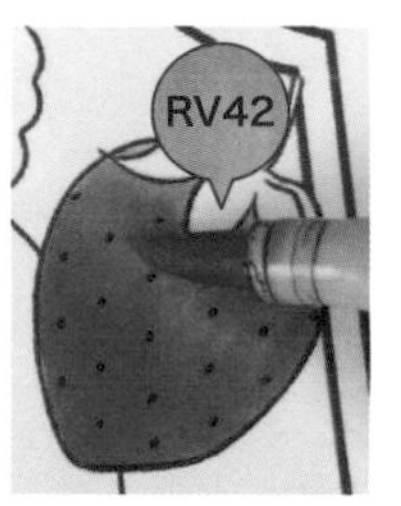

用粉紅色來暈染邊界。

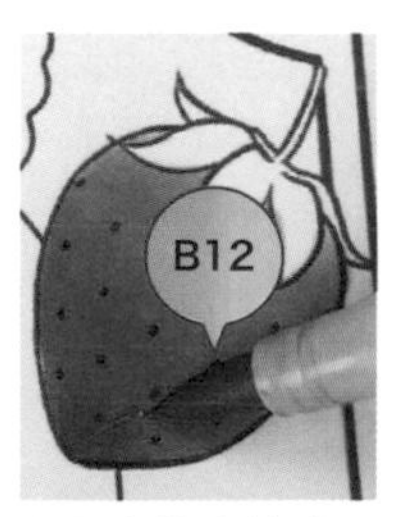

在果實的尖端塗一點藍色。

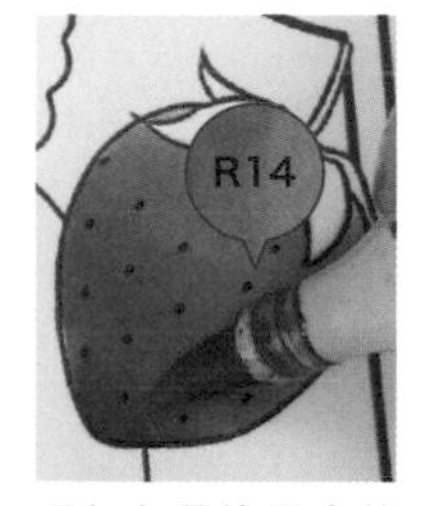

用紅色暈染果實的顏色。

■ 蒂頭與種子上色

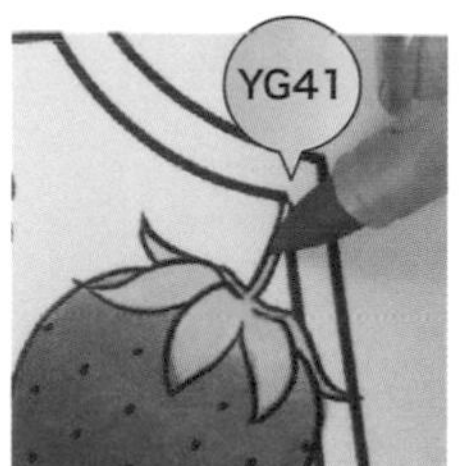

在蒂頭中塗綠色。

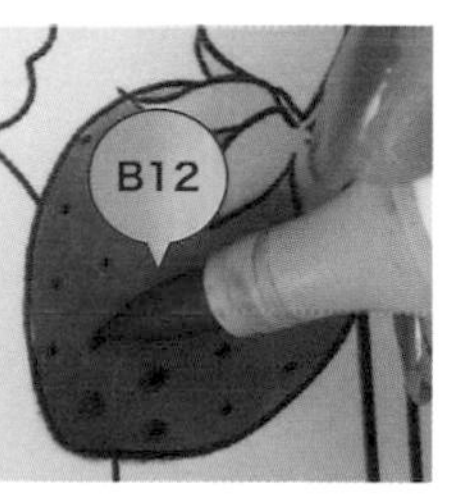

在偏下方的種子中添加藍色陰影。

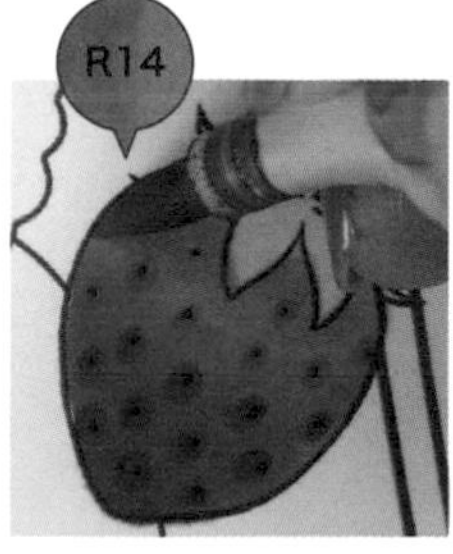

在亮部的地方畫出紅色的陰影。

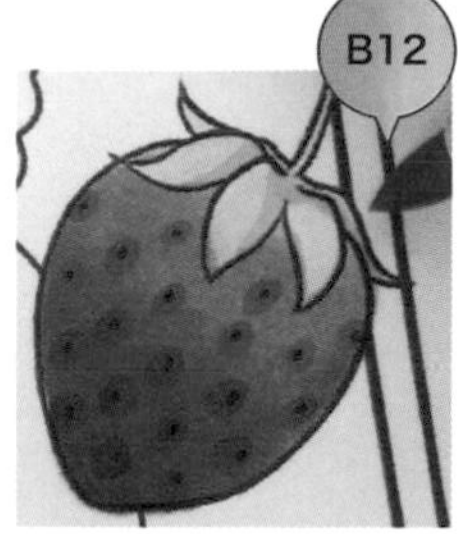

在蒂頭中畫出藍色的陰影，增加立體感。

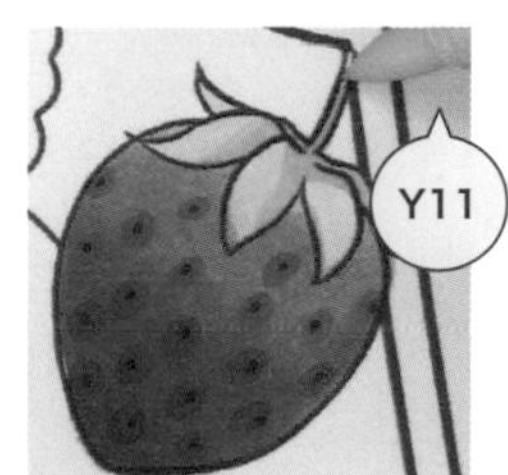

在藍色上疊加黃色，畫出深綠色。

Y21 RV42 R14 B12 W-2

4 蘋果

在蘋果的上面塗橘色，接著疊加粉紅色。

在蘋果的中央區塊塗紅色。

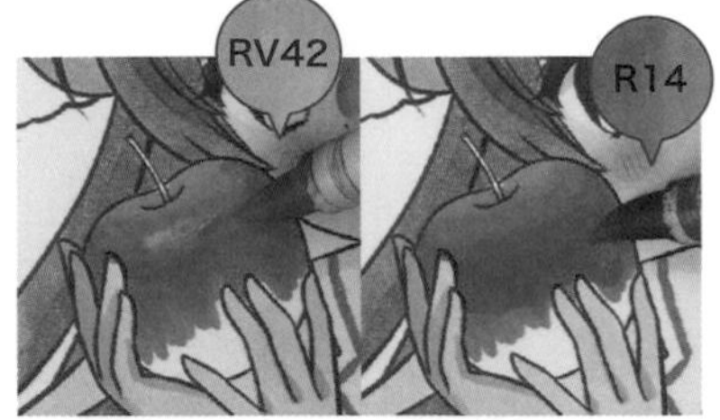

在中央區塊與上方的交界處用粉紅色暈開，並在果實顏色最深的地方疊加紅色。

在下方塗上橘色，用粉紅色模糊邊界。

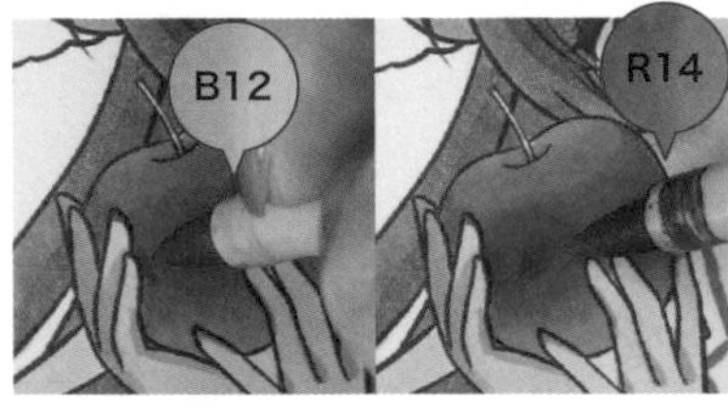

在蘋果正中央的周圍塗上少許藍色，並用紅色暈開，將顏色調暗。

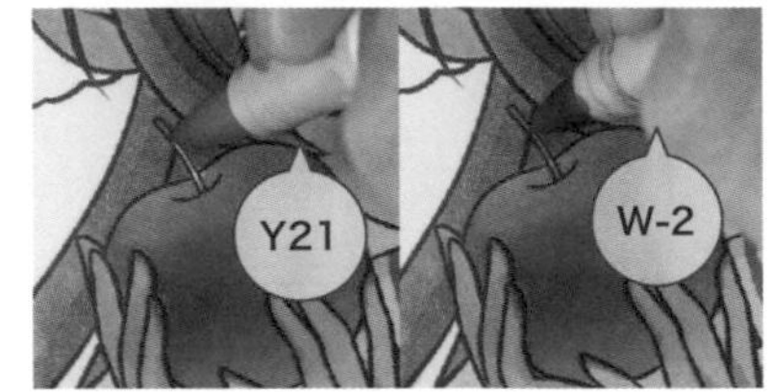

在蒂頭上疊加橘色和淺灰色。

5 樹莓

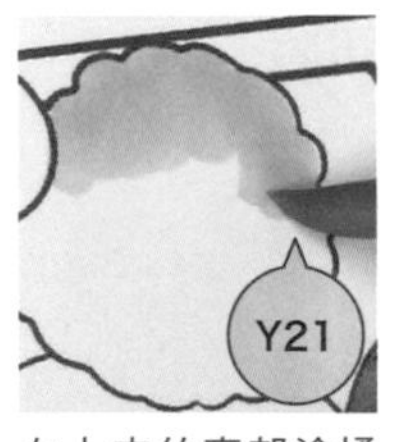

在上方的亮部塗橘色。

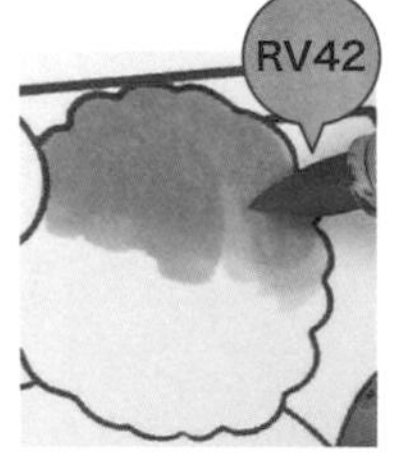

疊加粉色並往下延伸。

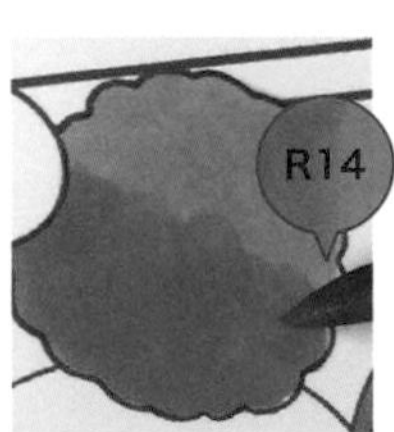

在下面塗紅色。

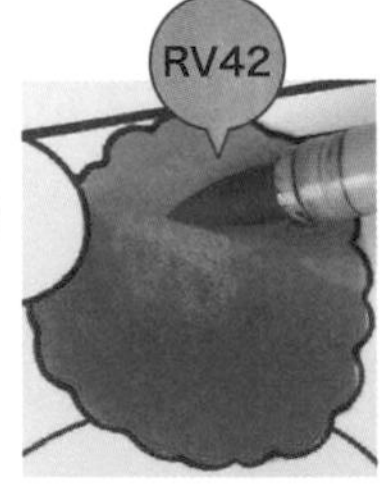

用粉紅色暈開交界處。

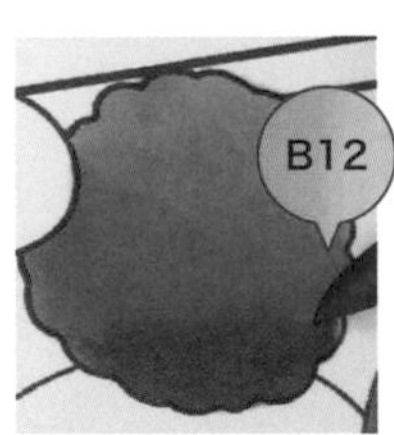

用藍色調暗下方區塊。

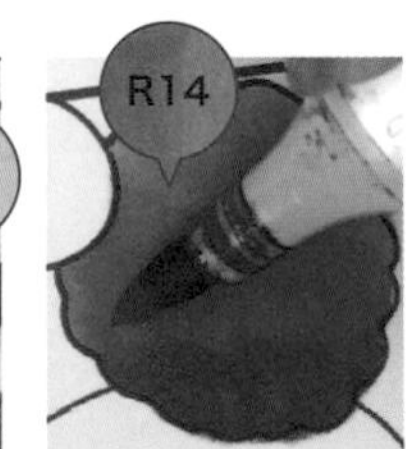

用紅色暈開邊界。

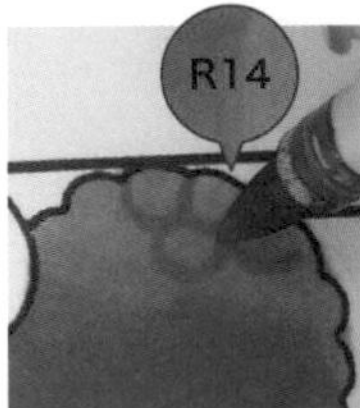

用紅色在上面畫出圓形的果實。

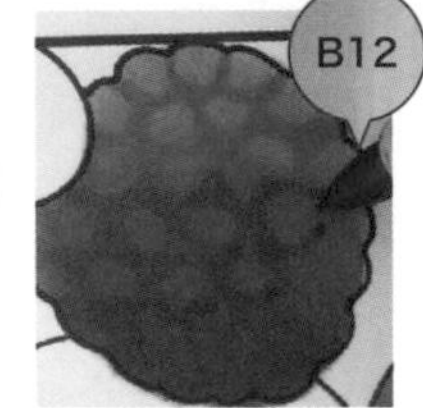

用藍色在下面畫出圓形的果實。

繼續在下方用紅色加深顏色。

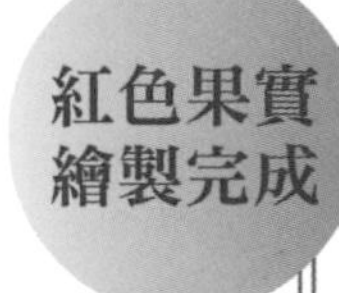

同一種顏色也能透過不同的畫法做出差異。

6 橘子

Y21 RV42 0 Y11

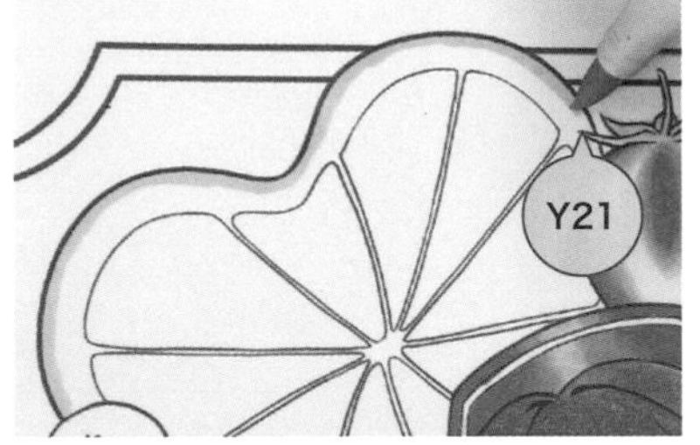

沿著邊緣塗上橘色。

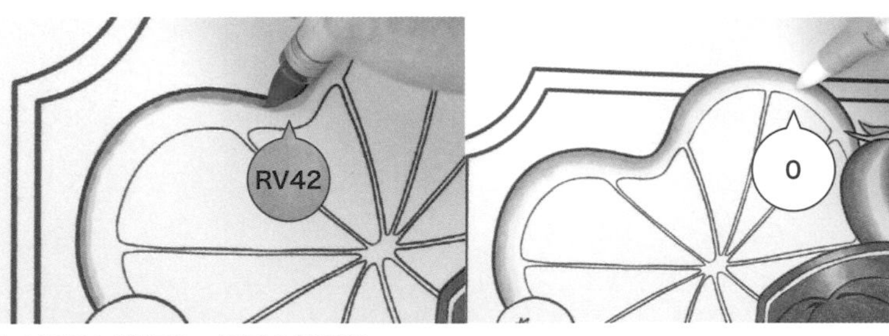

在上面疊加粉紅色，再用 0 號暈開。

在果實的區塊填滿黃色。

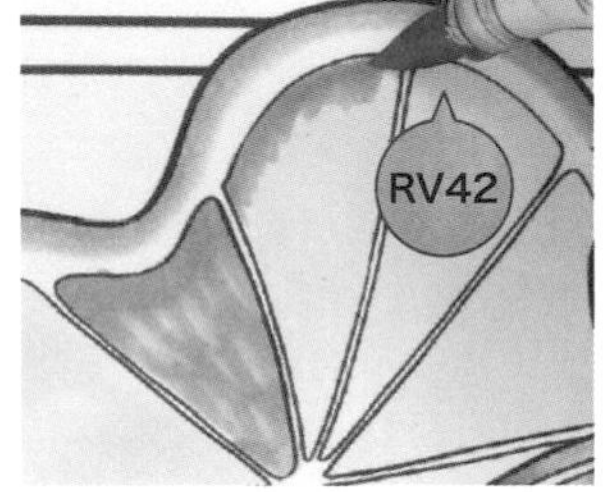

以短撇的筆觸從上方開始塗粉紅色。

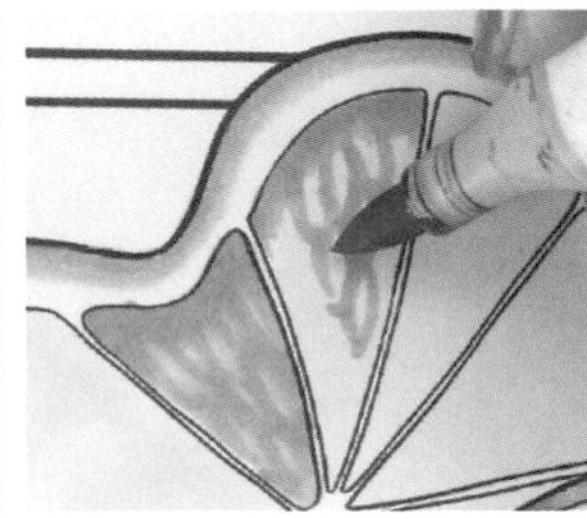

繼續往下畫出顆粒。

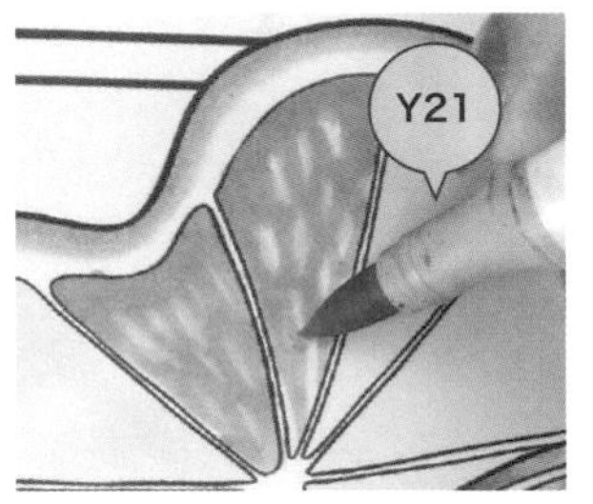

用橘色暈開。

7 奇異果

將中央區塊留白，用黃色平塗。

在同樣的地方疊加綠色。

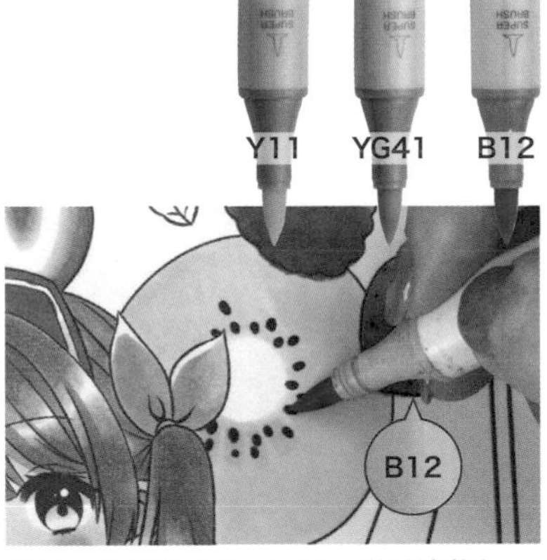

趁墨水還沒乾之前，在種子附近塗藍色。

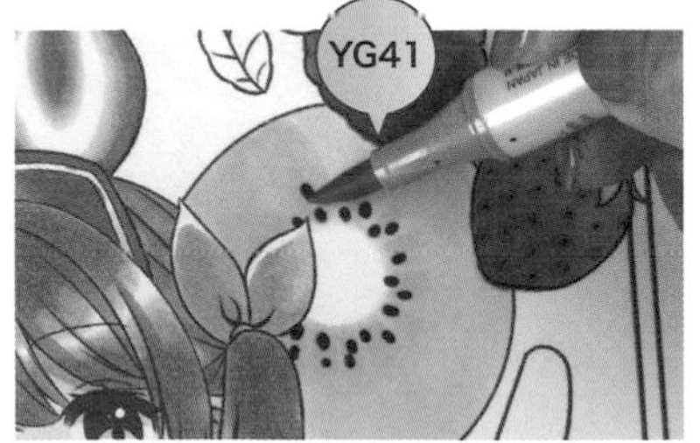

用綠色暈開。

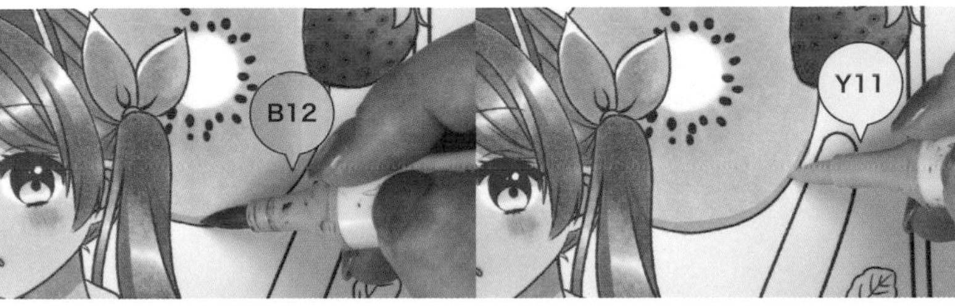

顏色乾了之後，在邊緣疊加藍色和黃色，畫出深綠色，營造立體感。

藍莓與薄荷

R14 B12 Y11 YG41

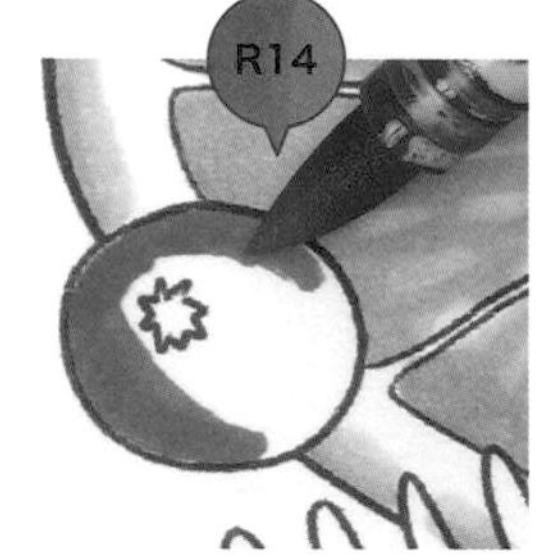

用紅色平塗上色。

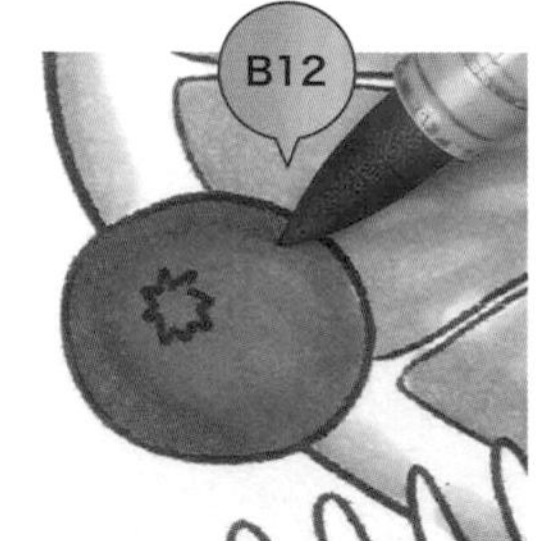

在同一個地方疊加藍色，畫出紫色。

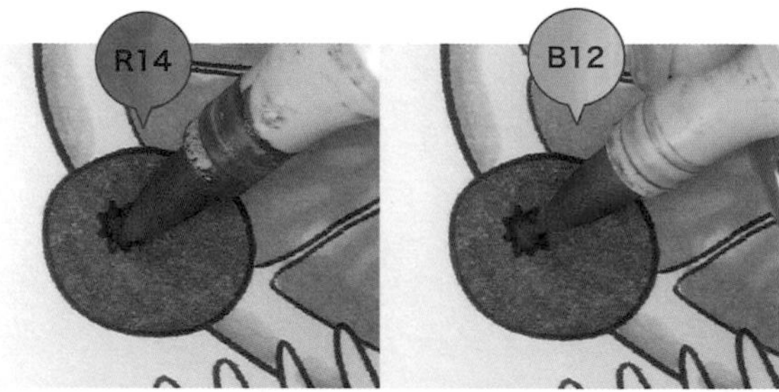

顏色乾了以後，在蒂頭中疊加紅色和藍色，加深顏色。

在葉片下方塗藍色。

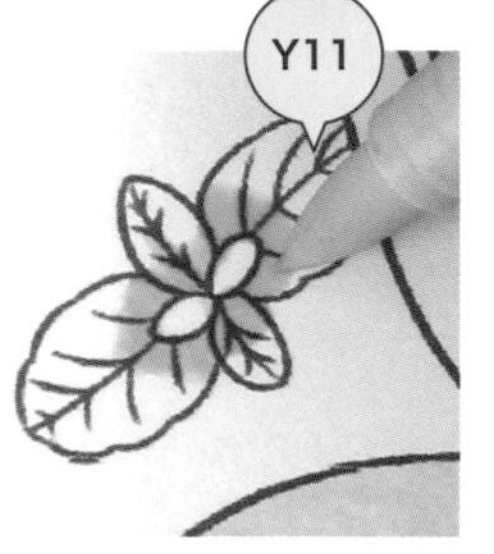

疊加黃色，畫出綠色。

在其他地方塗上綠色。

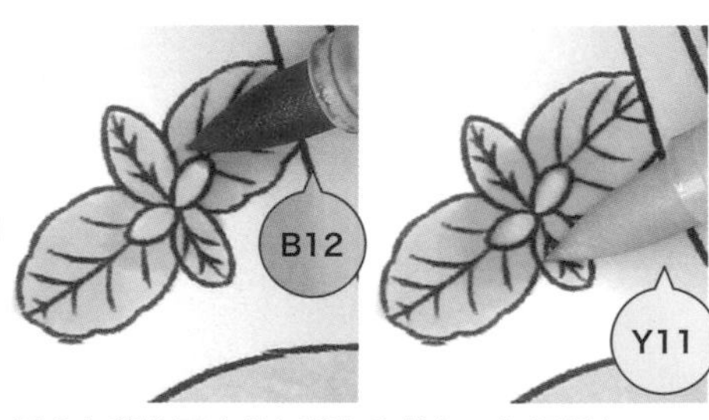

再次在葉片下方疊加藍色和黃色，加深顏色。

刀叉

W-5 W-2 0 Y11 RV42 Y21

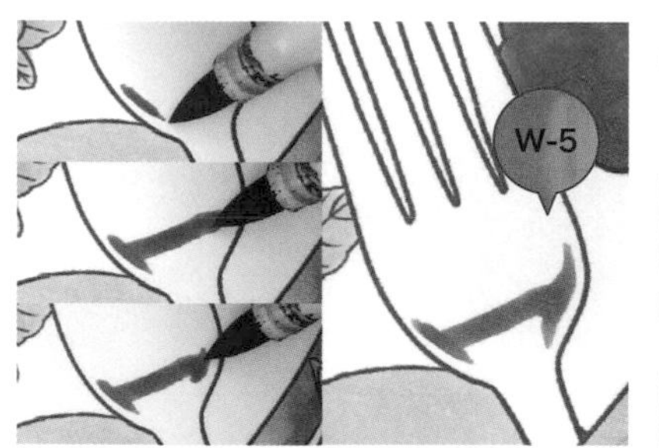

在叉子的彎曲處畫出深灰色的陰影，畫出類似「H」的形狀。

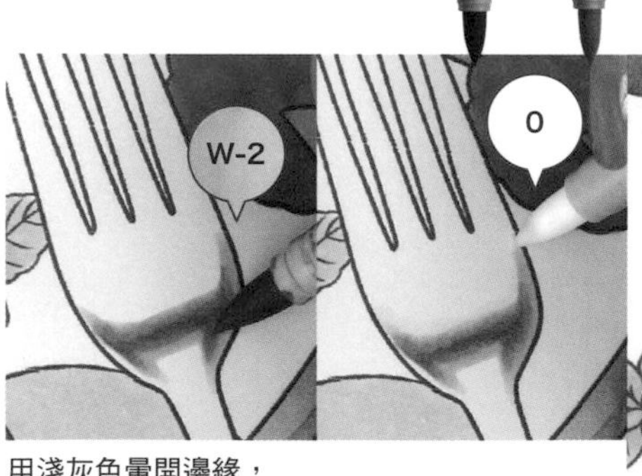

用淺灰色暈開邊緣，
再用 0 號暈染，使顏色融入紙的白色。

在每一根叉齒以及把手上，塗上深灰色的陰影。

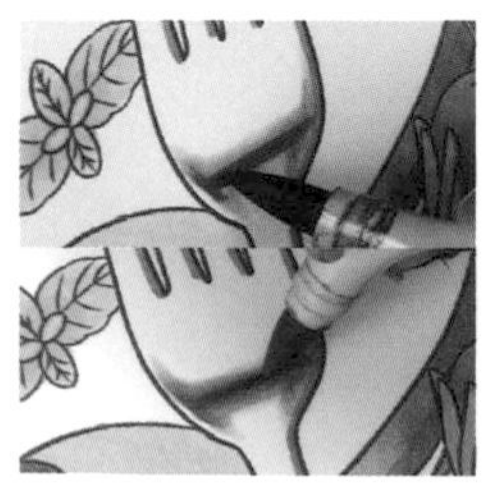

顏色不小心畫太淡的話，再次沿著陰影塗上深灰色，並用淺灰色暈染融合。

在整體塗黃色。

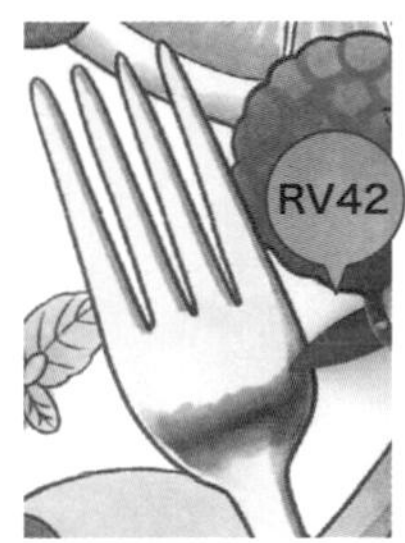

在深灰色的地方疊加粉紅色。

在粉紅色的地方疊加橘色。

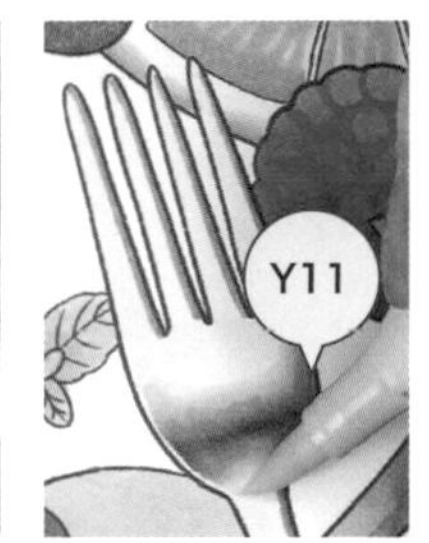

再用黃色暈染，使顏色融入底色。

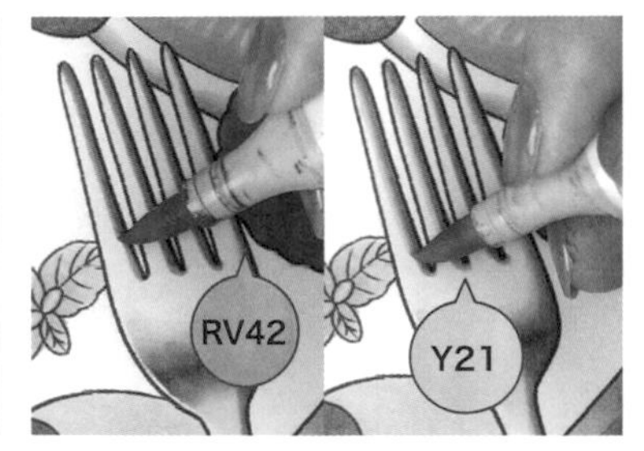

叉子前端及把手的陰影處也要疊加粉紅色和橘色。

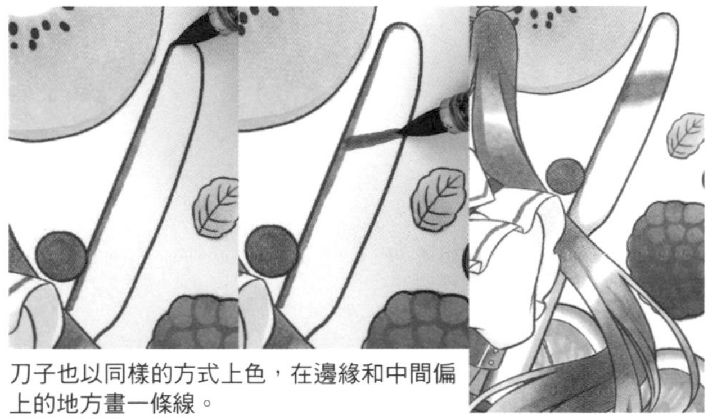
刀子也以同樣的方式上色，在邊緣和中間偏上的地方畫一條線。

10 高光與邊框

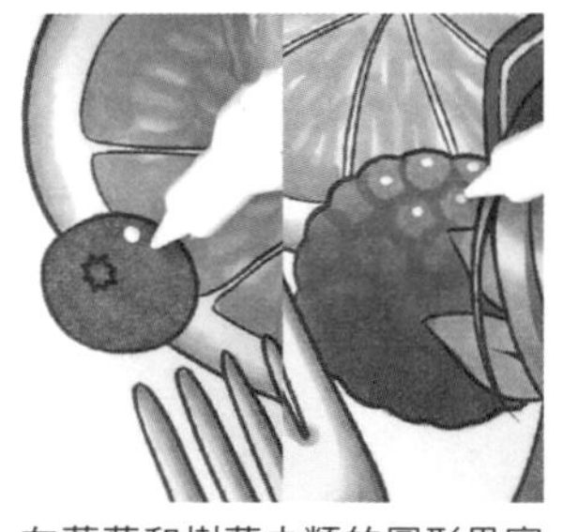
在藍莓和樹莓之類的圓形果實中添加點狀的高光。

依照叉子和刀子的形狀加入高光。

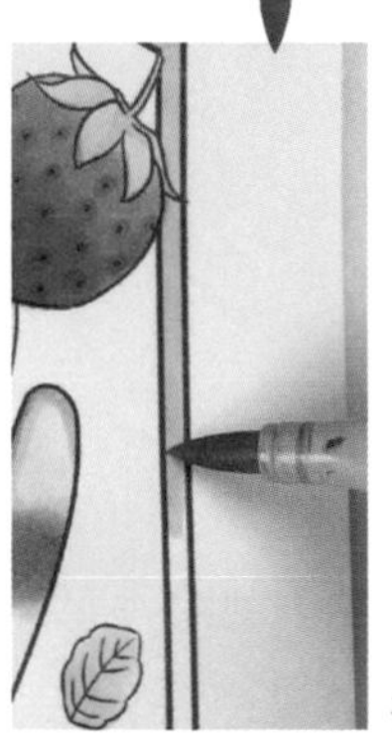

在邊框中塗藍色。

記得表現出
刀叉的金屬
質感喔！

在剖半的草莓中畫出白色的線條，將外側的種子區塊留白，在亮部塗上白色以呈現光澤感。最後修飾一下整體，上色完成。

完成

eatme

eatme

Lesson 8 蝴蝶結背景

1 皮膚與頭髮

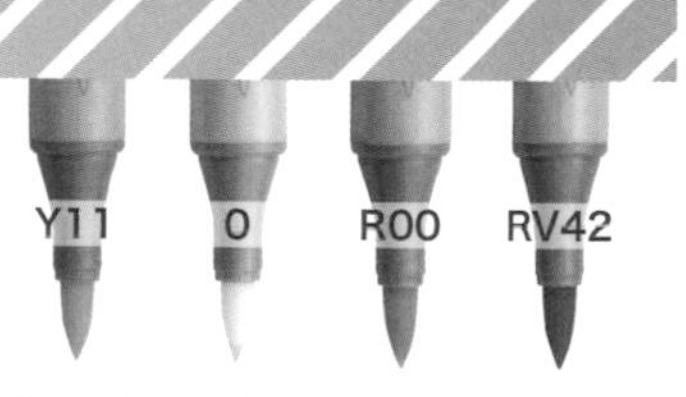

■ 皮膚與眼睛上色

依照目前為止學到的上色流程開始上色，
畫出皮膚底色→皮膚陰影→眼睛。

■ 頭髮底色上色

在上面塗黃色，將頭髮的光澤區域留白。
用 0 號暈開顏色與光澤的交界處。

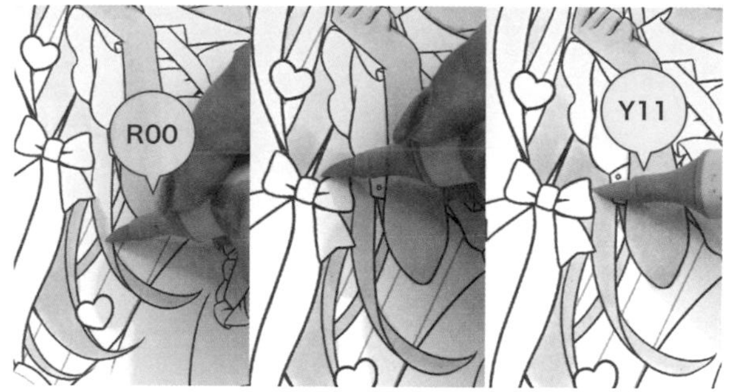

繪製綁起的頭髮，在髮尾塗上淡粉色。
暈染淡粉色與黃色的交界處，畫出漸層色調。

■ 頭髮陰影上色

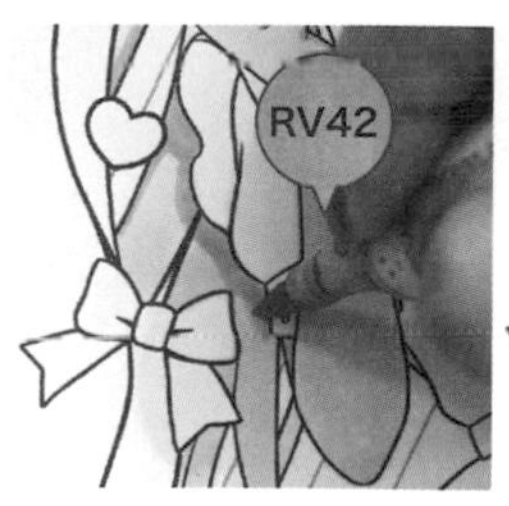

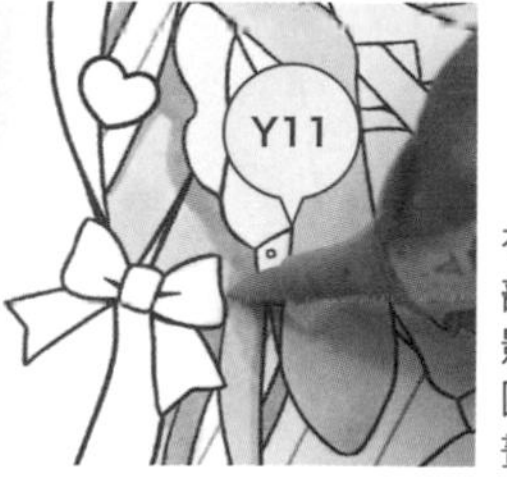

在髮束和身體的暗部塗上粉紅色的陰影並在頭髮的黃色區塊中疊加黃色，畫出深橘色。

B60

2 服裝

■ 襯衫上色

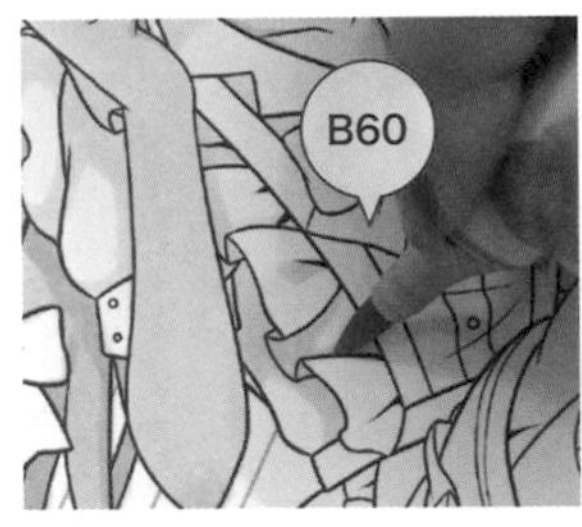

用淡紫色畫出荷葉邊的陰影。

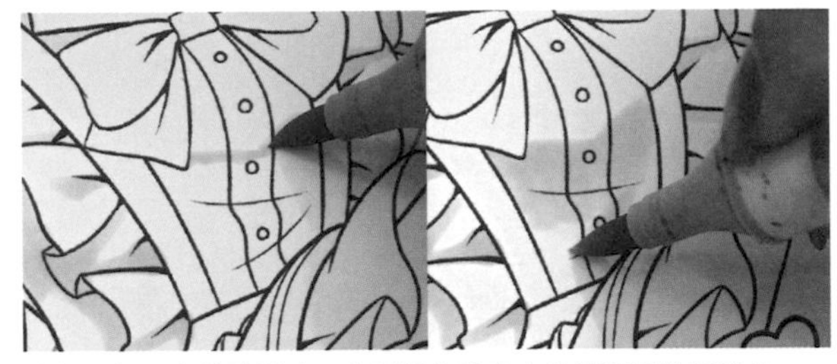
繪製胸部下方的陰影時，先以線條畫出上色範圍再往下塗色。

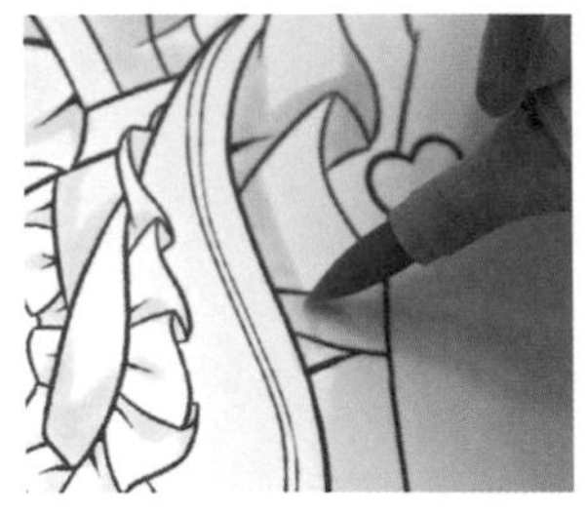
圍裙下方荷葉邊也要畫陰影。

■ 裙子底色上色

YG41 Y11

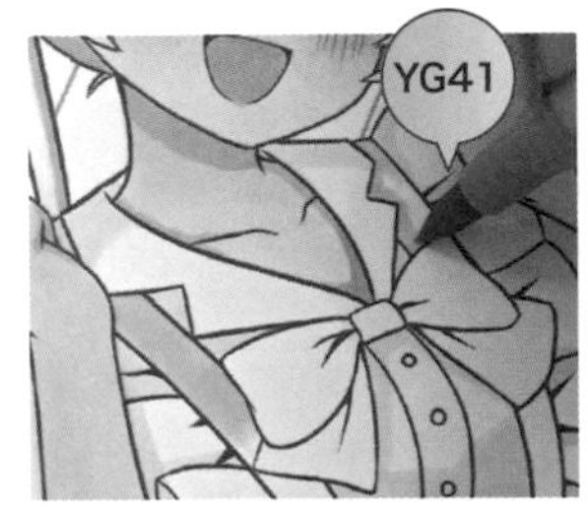

首先從上面開始塗綠色，畫到亮部為止。

在亮部塗上黃色，並且在綠色上疊加黃色。

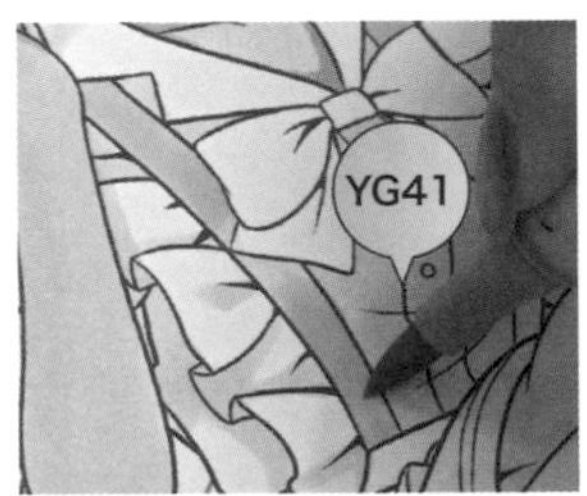

在下方再次塗上綠色。

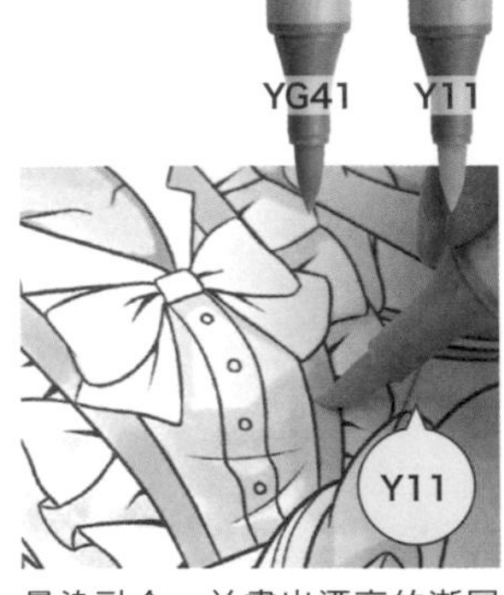

暈染融合，並畫出漂亮的漸層色。

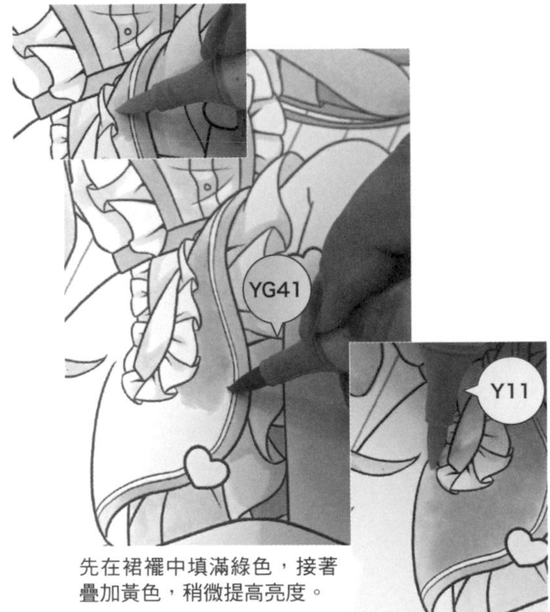

先在裙襬中填滿綠色，接著疊加黃色，稍微提高亮度。

裙子也要畫出漸層效果，底色塗綠色，亮部塗黃色。

帽子也選用相同配色。

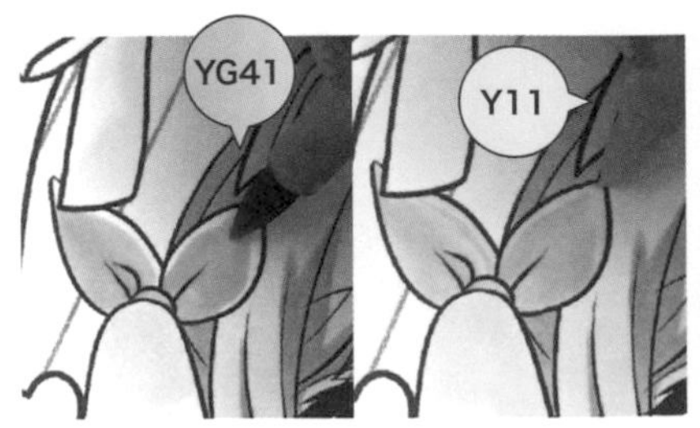

在頭髮的蝴蝶結中塗色，將邊緣留白並疊加黃色。

■ 裙子陰影上色

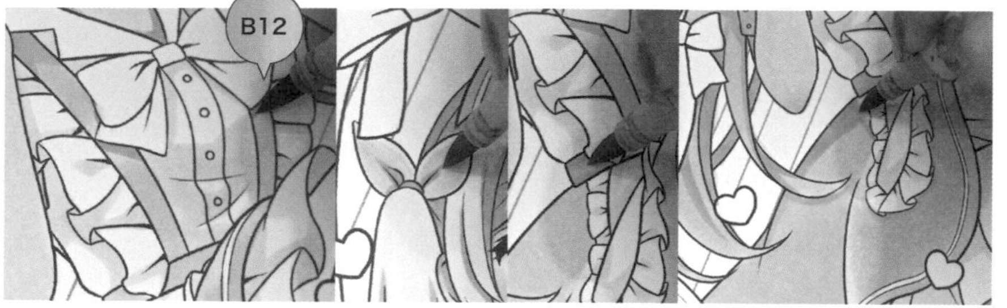

在胸部蝴蝶結的陰影、打結處及裙子的陰影塗上藍色。
請仔細地找出會形成陰影的地方。

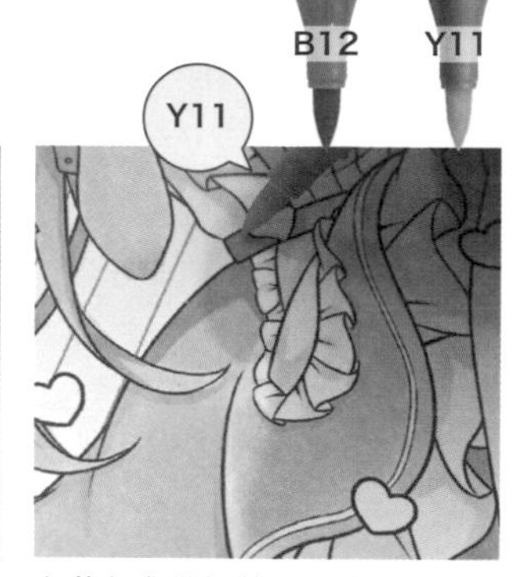

在藍色上疊加黃色，畫出深綠色。

■ 線條與鈕扣上色

在衣領與上半身的荷葉邊上，用綠色畫出線條。

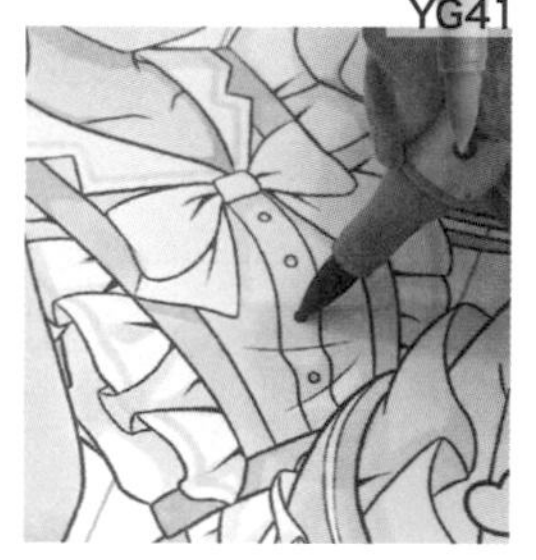

鈕扣也要塗綠色。

■ 長襪上色

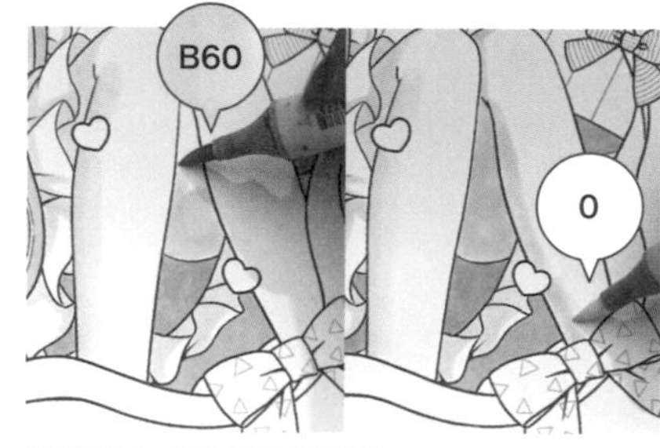

用淡紫色畫出長襪的陰影。
接著用 0 號暈染，讓顏色融入紙的白色。

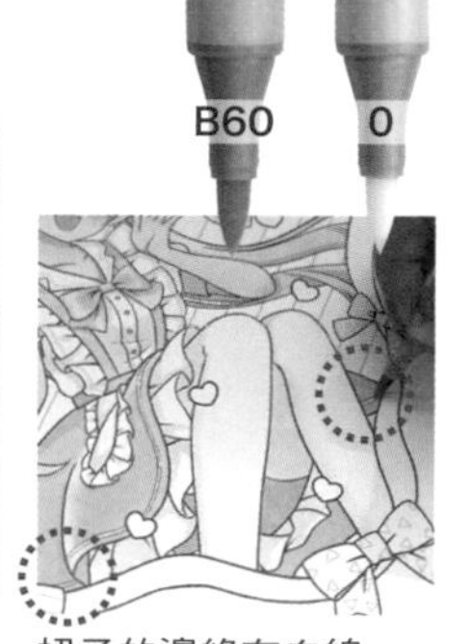

裙子的邊緣有白線，在陰影處輕輕地塗上淡紫色。

■ 胸部的蝴蝶結

填滿黃色。

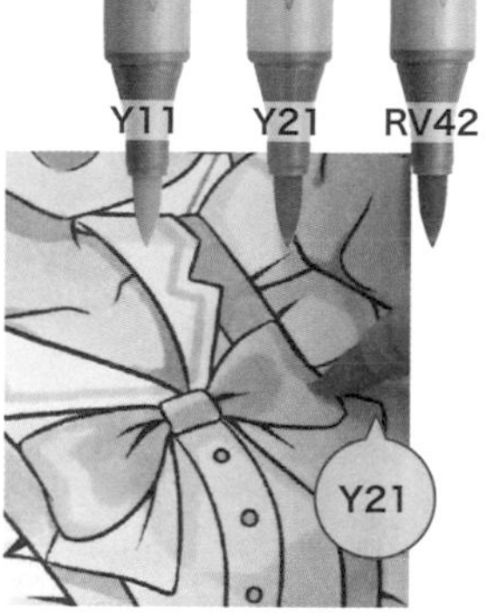

在陰影處塗上橘色。

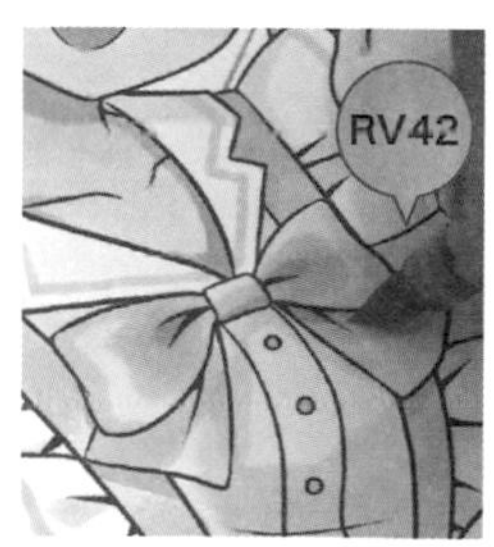

在暗部塗粉紅色，增加立體感。

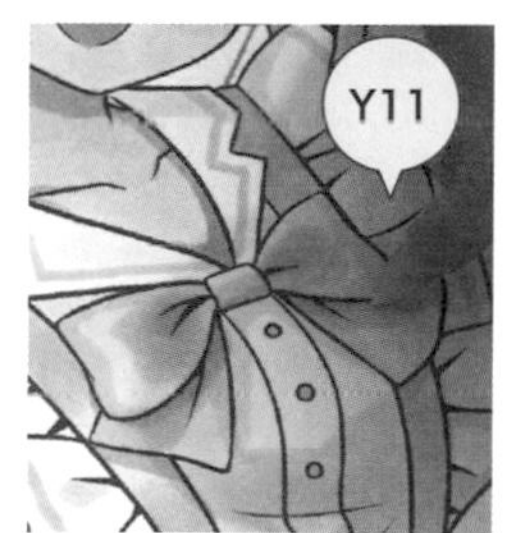

用黃色暈染融合。

3 蝴蝶結邊框

R14 RV42 R00

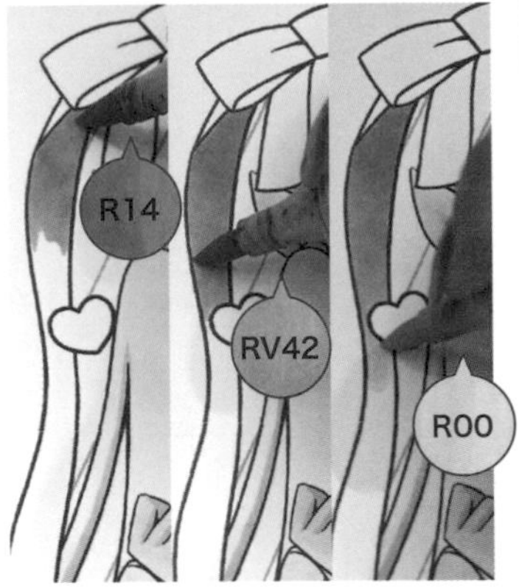

畫出漸層效果，由上而下依序為紅色、粉紅色、淡粉色。中間一帶的顏色比較淡。

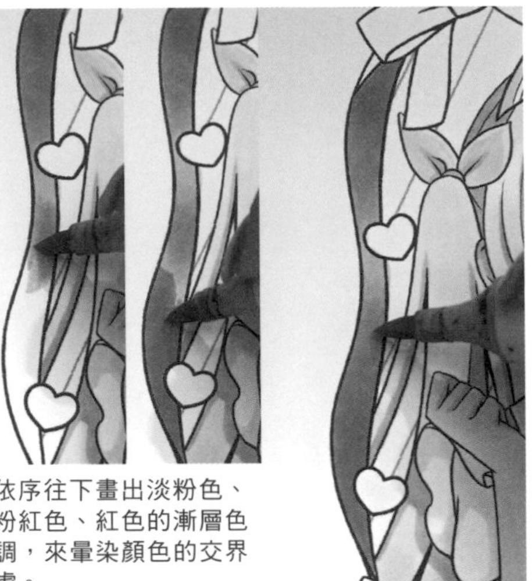

依序往下畫出淡粉色、粉紅色、紅色的漸層色調，來暈染顏色的交界處。

以同樣的畫法上色，用3色漸層法繪製周圍的蝴蝶結。

4 7種蝴蝶結

R14 RV42 R00 B12

■ 紅蝴蝶結上色

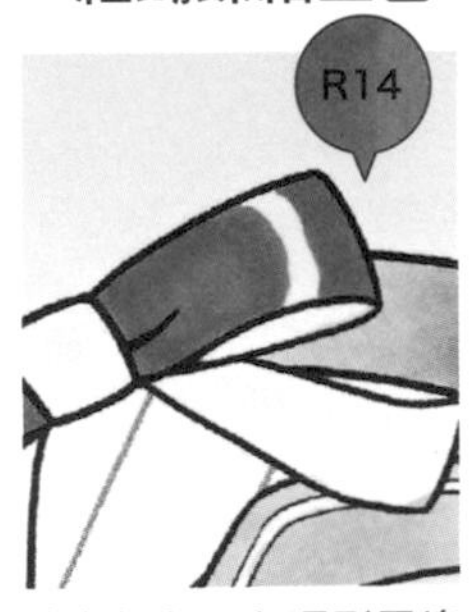

塗上紅色，在環形區塊的高光部留白。

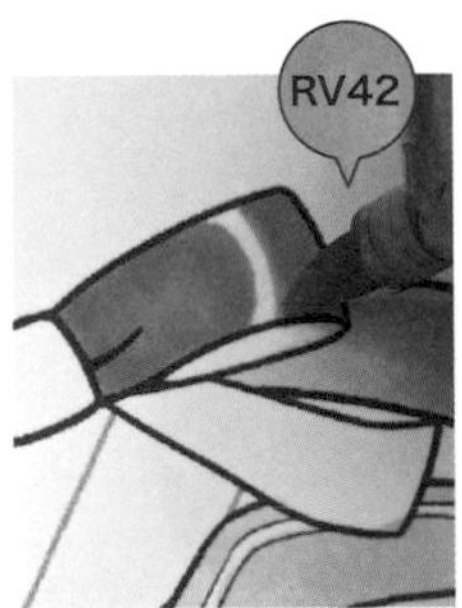

用粉紅色暈染紅色與高光的交界處。

塗上淡粉色的高光。

蝴蝶結的打結處和下方緞帶也要保留局部高光，以同樣的方式上色。

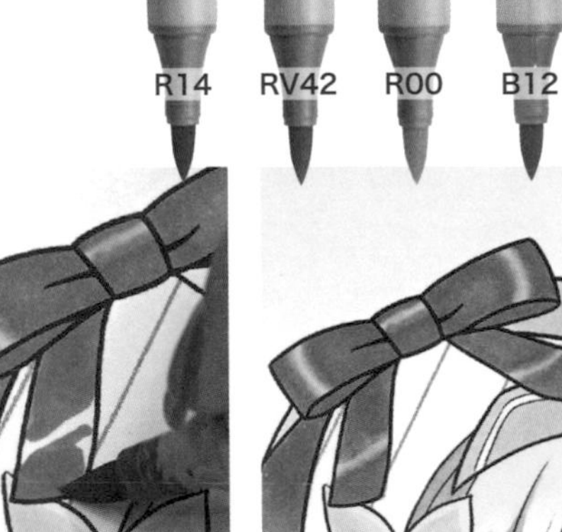

完成底色。

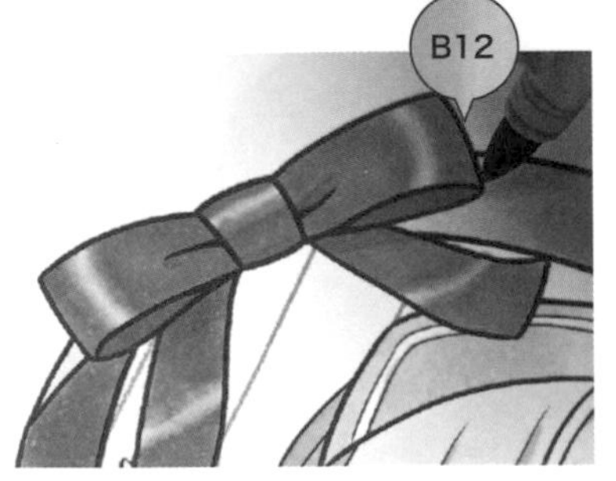

在環形區塊的皺褶、內側、陰影等處，用藍色畫出暗部。

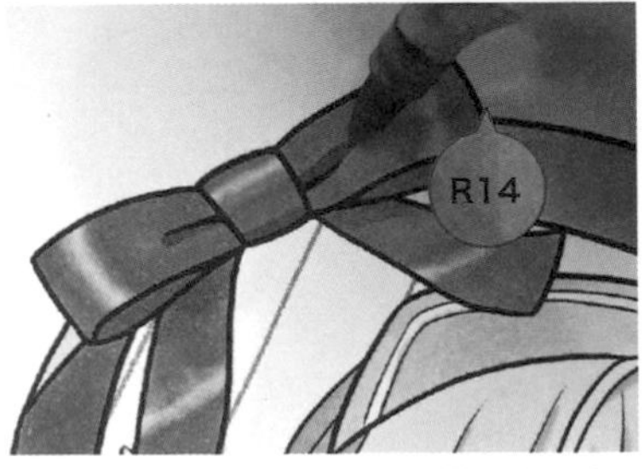

在同一處疊加紅色，調出深紫紅色，上色完成。

■ 藍色與綠色蝴蝶結上色

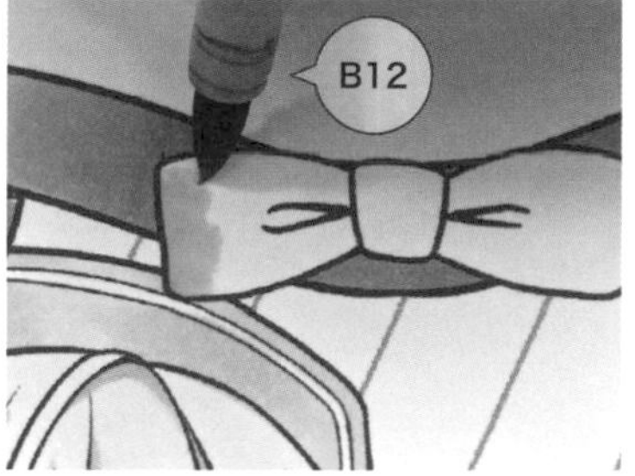

從環形區塊的邊緣開始上色。

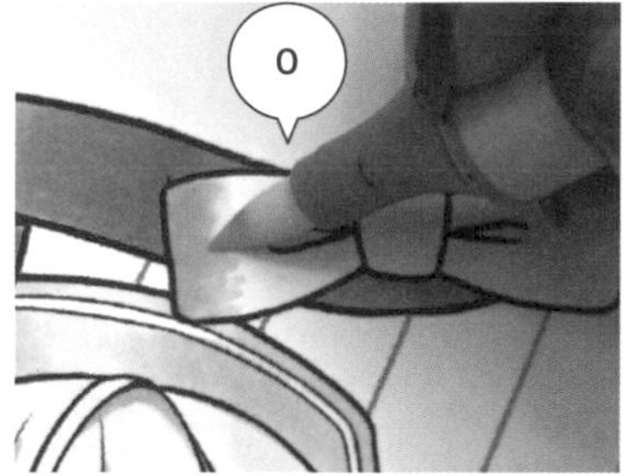

用 0 號暈開顏色。

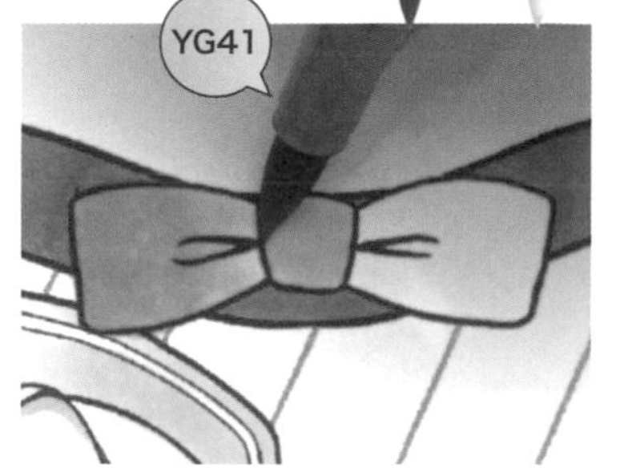

在打結處和環形區塊的中央塗上綠色。
畫出藍色與綠色的漸層。

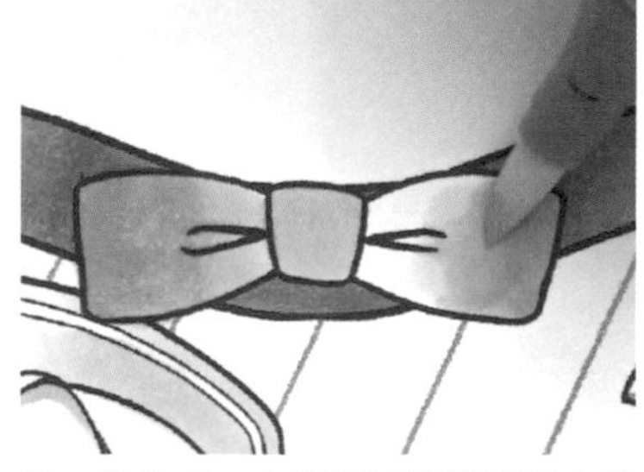

另一邊也是，在環形區塊邊緣塗上藍色，並且用 0 號暈開。

靠近打結處的區塊塗上綠色，畫出藍綠漸層色調。

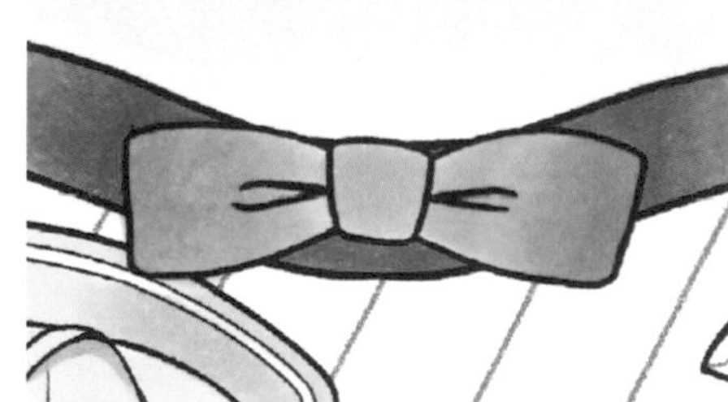

後續會添加白色圖案，目前暫且告一段落。

■ 圓點蝴蝶結上色

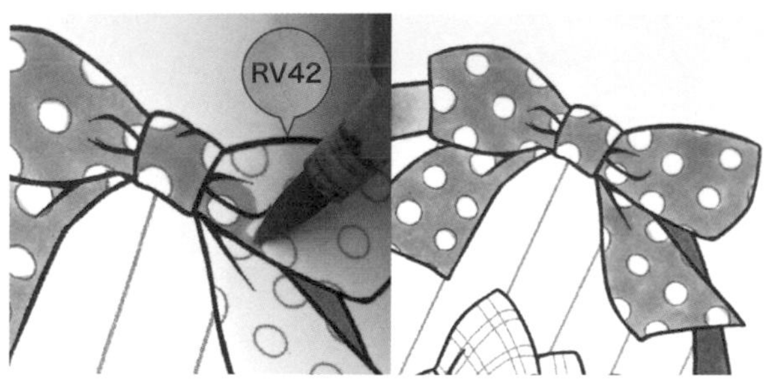

在圓點以外的地方，用筆尖仔細塗上粉紅色。

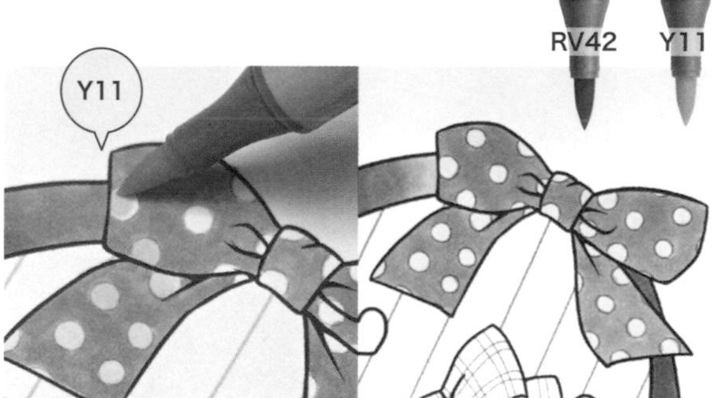

畫出黃色的圓點。

環形區塊的皺褶、邊緣及下方緞帶的皺褶中，在暗部疊加粉紅色，
上色即完成。

■ 格紋蝴蝶結上色

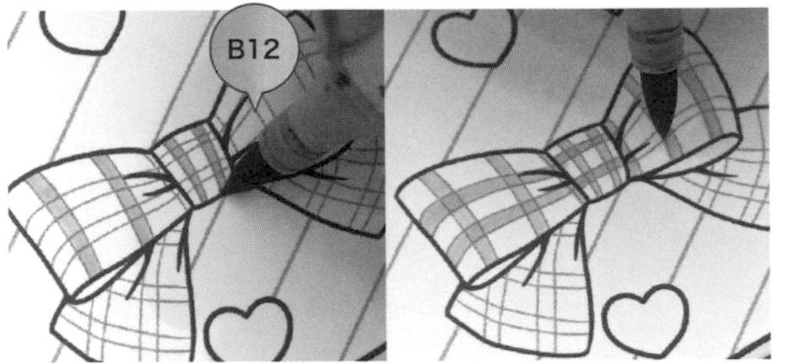

畫出藍色的格紋。

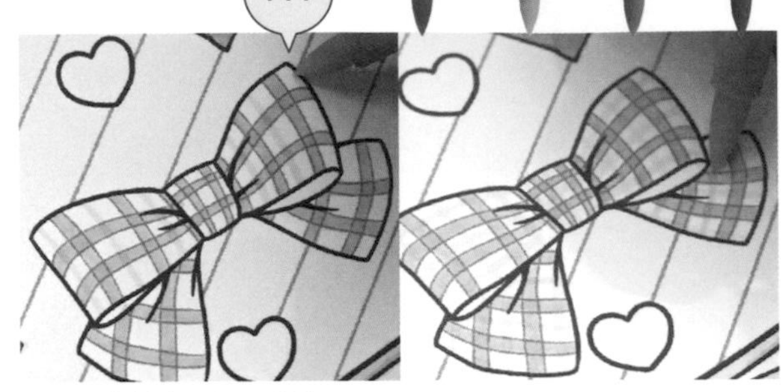

在藍色格紋之間加入黃線。

底色繪製完成。

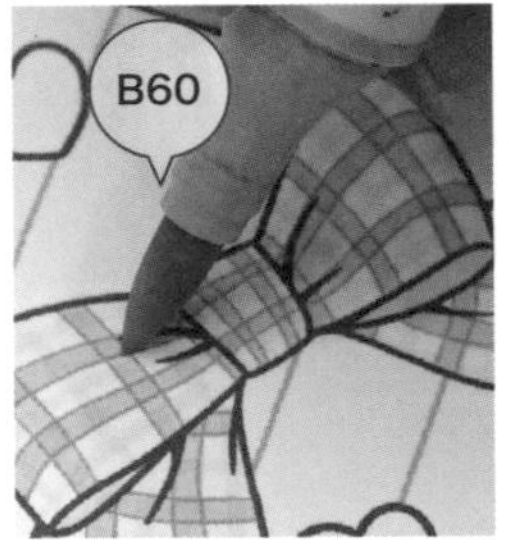

在環形區塊的皺褶或內側，畫出淡紫色的陰影。

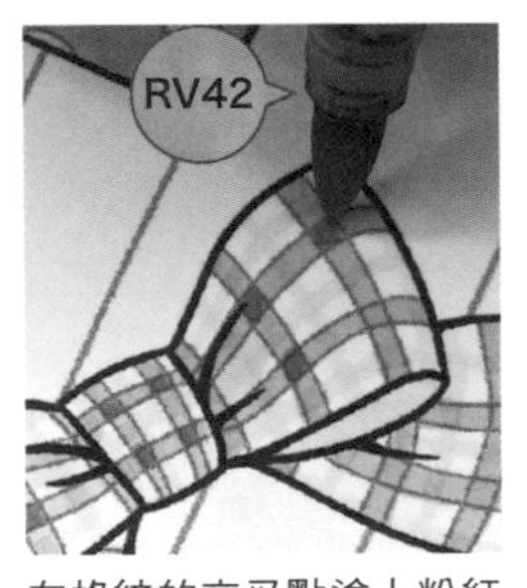

在格紋的交叉點塗上粉紅色，上色完成。

■ 藍色與紫色蝴蝶結上色

0　B12　B60

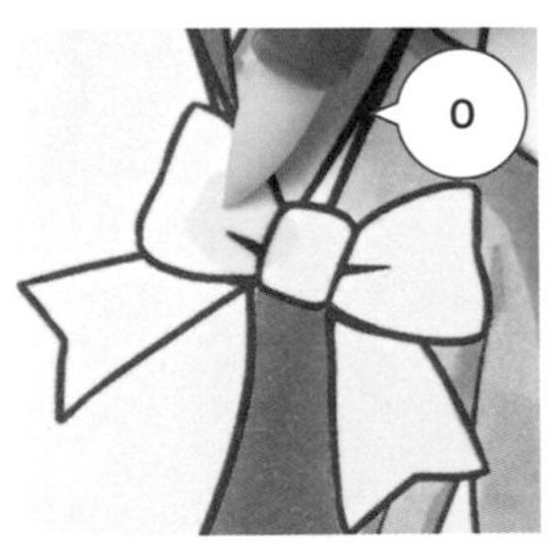

仔細地將 0 號塗在環形處和打結處。

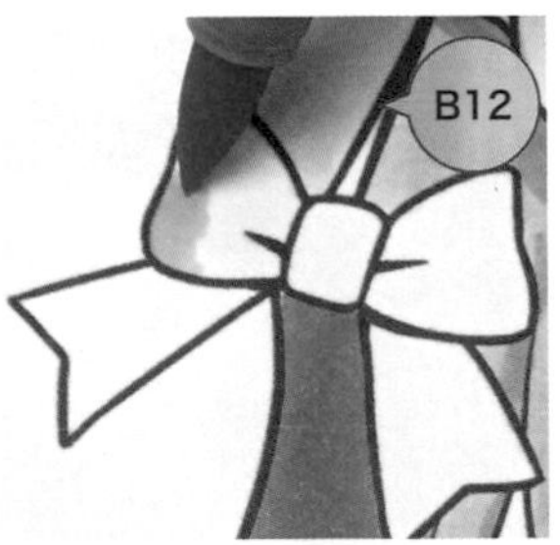

從邊緣開始塗上藍色，並且保留高光部。

在打結處與右側環形區塊上色時，也要在高光部留白。

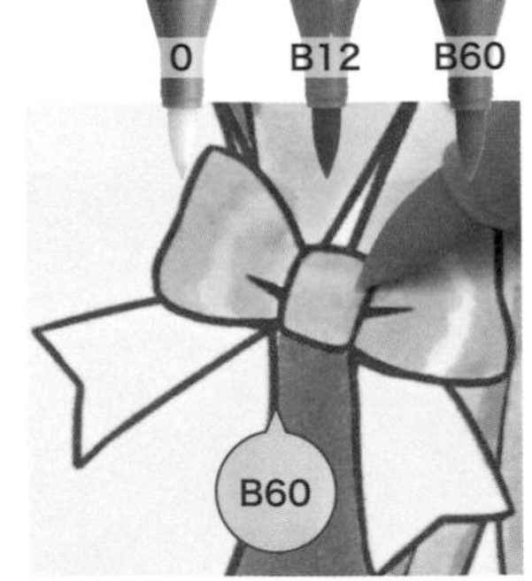

在高光部塗上淡紫色，讓淡紫色和先前畫好的藍色呈現漸層效果。

下方緞帶也以同樣方式作畫，從 0 號開始上色，畫出尾端變淡漸層色調。

顏色乾了以後，加上藍色的陰影，上色完成。

■ 黃色蝴蝶結上色

在三角形圖案以外的地方上色，並且將高光處留白。

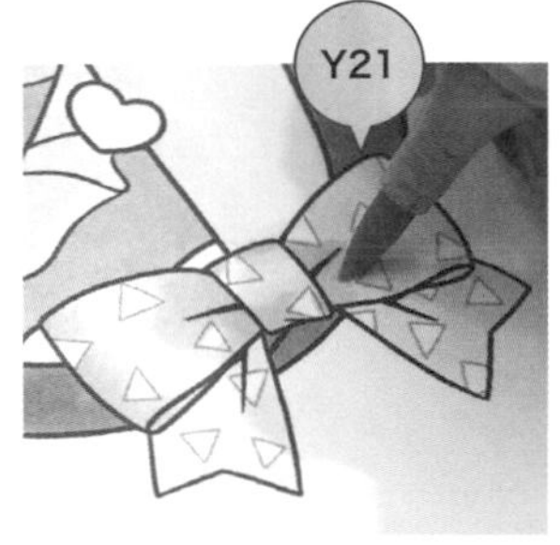

在環形區塊的邊緣、打結處附近的皺褶上用橘色加深顏色。

用黃色暈染。

底色完成。

在圖案上塗綠色。

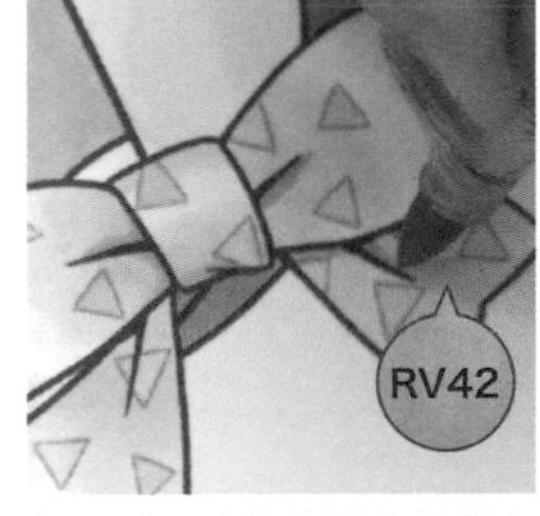

在環形區塊的陰影和皺褶上添加粉紅色的陰影。

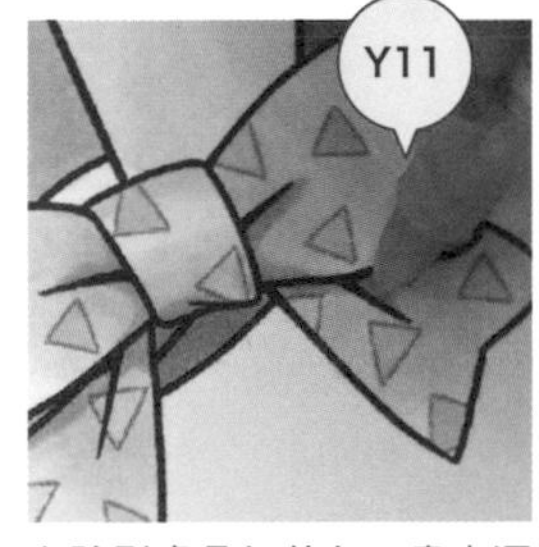

在陰影處疊加黃色，畫出深橘色，上色完成。

7種蝴蝶結繪製完成

加上陰影，並且細心地修飾吧！

5 背景

在背景的斜紋中，以平塗的方式塗上淡紫色。

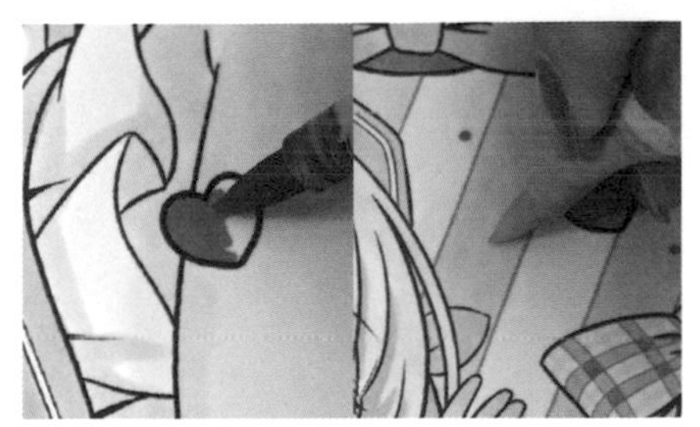
在小小的愛心中塗上喜歡的顏色吧！範例使用的是紅色、粉紅、淡粉紅，接著用喜歡的顏色畫一些圓點。

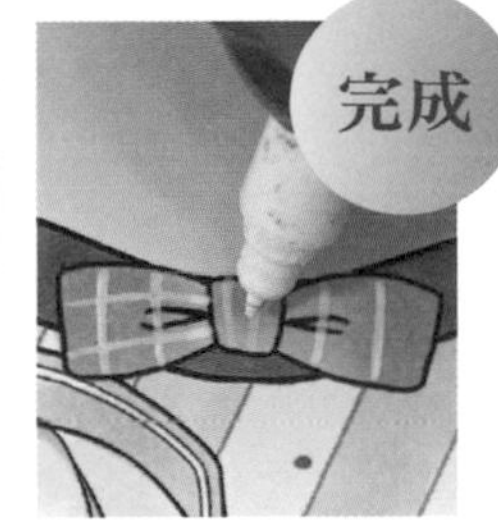

最後在藍綠色的蝴蝶結中畫出白色格紋，大功告成。

請在練習頁底下
墊一張白紙
（有墊板更好）

第4章

練習繪製其他人物1

長裙女孩

本章內容

我們將在本章練習長裙女孩，以及 2 種背景的上色技巧。

第10課是搭配花朵的華麗背景。

第11課將改變人物的頭髮和服裝配色，練習繪製珍珠與寶石。

第 9 課

第 10 課

第 11 課

長裙女孩

皮膚

■ 底色上色

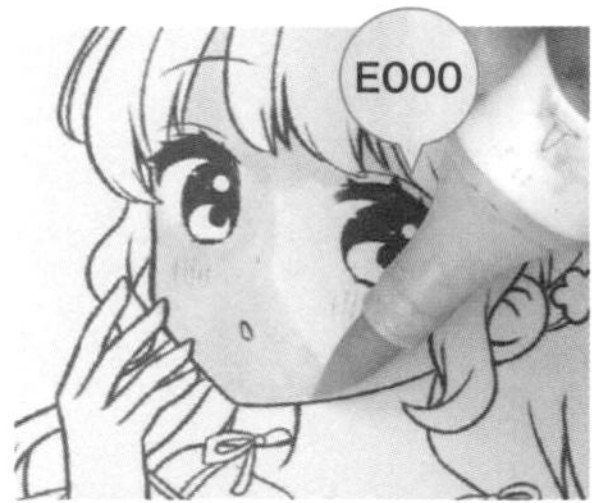

先用淺膚色畫出底色。

在臉頰塗上淡粉色，接著加上粉紅色的紅暈，並且暈開兩種顏色。

耳朵內側也加上淡粉色，用皮膚色暈染。

脖子陰影、手指前端、手肘、手臂陰影上也要添加紅色，並且用淺膚色暈染。

■ 陰影上色

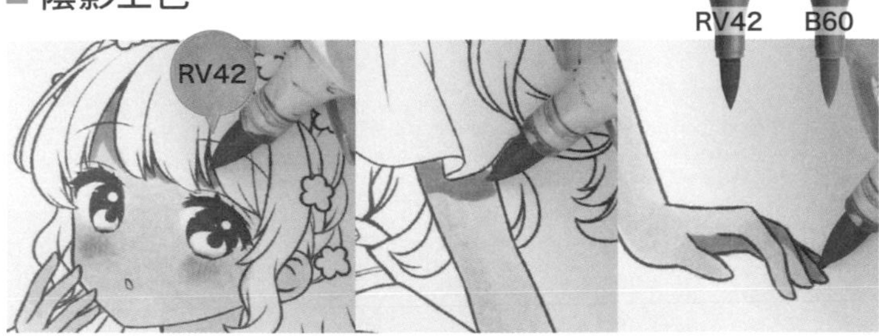

頭髮、衣服、手和腳的陰影處都要塗粉紅色。

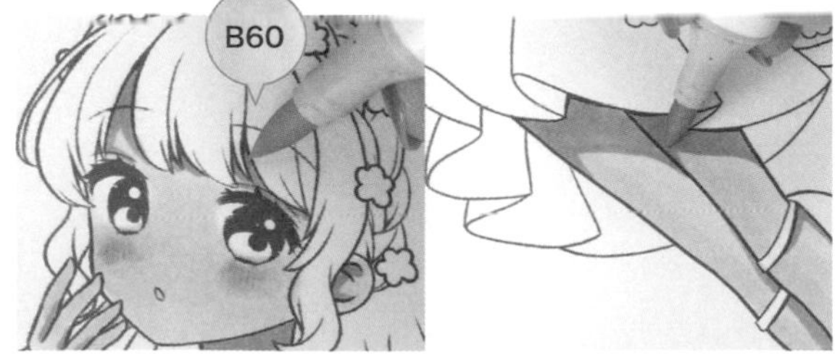

在更暗的地方疊加淡紫色。

RV42 Y11 W-2

2 眼睛

眼睛上方塗上粉紅色，將黃色疊加在粉紅色上，並且往下方上色。

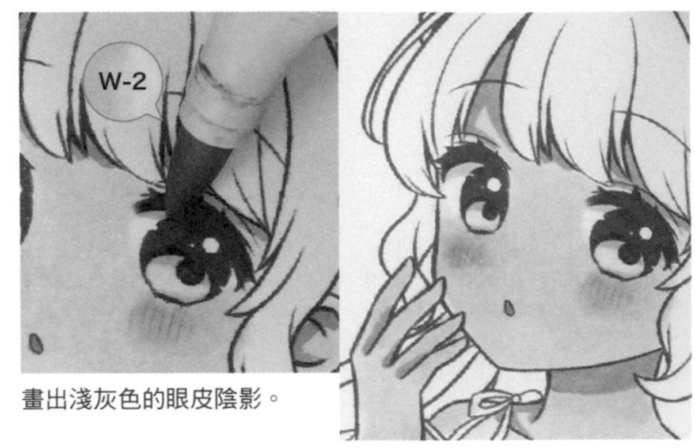

畫出淺灰色的眼皮陰影。

3 頭髮

B60 0

■ 底色上色

從上面開始塗淡紫色，在高光處留白。

用 0 號暈開高光與淡紫色的邊界。

以同樣的方式在高光下方塗上淡紫色。

用 0 號暈開邊界。

0

在後方頭髮塗上淡紫色與 0 號，並且保留高光部。

■ 陰影上色

RV42　B12

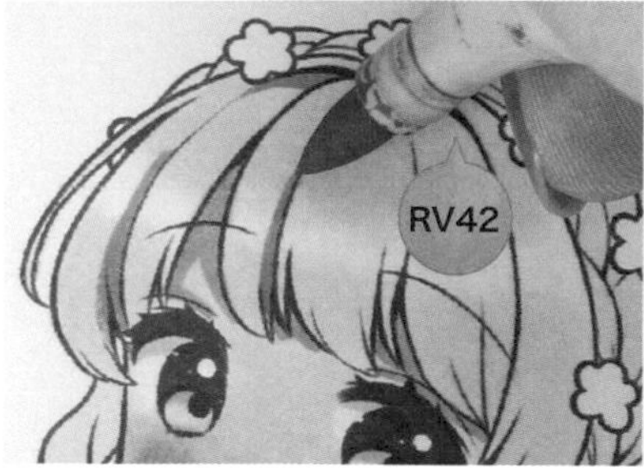

用筆尖在髮束的陰影處塗粉紅色。

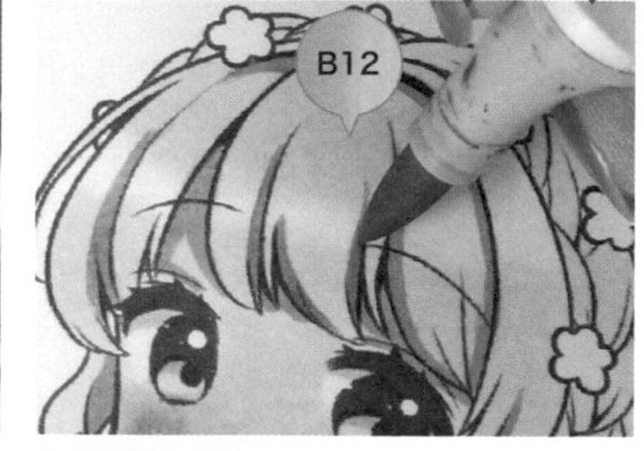

在上面疊加藍色。

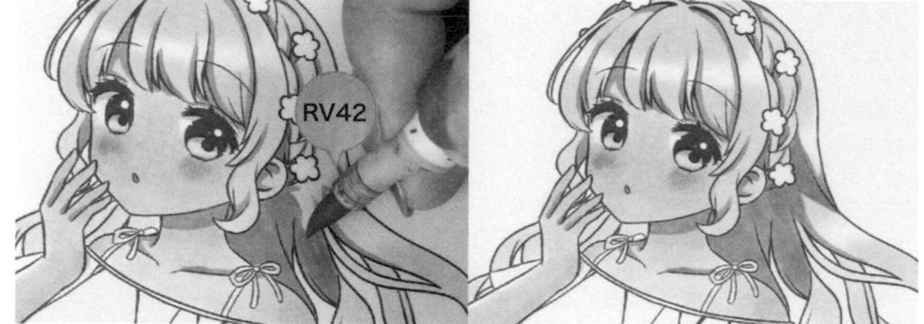

先在脖子後方決定大面積的上色範圍，再填滿顏色。

在上面疊加藍色。

思考哪個髮束的髮尾位在上層，找出陰影並塗上顏色。

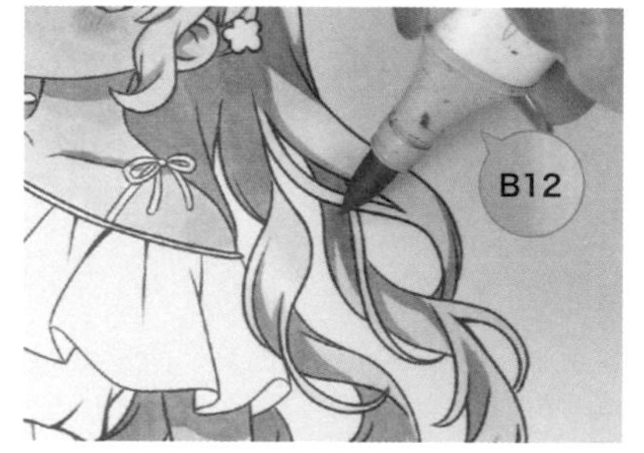

以同樣的方式塗藍色，加深顏色。

頭髮陰影完成

手邊有深紫色麥克筆的人，只用一支筆上色也OK。

B60 B12 W-5 W-2

4 襯衫與腰帶

■ 襯衫上色

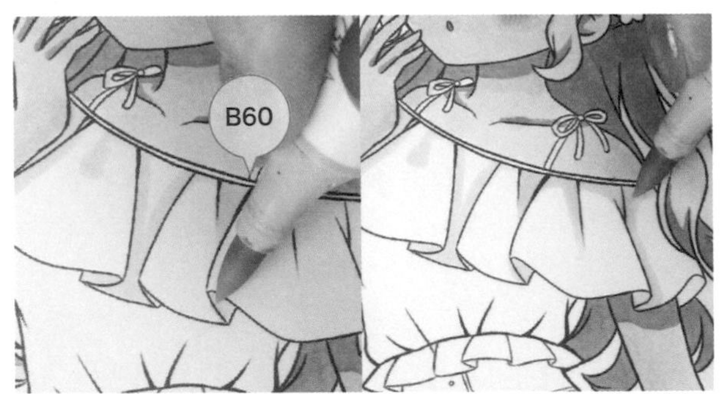

用淡紫色畫出襯衫的陰影，記得留意荷葉邊的交疊處。

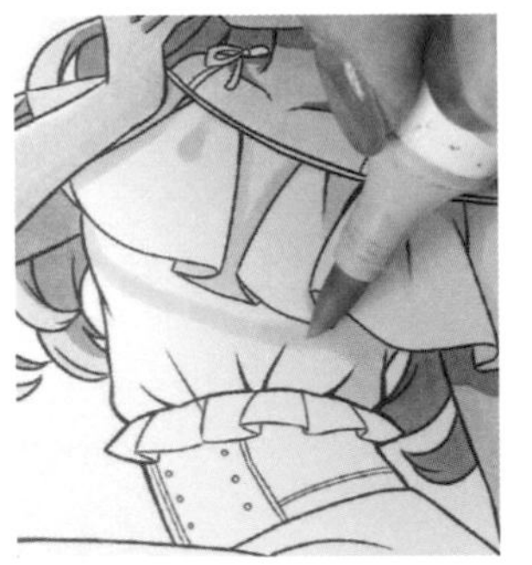

荷葉邊下方的陰影範圍很大，需先決定塗色範圍之後再填滿顏色。

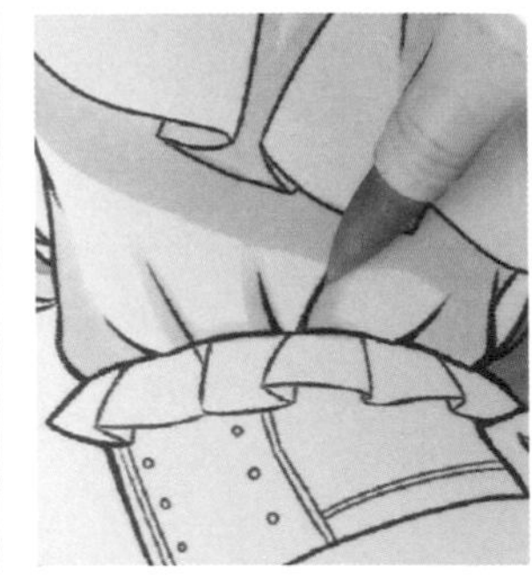

腰帶的皺褶處也要仔細畫出陰影。

■ 腰帶上色

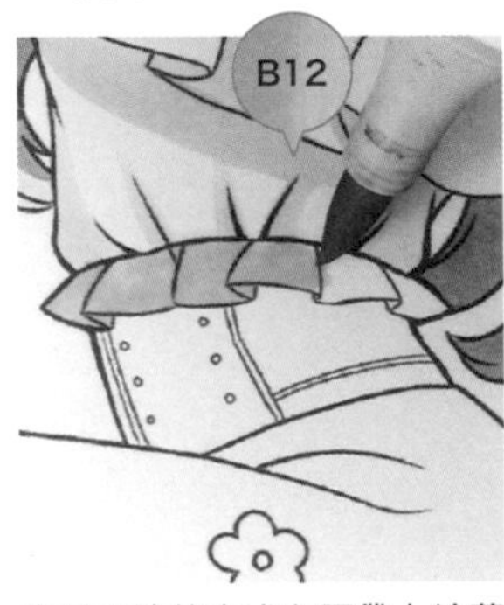

先以平塗的方式在腰帶上塗藍色。

鈕扣和線條留白不上色。

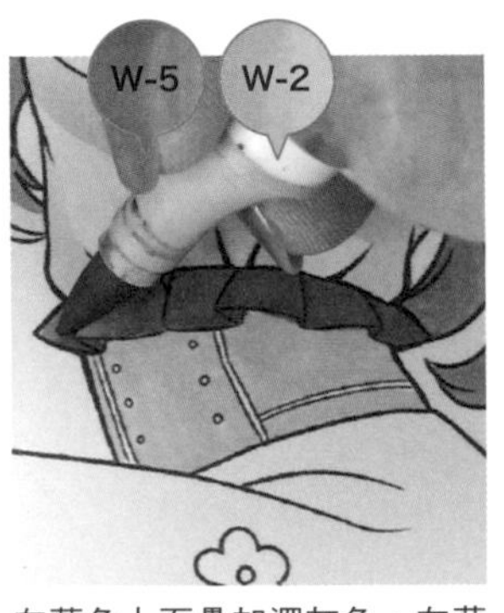

在藍色上面疊加深灰色，在荷葉邊的亮部塗上淺灰色。

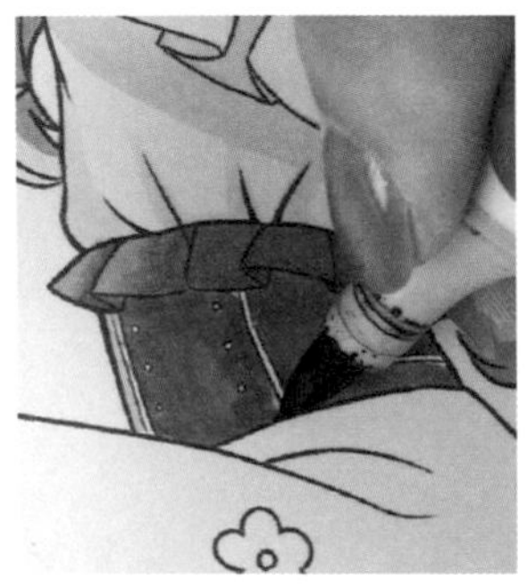

小心不要塗到鈕扣和線條。

■ 畫出襯衫的圖案

用筆尖在肩帶與邊緣線條上塗藍色。

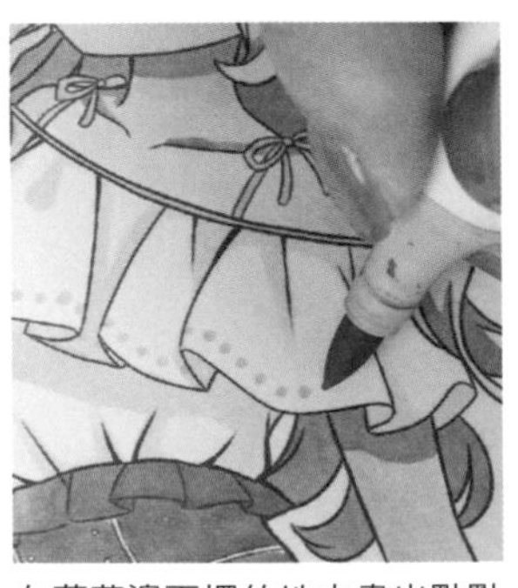

在荷葉邊下襬的地方畫出點點圖案。

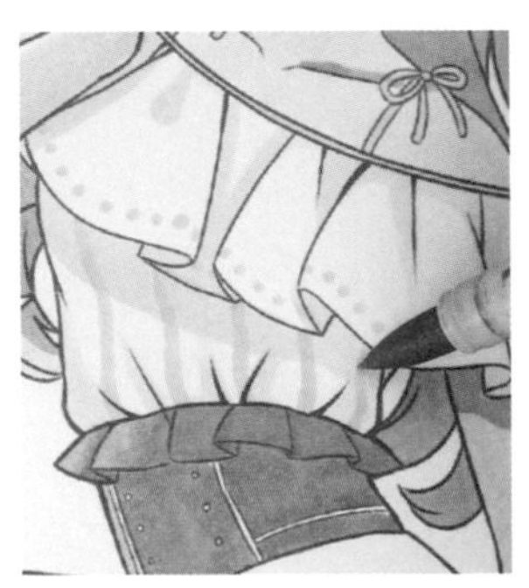

沿著布料的形狀畫出間隔一致的直線。

加上橫線，畫出格紋圖案。

5 裙子

B60 B12

■ 底色上色

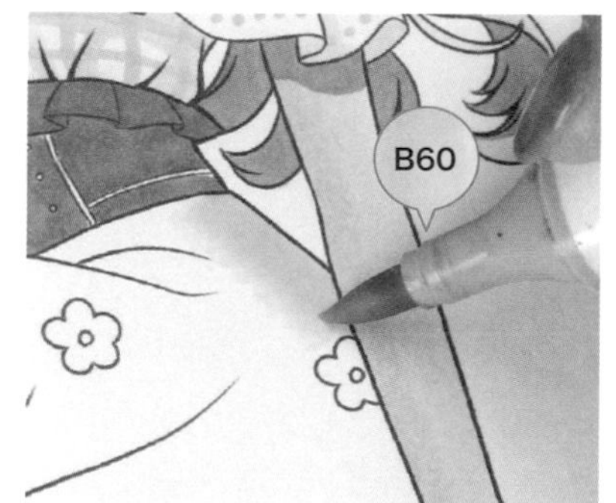

在亮部塗上淡紫色。

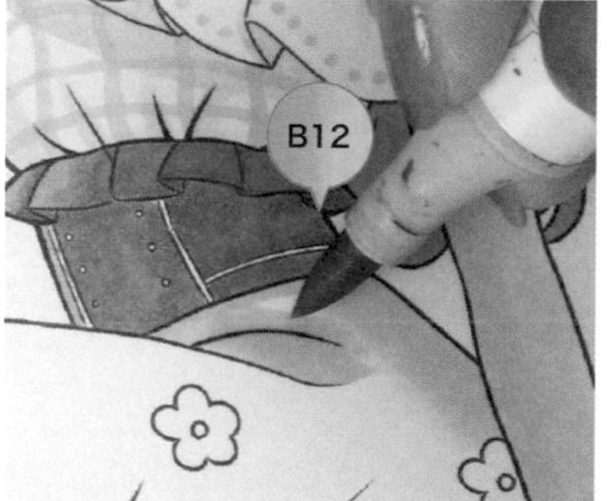

腰帶下方一帶比較暗，在此處塗上藍色。

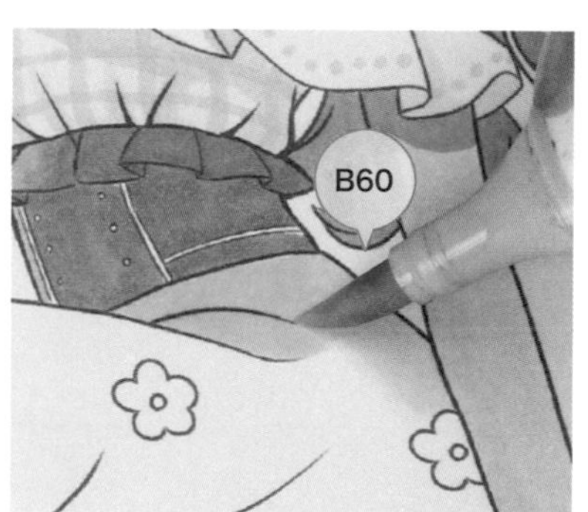

用淡紫色暈染，做出兩色漸層效果。

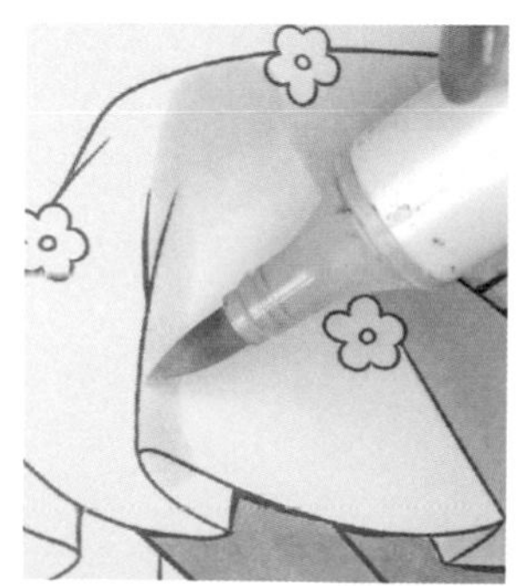
裙子的皺褶處也要確實將亮暗面畫出來，在亮部處塗上淡紫色。

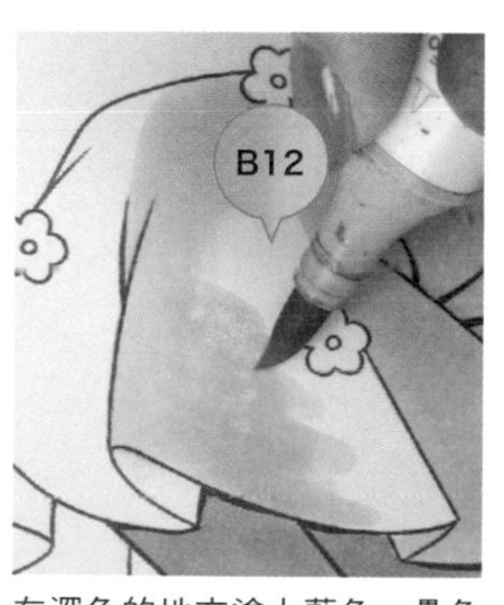

在深色的地方塗上藍色，疊色的同時要盡可能地均勻上色。

用淡紫色暈染，做出兩色漸層效果。

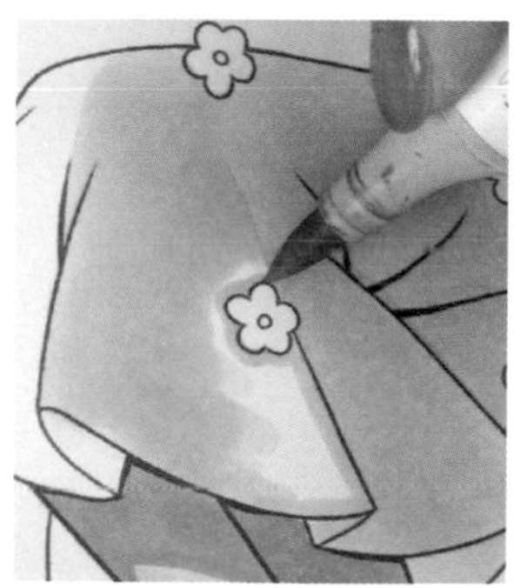
花朵裝飾留白不上色。

漂亮的雙色漸層色調完成了。在這裡加上陰影吧！

■ 添加陰影

RV42 B12

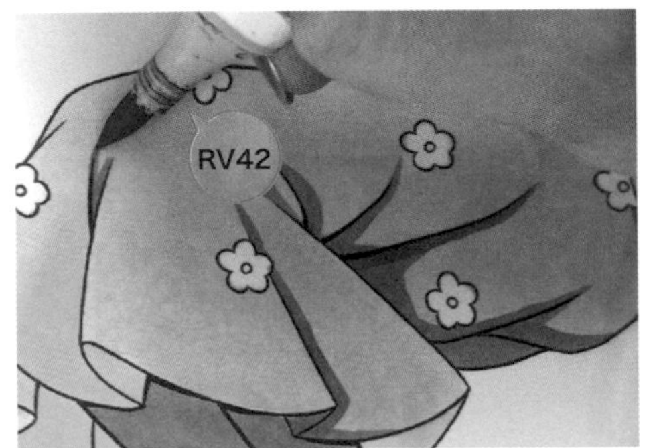

留意皺褶的位置，用粉紅色畫出陰影。

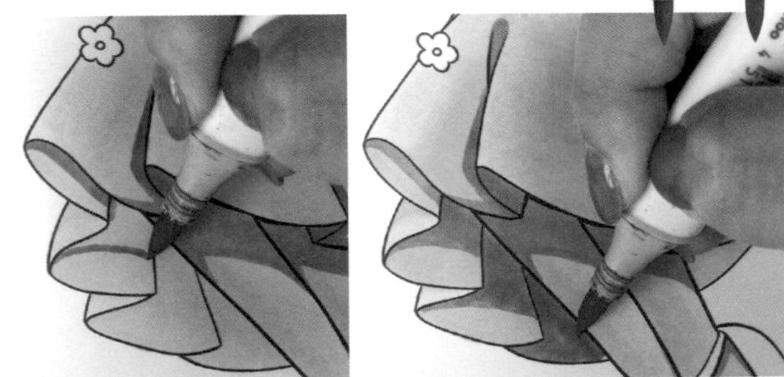

裙子背面的陰影面積較大，需先決定上色範圍再塗滿顏色。

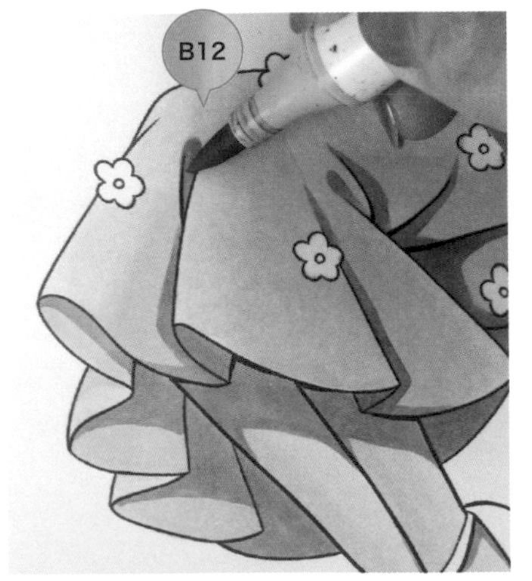

在相同處疊加藍色，畫出更深的顏色。

RV42 Y11 0

⑥ 花朵飾品

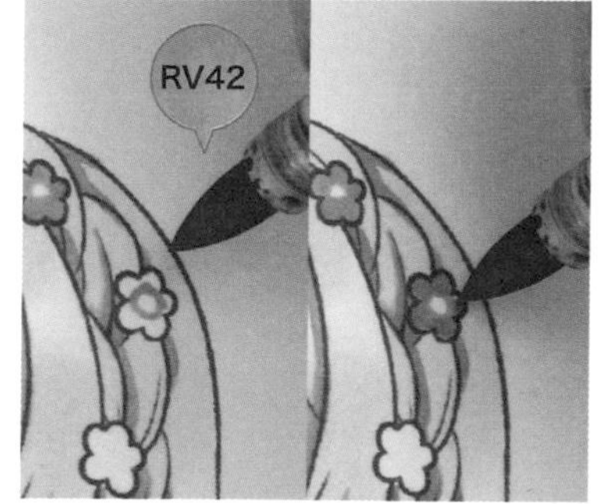

繪製頭上的花朵飾品。
首先，在中間圈出圓形的留白範圍，接著填滿外圍的顏色。

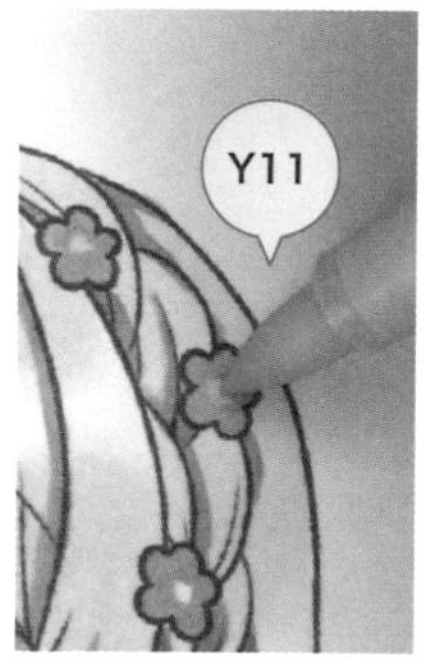

顏色乾了以後，在中間塗一點黃色。

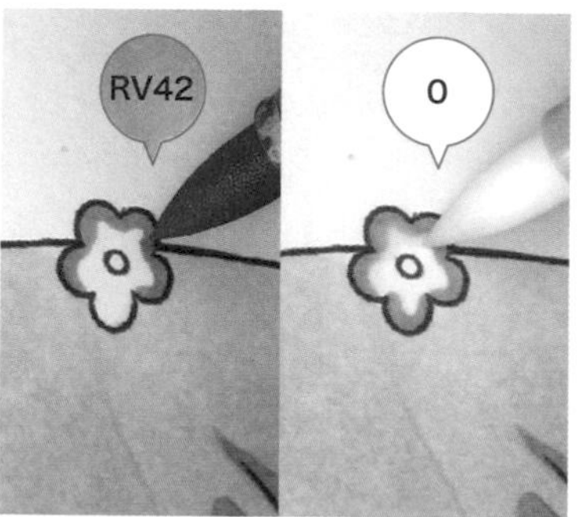

繪製裙子的花朵飾品。在花朵邊緣塗粉紅色，用 0 號往中央暈開。

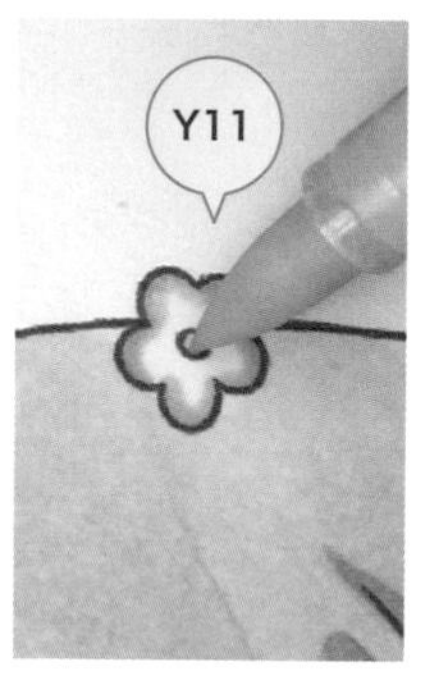

乾了以後，在中間塗一點黃色。

鞋子

Y11 0 RV42 Y21

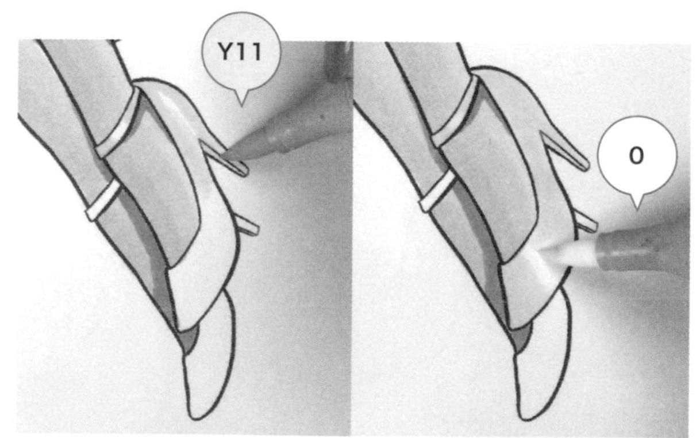

在亮部塗上黃色並將高光部留白，用 0 號暈開黃色與高光的邊界。

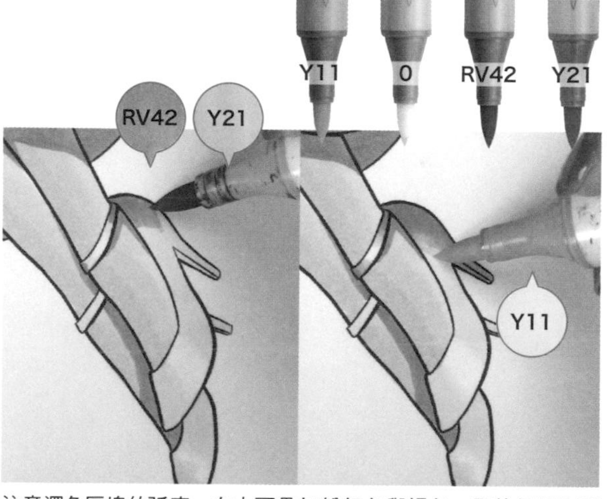

注意深色區塊的弧度，在上面疊加粉紅色與橘色，用黃色暈染邊界處。

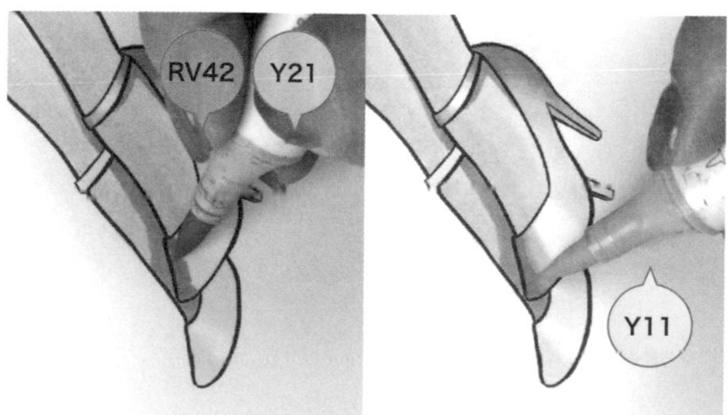

在腳尖塗上粉紅色和橘色，接著用黃色暈染，使顏色更融入底色。

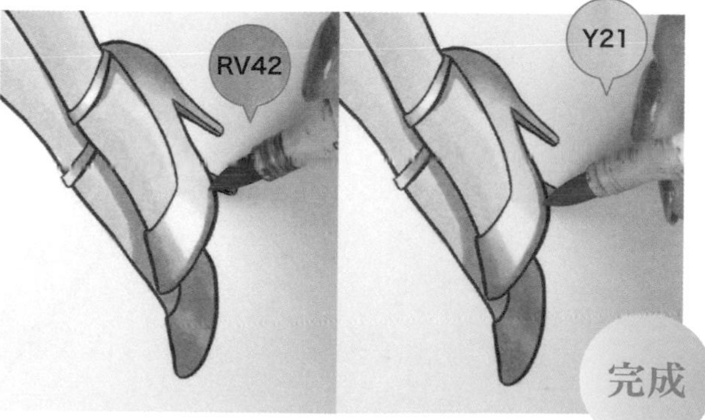

完成

顏色乾了之後，加上粉紅色的陰影，
並在同一個地方疊加橘色以加深顏色，上色完成。

Lesson 10 花朵背景

1 皮膚

■ 底色上色

塗上皮膚色的底色，在臉頰上塗粉紅色，再用淡粉色和皮膚色暈開。

■ 陰影上色

畫出脖子、頭髮和衣服上的陰影。在粉紅色上面添加淡紫色，加深顏色。

2 眼睛、頭髮、服裝

頭髮以淡紫色和0號作為底色，疊加粉紅色和藍色，畫出陰影。襯衫的陰影處也塗上淡紫色。

在襯衫上添加藍色的花紋。
以藍色作為腰帶的底色，並且疊加兩種灰色。
裙子則利用藍色和淡紫色畫出不同深淺，以粉紅色和藍色繪製陰影。

R14 RV42 R00 B12 Y11 Y21

3 大丁草花

■ 紅色大丁草花上色

一次塗 3 片花瓣，從中間開始粗略地上色。

將紅色暈開，朝外側塗上粉紅色。

以淡粉色暈開外側。

在下層花瓣中塗紅色，塗到接近邊緣的地方。

用粉紅色暈開邊緣。

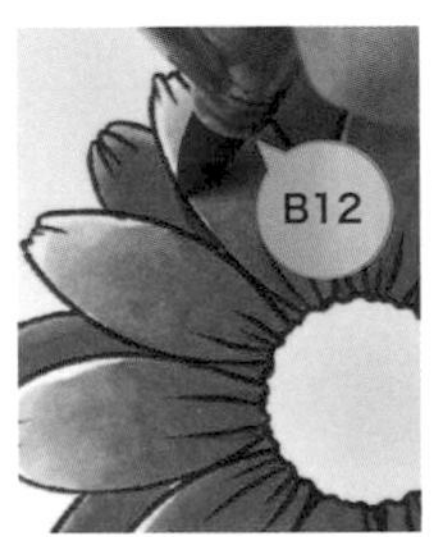

先畫好全部的花瓣再加上陰影。用筆尖輕輕上色。

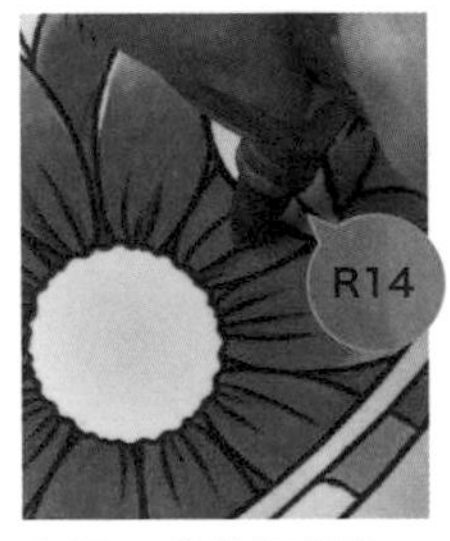

在同一處疊加紅色，加深顏色。

以平塗的方式在中央塗黃色。

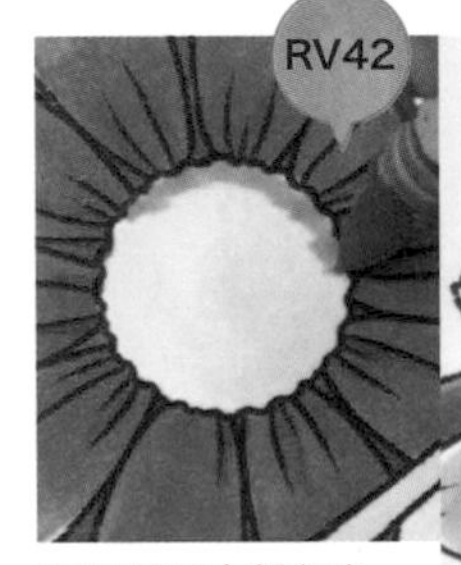

在周圍加上粉紅色，用畫筆畫出鋸齒狀。在同一處疊加橘色，並且加深顏色。

■ 橘色大丁草花上色

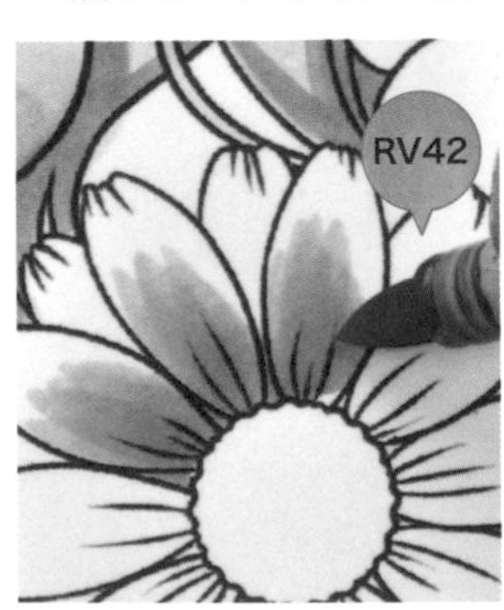

在花瓣的根部塗上粉紅色。

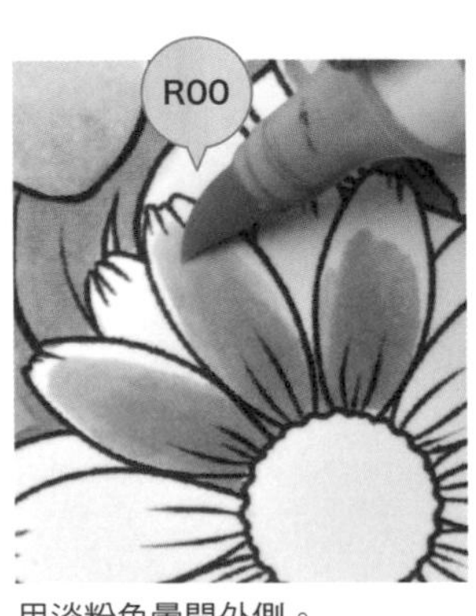

用淡粉色暈開外側。

在花瓣的根部疊加橘色，畫出深橘色。

用黃色暈開外側。

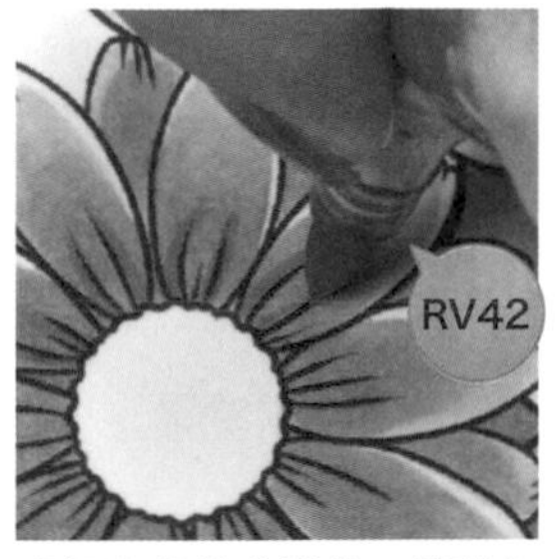

畫好全部的花瓣後，等顏色風乾再加上粉紅色的陰影。

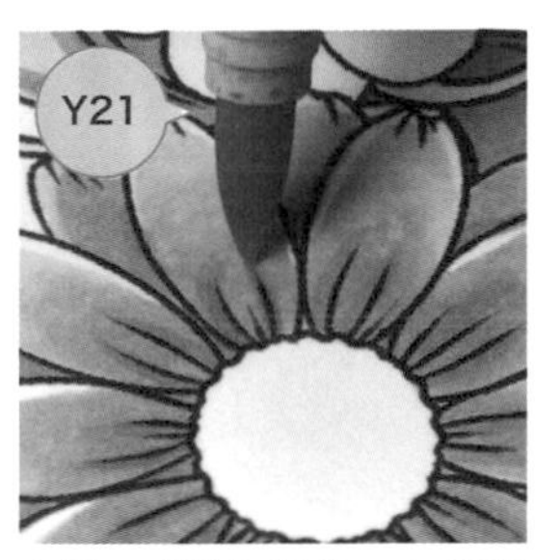

在同一處疊加橘色，加深顏色。

以平塗的方式在中央塗黃色。在周圍處塗橘色，一邊移動畫筆，一邊畫出鋸齒。

Y21 Y11 RV42 R00

■ 黃色大丁草花上色

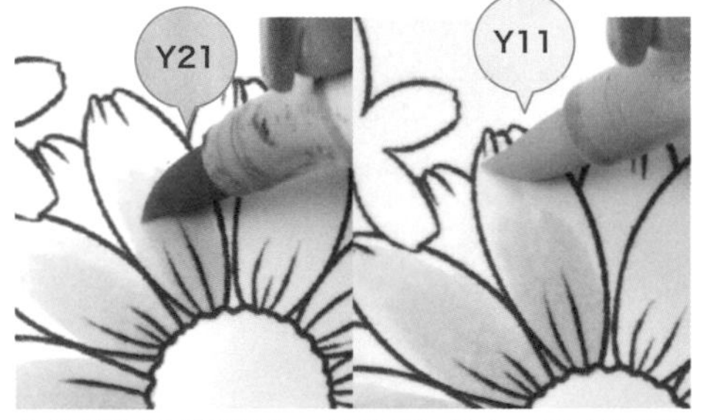

在花瓣的根部塗橘色，前端則塗黃色，畫出漸層色調。

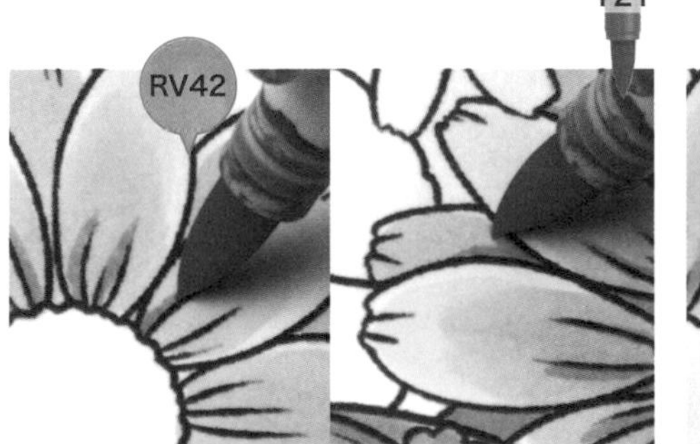

畫好全部的花瓣後，等待顏色風乾，接著加上粉紅色的陰影。請仔細地刻畫細節。

Y11

用黃色暈染融合。

以平塗的方式在中央塗上黃色。

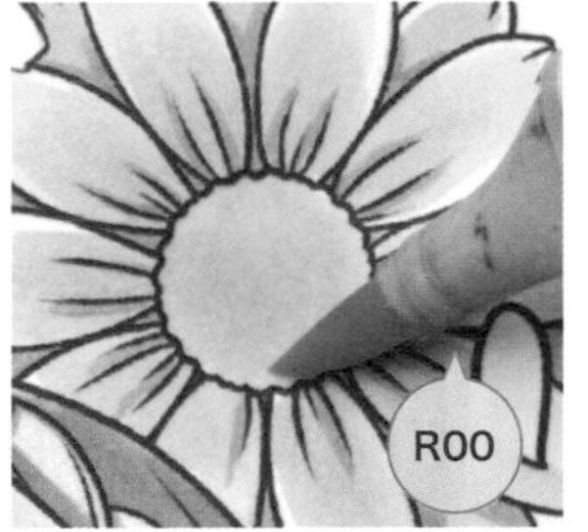

在上面疊加淡粉色。

在周圍畫出粉紅色的鋸齒狀陰影。

有2朵黃色的大丁草花。試著以同樣的方式上色吧！

B12 0 R14 RV42 R00

4 2種顏色的花

■ 藍花上色

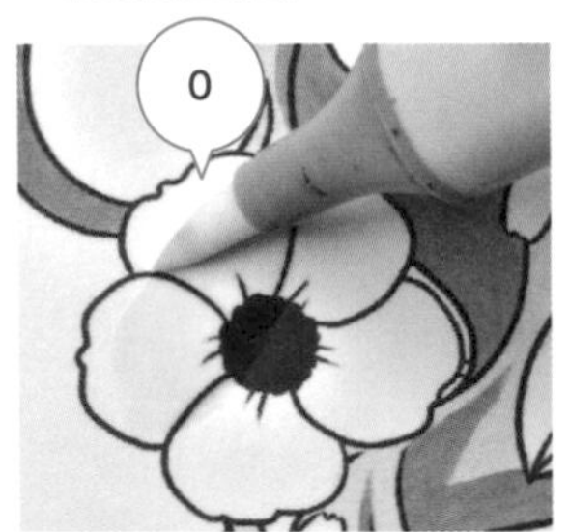

在花瓣的根部仔細塗上0號。

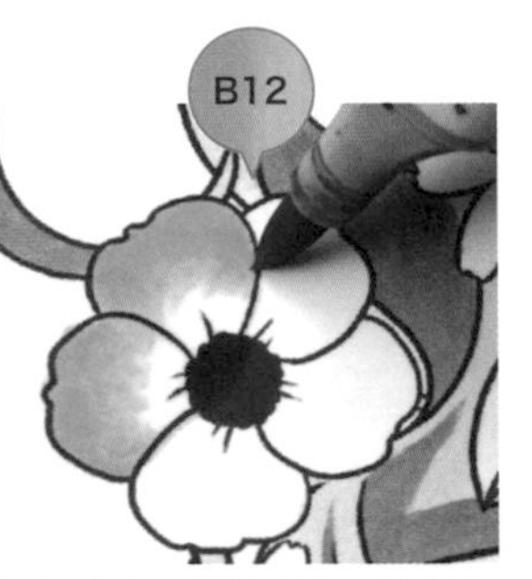

在花瓣的外側塗藍色，讓顏色融入事先塗好的0號顏色中。

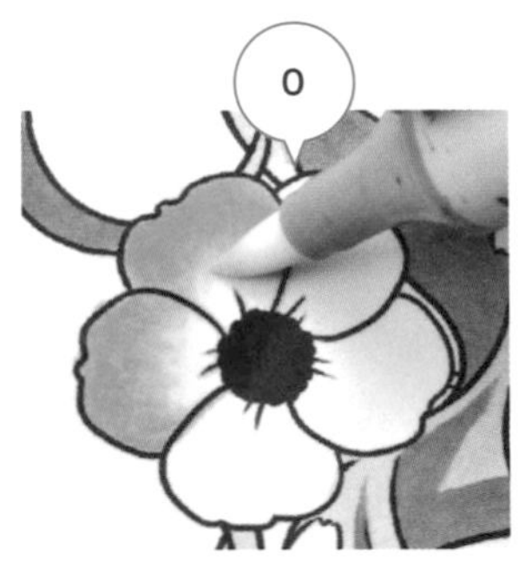

用0號暈開邊界。

其他花瓣也以同樣的方式上色。

■ 紅花上色

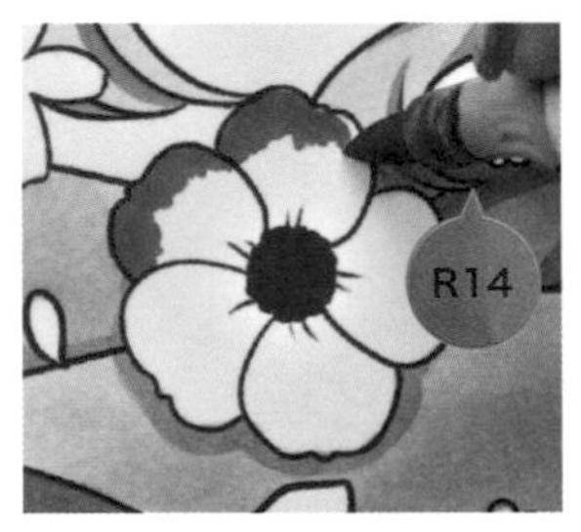

畫紅花時，試著暈染3種顏色吧！首先在花瓣的外側塗上紅色。

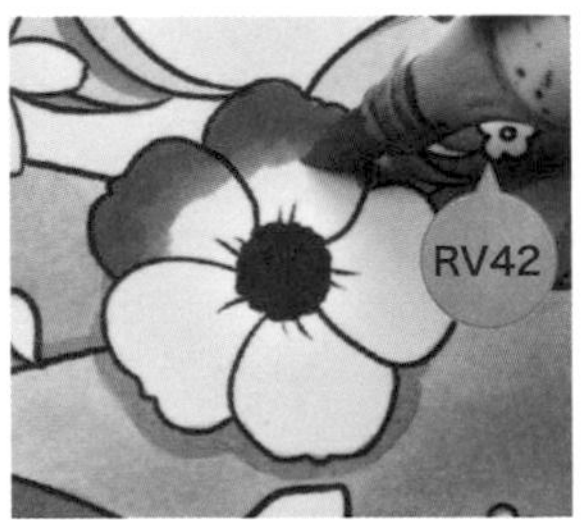

用粉紅色暈開邊界，畫出漸層感。

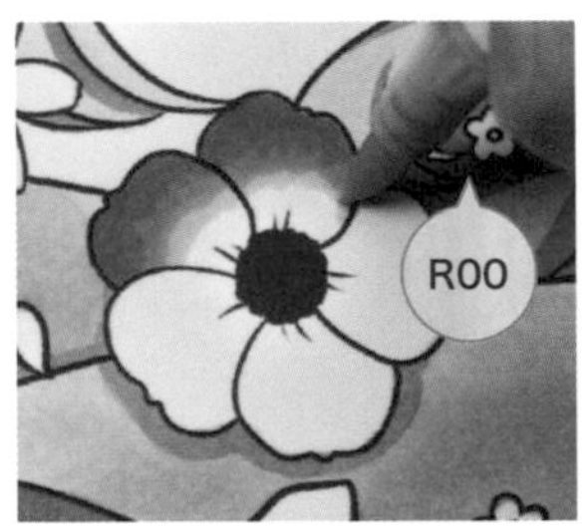

在邊界塗上淡粉色，讓顏色更平滑流暢。

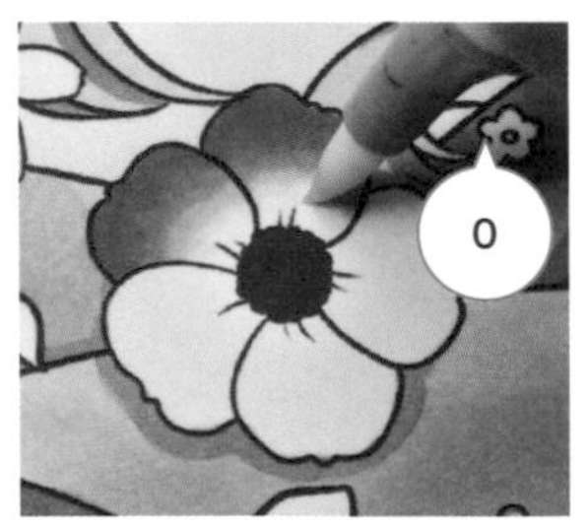

用0號暈染，讓顏色更融入中間的白色。

■ 風乾後畫出陰影

在花瓣交疊處的陰影以及中央的皺摺處，加入藍色的陰影。

在紅花中畫出粉紅色的陰影。

兩種顏色的花完成了

漸層感是上色的重點。

5 罌粟花

■ 粉紅罌粟花上色

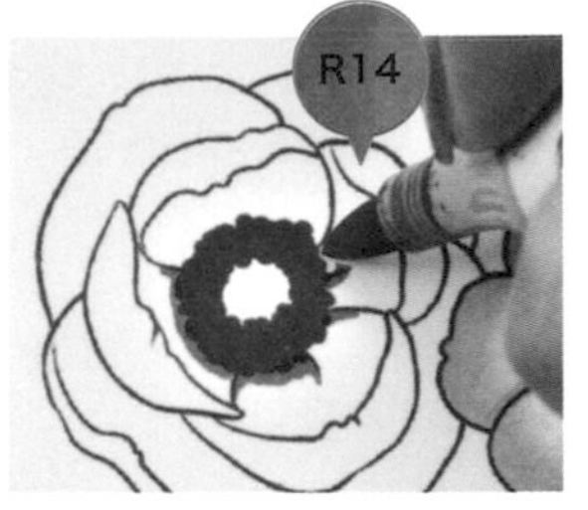

首先沿著中央一帶與花瓣的皺摺塗上紅色。

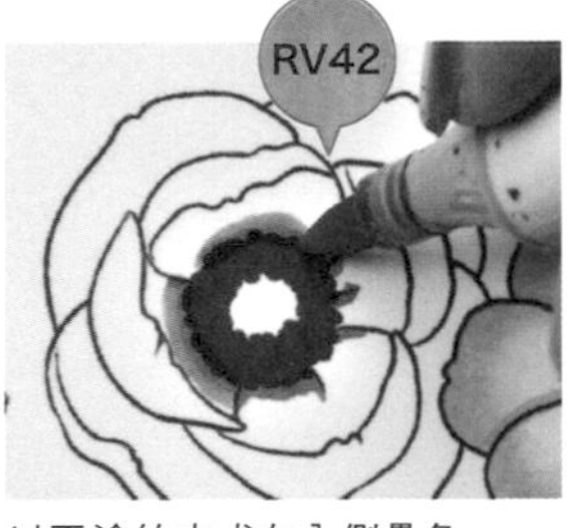

以平塗的方式在內側疊色。

稍微加深疊色處的顏色，增加立體感。

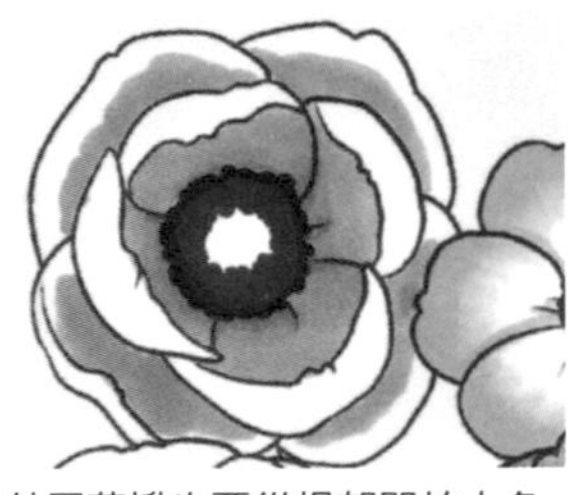

外層花瓣也要從根部開始上色。

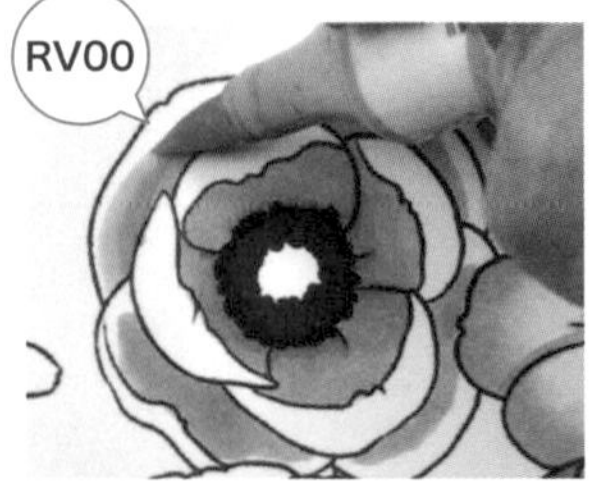

在花瓣的邊緣塗上淡粉色。

在內層花瓣的邊緣塗一點粉紅色，並用淡粉色暈染。

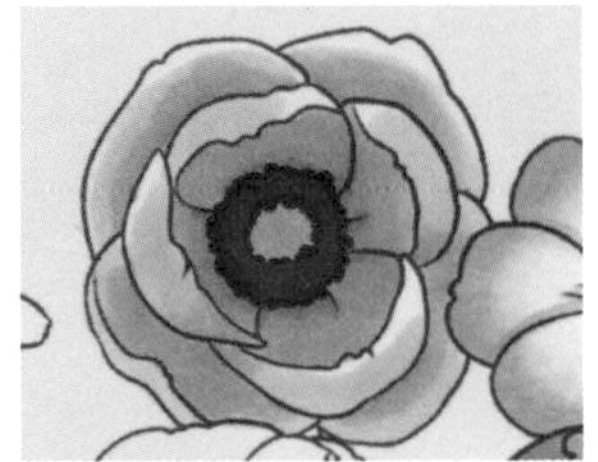

等待顏料風乾。

■ 側面的橘色罌粟花上色

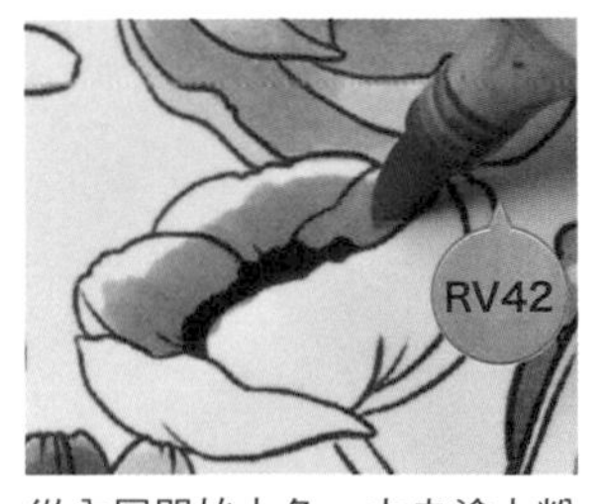

從內層開始上色，中央塗上粉紅色，花瓣邊緣留白不上色。

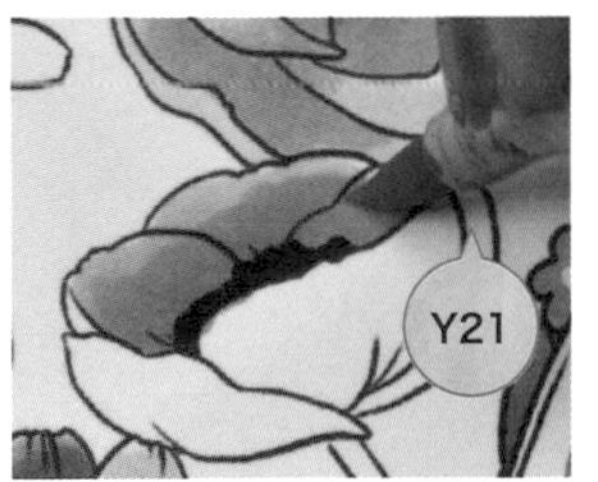

在上面疊加橘色，原本是粉紅色的地方就會變成深橘色。

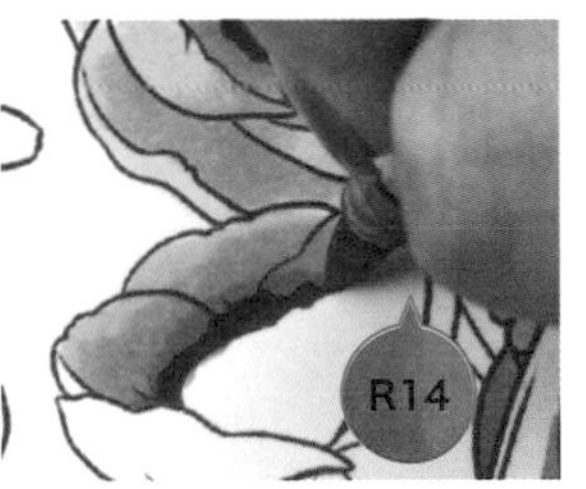

在中央一帶疊加紅色。

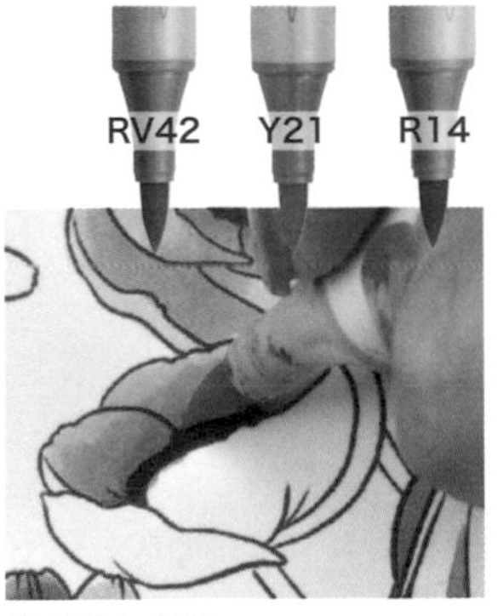

繼續疊加橘色。

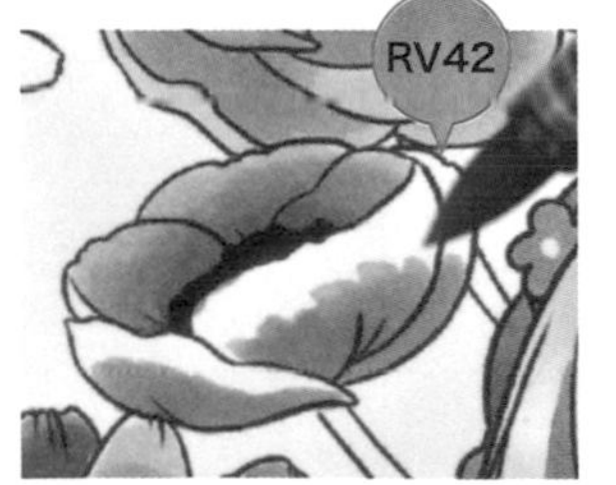

外層花瓣也要先塗粉紅色。

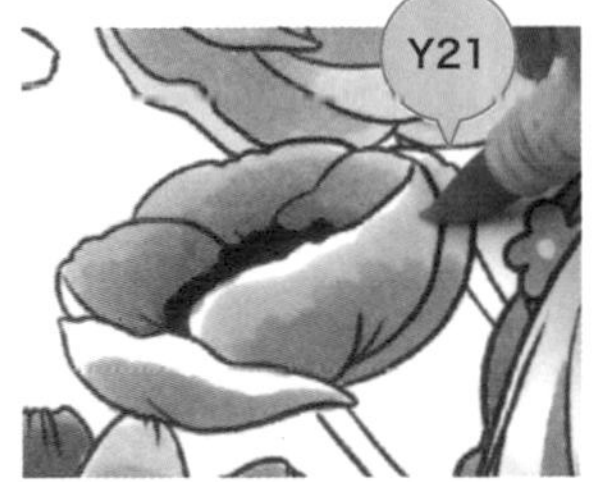

在上面疊加橘色，原本是粉紅色的地方會變成深橘色。

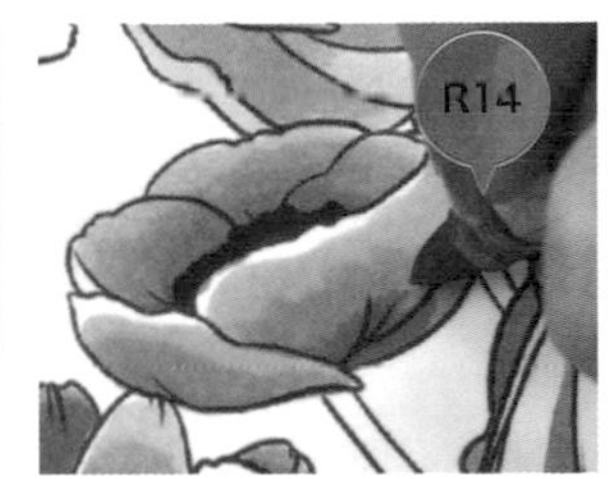

在花朵底部的周圍塗上紅色，畫出更深的顏色。

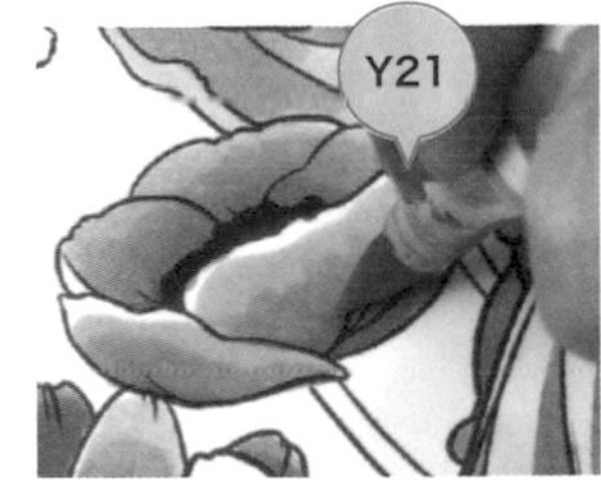

用橘色暈染，讓紅色更融入底色。

R14 RV42 B12

■ 紅罌粟花上色

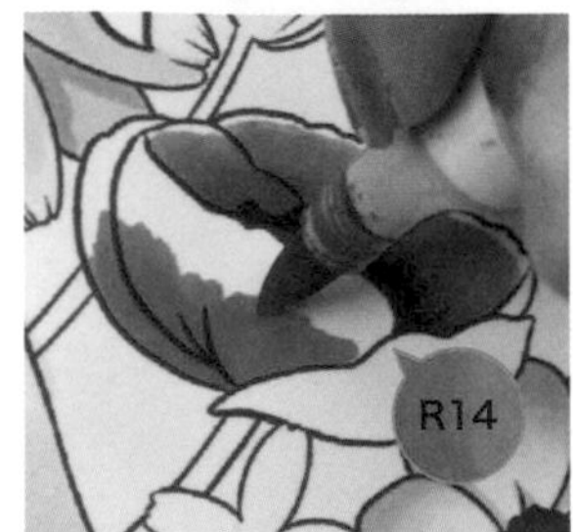

在花瓣的底部塗上紅色。

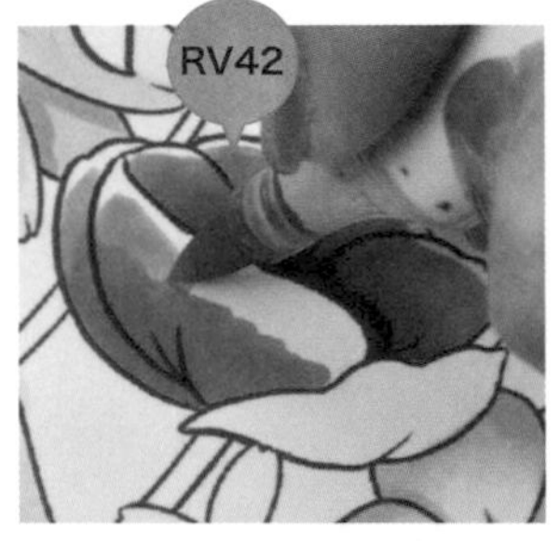

用粉紅色暈染融合，並在邊緣保留一點留白空間。

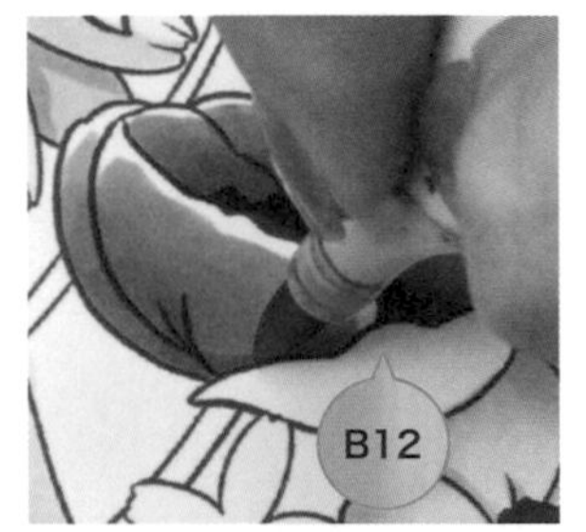

在底部的深色區塊添加藍色。

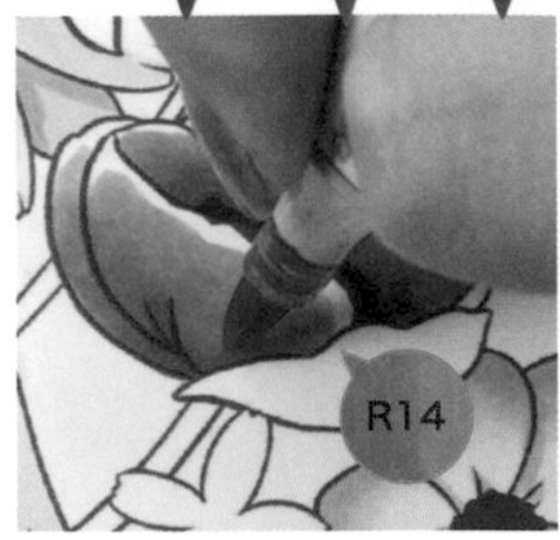

疊加紅色並加以暈染。

■ 陰影上色

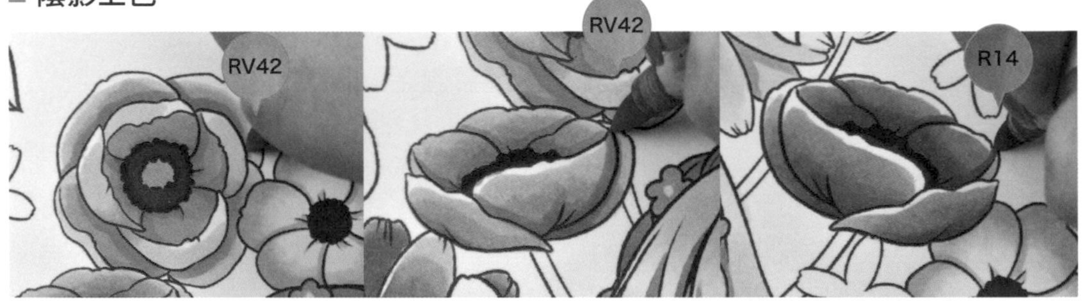

紙張乾了之後再加上陰影。

罌粟花
完成

花瓣的邊緣
要稍微留白。

YG41 B12 Y11

6 花蕾與莖

■ 繪製粉紅色的花蕾與莖部

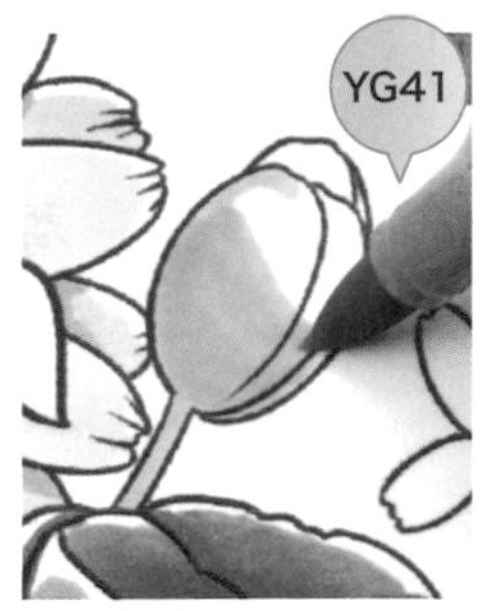

在莖部到花蕾的地方，以平塗的方式塗上綠色。

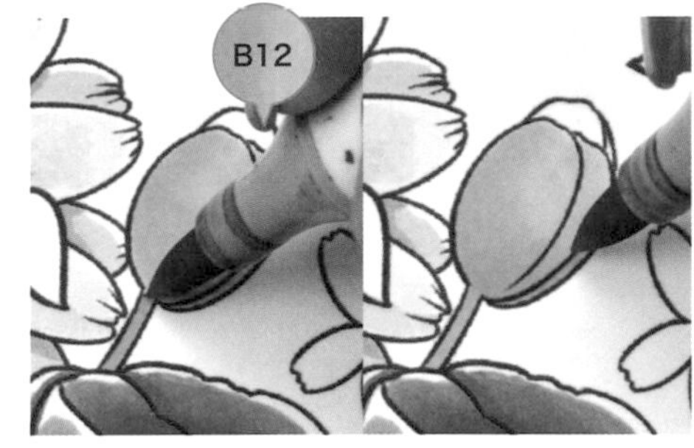

為了加深莖和花蕾下方的顏色，先塗上藍色。

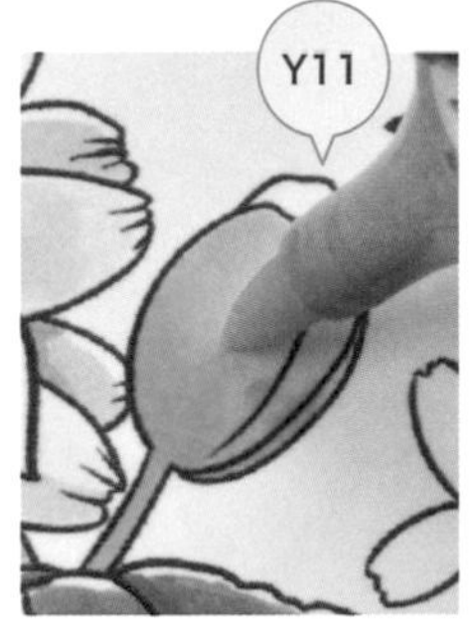

在藍色上面疊加黃色，畫出深綠色。

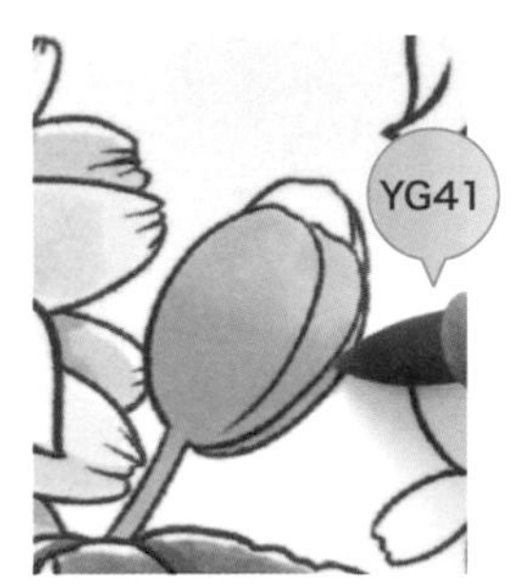

用綠色暈染融合。

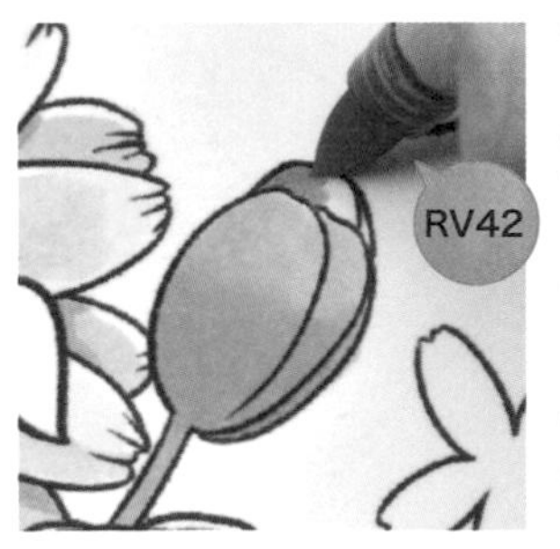

在露出花蕾的花朵上，以粉紅色畫出側面的暗部。

在受光側塗上淡粉色。

顏色乾了以後，沿著線條畫出藍色的陰影。

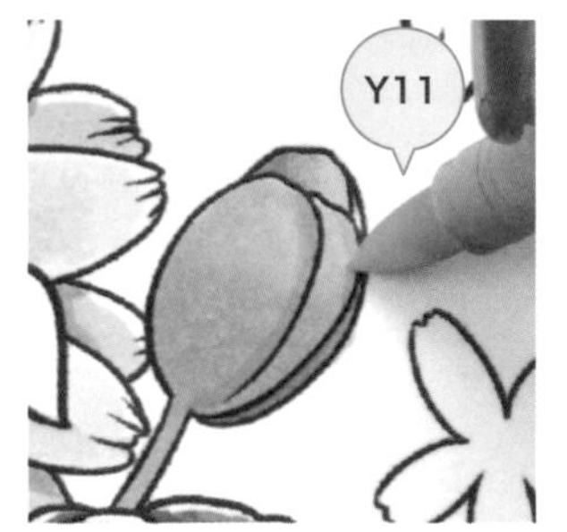

在藍色上面疊加黃色，加深顏色。

用黃色和粉紅色平塗 5 片花瓣。此外，繪製人物手中的花、四周飛舞的花時，請試著用喜歡的顏色畫出漸層效果吧！

用喜歡的顏色繪製飄舞的花朵。

最後修飾時，用白色加上光點會更漂亮。

練習畫畫看

Lesson 11 珍珠與寶石背景

1 皮膚與頭髮

RV42 R00 0

■ 皮膚與眼睛上色

繪製皮膚。運用目前為止學到的方式上色，在眼睛中塗上藍色和黃色。

■ 頭髮底色上色

在每一條髮束上上色，首先塗上粉紅色。

用淡粉色暈開粉紅色和頭髮光澤的交界處。

接著用 0 號暈染，讓顏色融入白紙。

髮尾也以同樣的方式上色，並且保留頭髮的光澤。

■ 頭髮陰影上色

留意髮束的弧度，畫出粉紅色的陰影，在上面疊加紅色以加深顏色。

B60

在更暗的地方塗上淡紫色的陰影。

RV42 Y21 B60

後面的長髮也以同樣的方式處理。

皮膚、眼睛、頭髮上色完成

記得在粉色頭髮的光澤處留白喔！

2 服裝

B60 Y11 Y21 RV42

■ 襯衫上色

在襯衫中加入陰影吧！留意荷葉邊的立體感，用筆尖畫出暗部的陰影。

用黃色畫出縱向直線。

繪製橫線時，需同時注意荷葉邊的凹凸起伏。

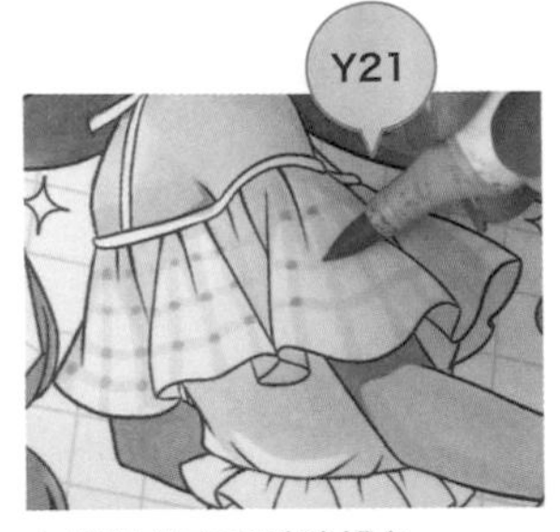

在格紋的交叉點塗橘色。

在肩帶和衣服邊緣塗上橘色。

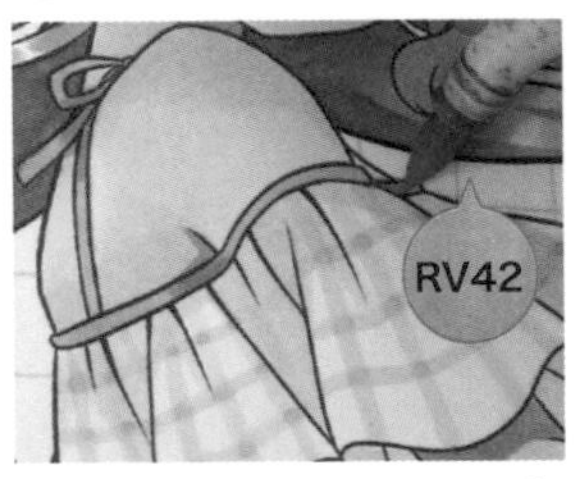

在陰影處塗上粉紅色，加深顏色。

用橘色暈染。

■ 腰帶上色

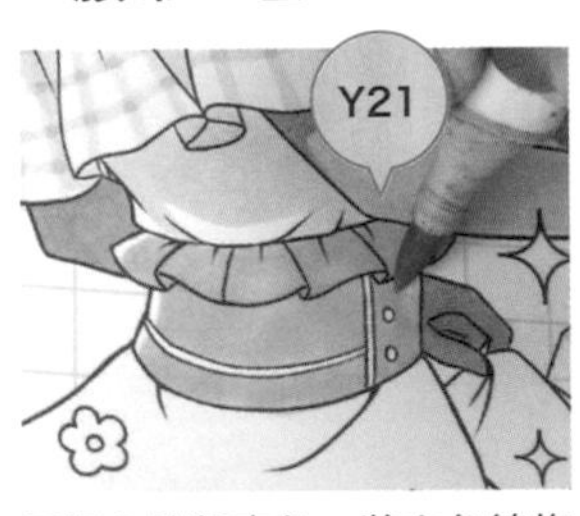

用橘色繪製底色，將白色線條和鈕扣留白。

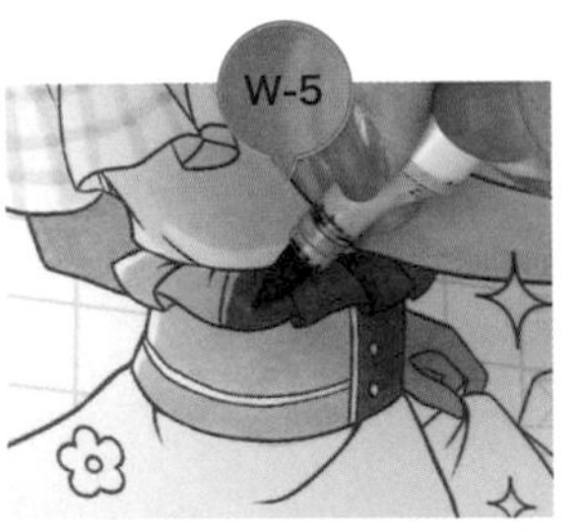

在上面疊加深灰色，在亮部留白不上色。

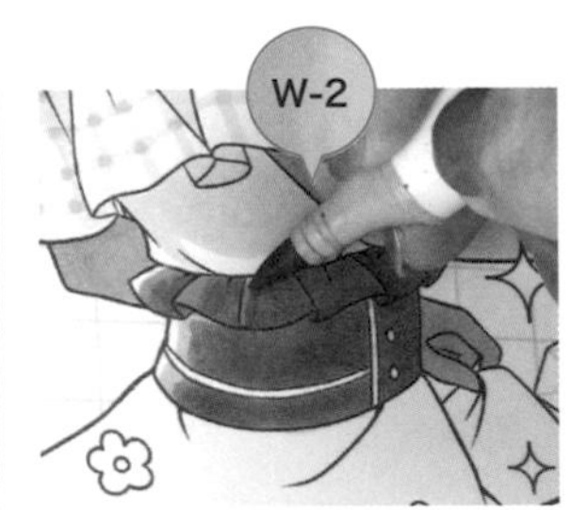

在亮部疊加淺灰色。

■ 裙子上色

Y21 Y11 0

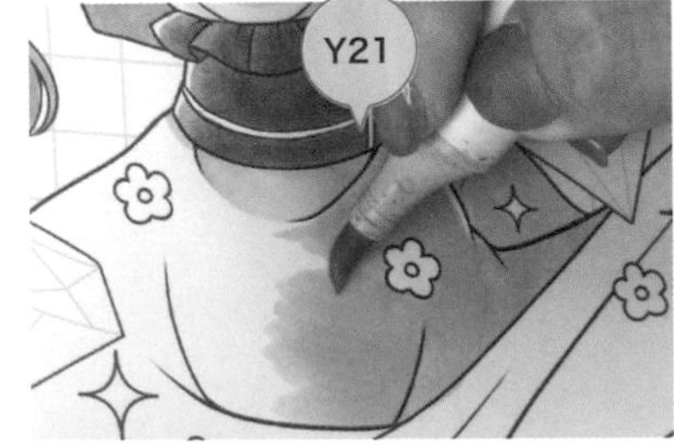

用橘色繪製底色。

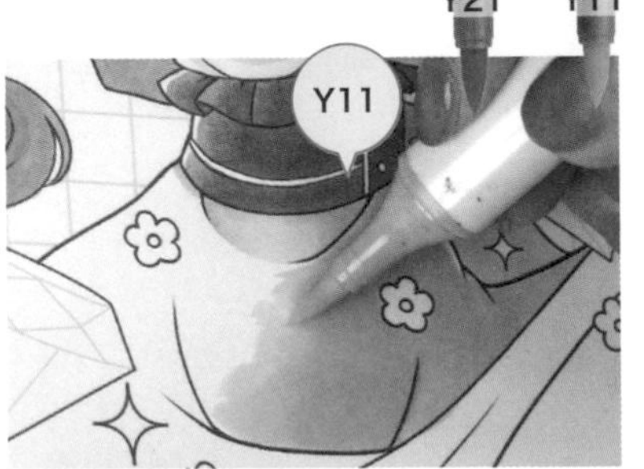

用黃色朝亮部的方向暈開。

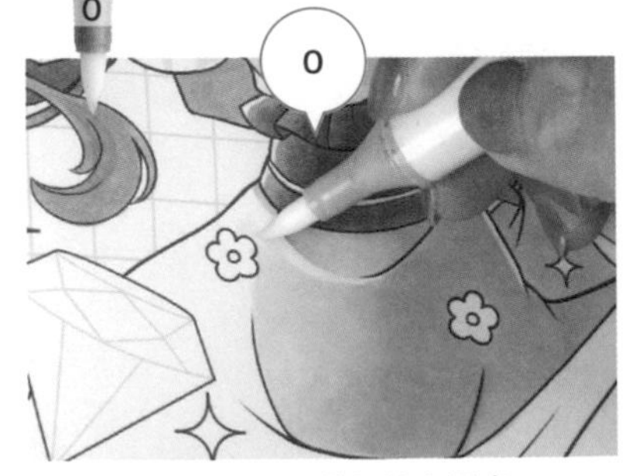

用 0 號暈開最亮部與黃色的交界處。

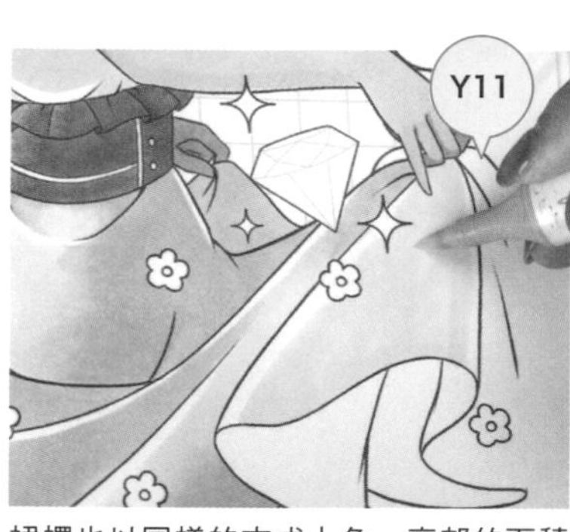

裙襬也以同樣的方式上色，亮部的面積較大，需先塗上黃色作為底色。

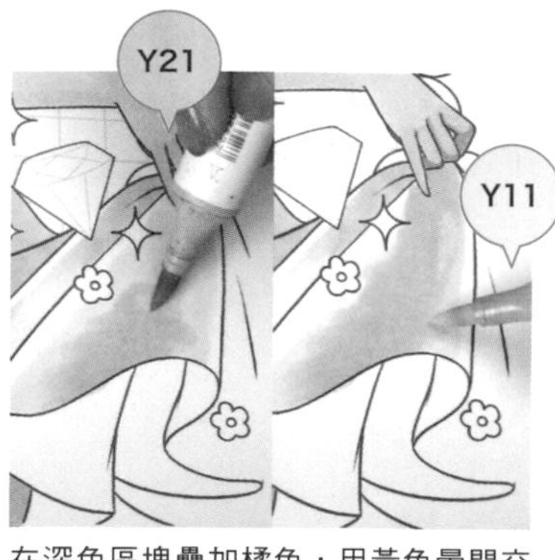

在深色區塊疊加橘色，用黃色暈開交界處。

■ 顏色乾了以後，繪製裙子的陰影

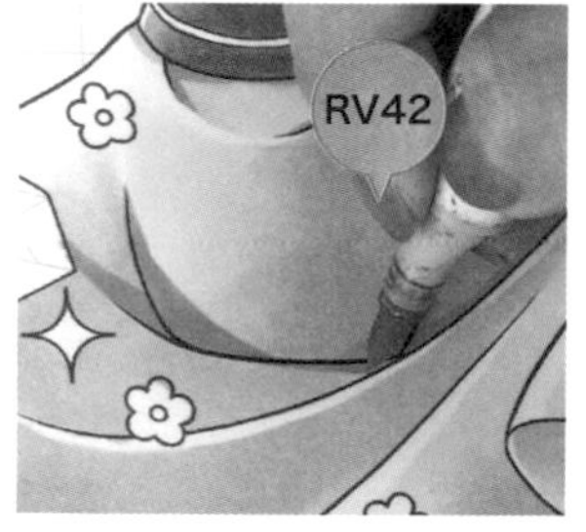

沿著裙子的皺褶塗上粉紅色的陰影。

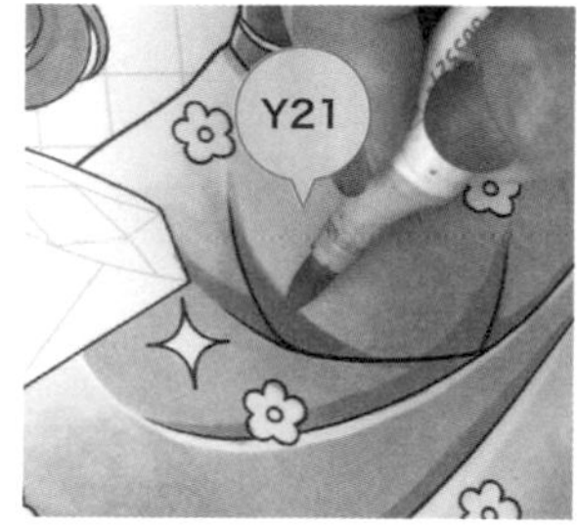

在上面疊加橘色。

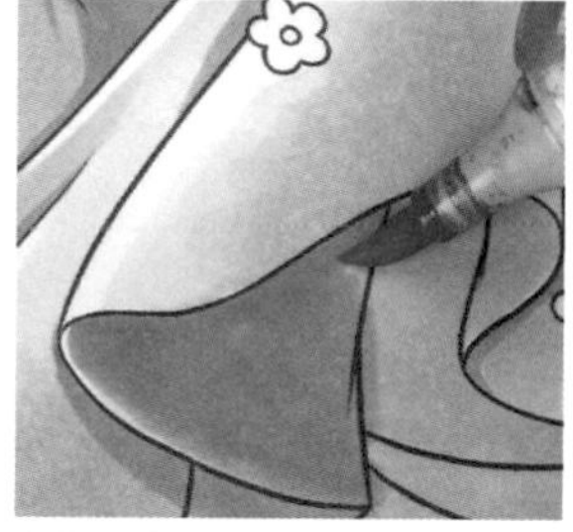

在裙子背面塗上粉紅色和橘色，加深顏色。

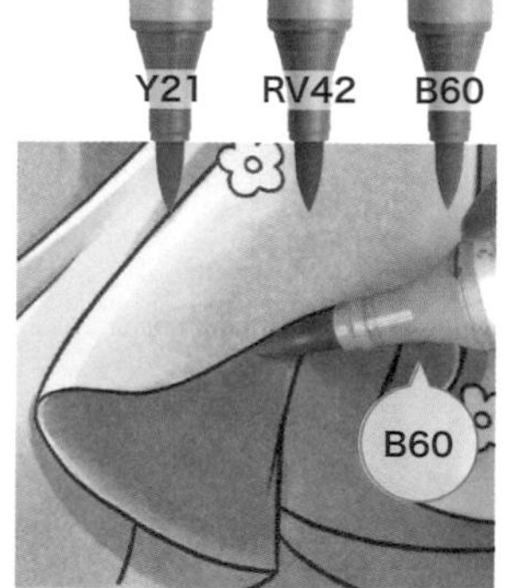

在更暗的地方疊加淡紫色。

■ 花朵飾品上色

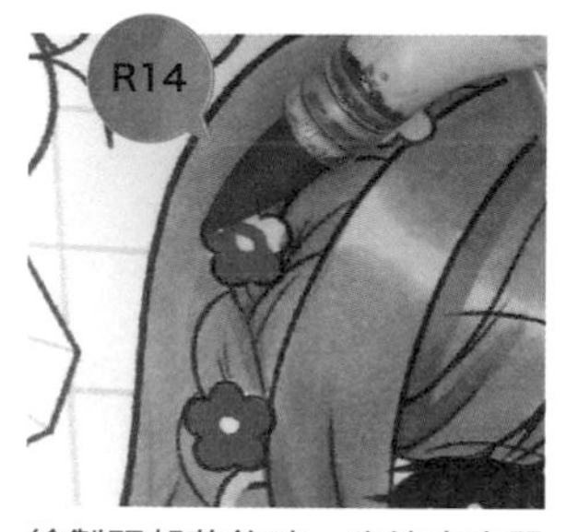

繪製頭部花飾時，先決定中間的圓形範圍，再從外側開始塗滿顏色。

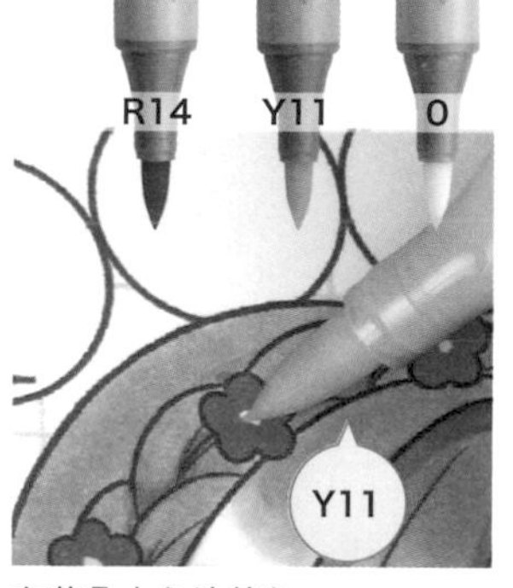

在花朵中心塗黃色。

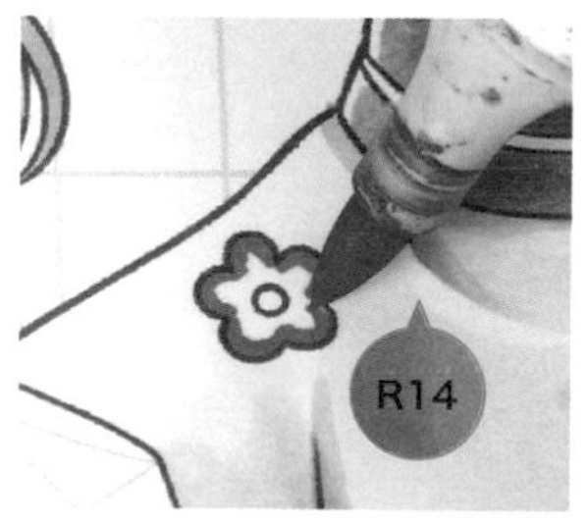

在裙子的花飾邊緣塗上紅色。

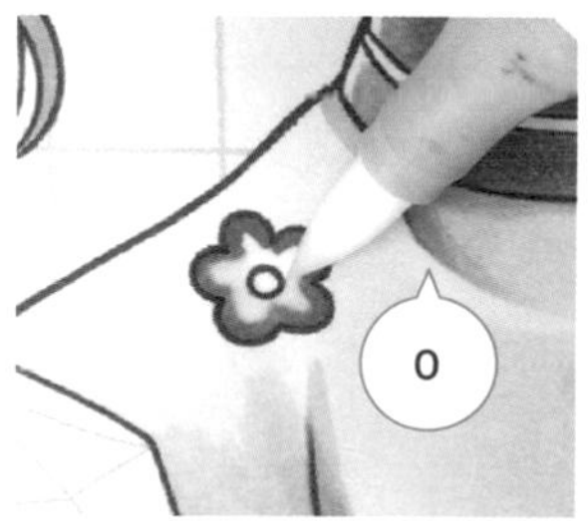

用 0 號往中央暈開顏色。

3 珍珠

■ 暖色調珍珠上色

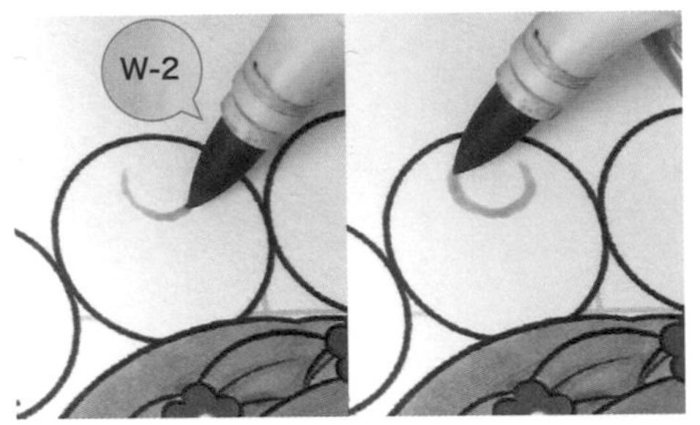

用淺灰色在最亮的地方畫一個圓形，將靠近珍珠輪廓線的部分留白，用筆尖仔細上色。

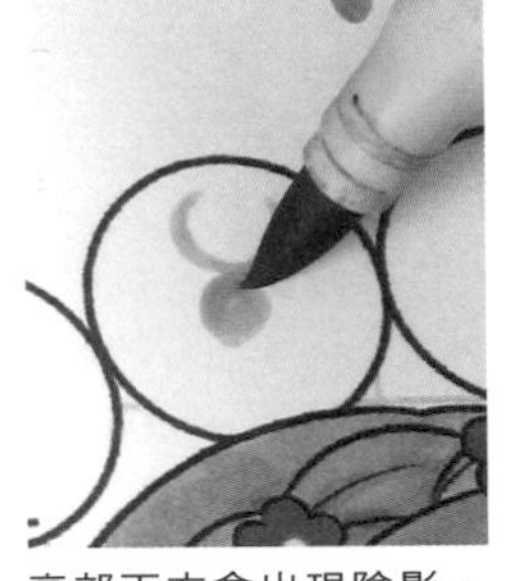

亮部下方會出現陰影，所以要畫一個大小差不多的圓。

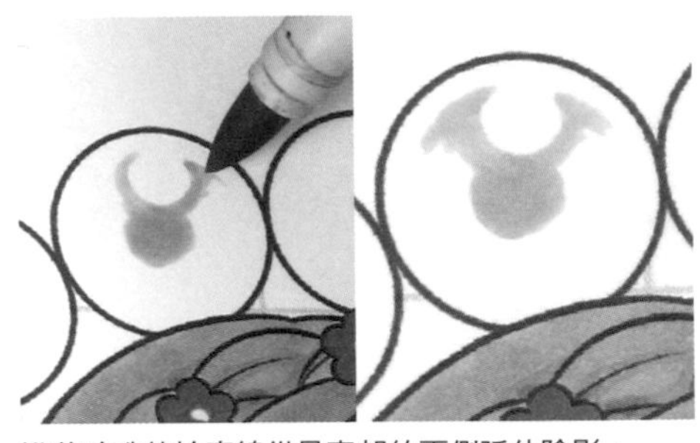

沿著珍珠的輪廓線從最亮部的兩側延伸陰影。

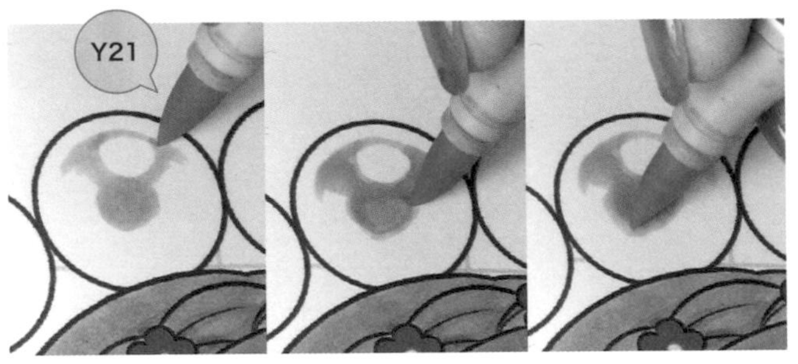

在前面畫好陰影的地方塗上橘色。
橘色的上色範圍比陰影更大一點。

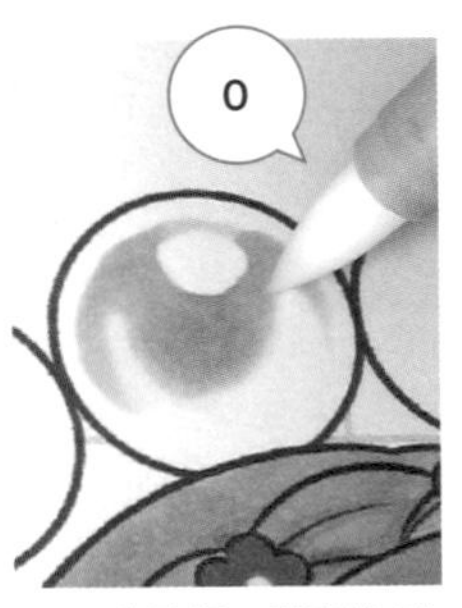

用 0 號暈開，讓顏色融入紙張的白色。

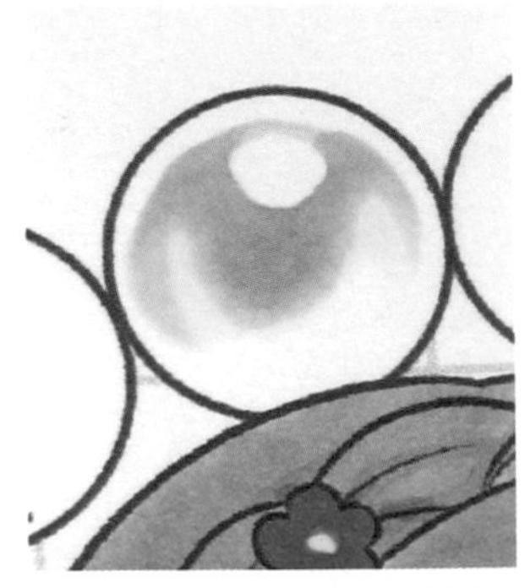

■ 冷色調珍珠上色

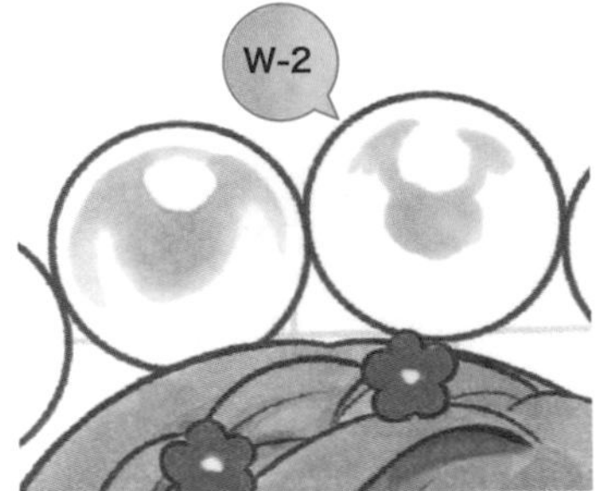

在旁邊畫出冷色調的珍珠吧！
陰影之前的上色步驟是一樣的。

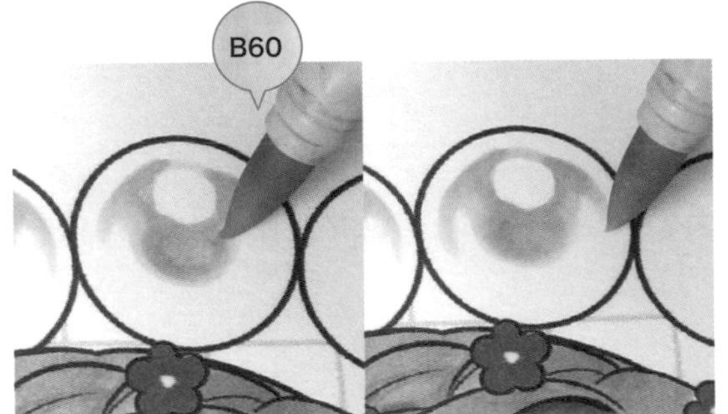

沿著陰影上面的邊緣塗上淡紫色。
淡紫色的上色範圍比陰影更大一點。

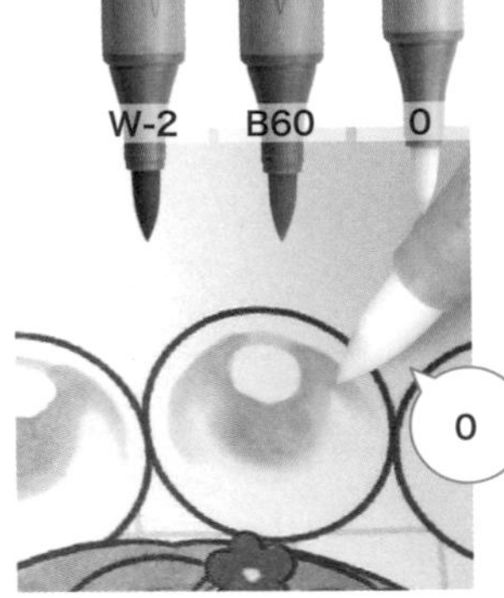

用 0 號暈開，讓顏色更融入紙張的白色。

繼續繪製其他珍珠，畫出冷暖色調交錯排列的珍珠吧！

珍珠上色完成

4 寶石

■ 藍色（藍寶石）上色

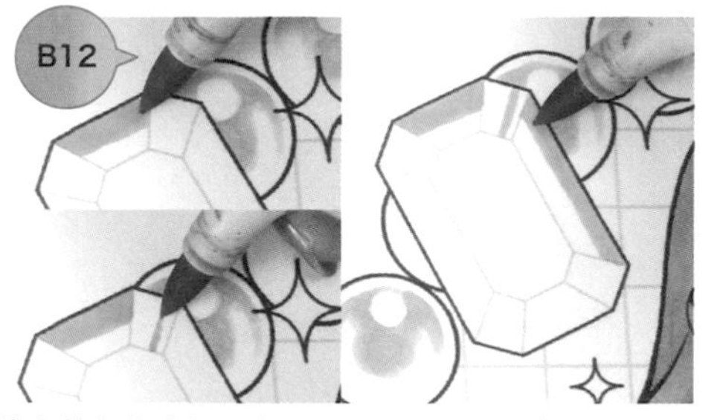

塗上藍色的底色。寶石有 8 個切面，用粗線條畫出大切面的輪廓，小切面則往內側畫出細線條。

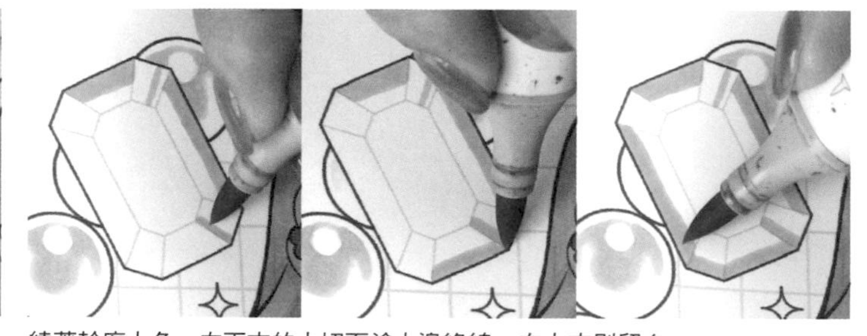

繞著輪廓上色，左下方的小切面塗上邊緣線，左上方則留白。此外，由於切面的受光程度不同，上色範圍也有所差異。

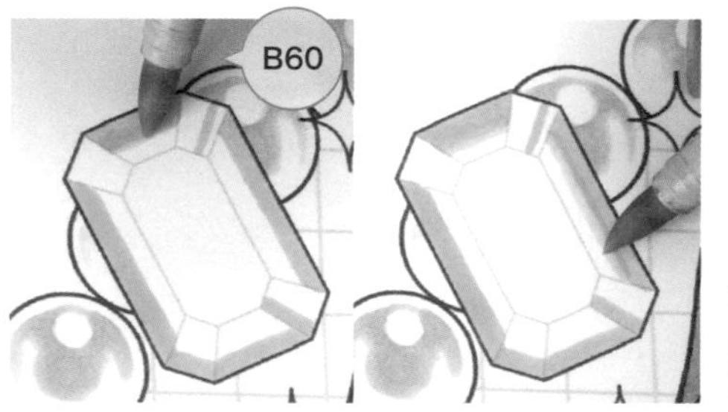

在塗有邊緣線的切面上，用淡紫色暈開邊界以提亮內側。

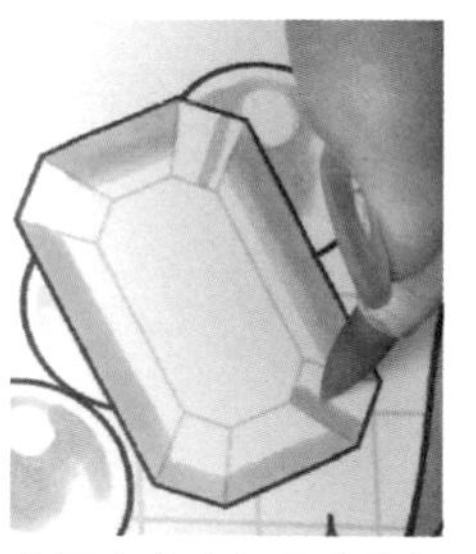

右下方的小切面也要加入淡紫色。

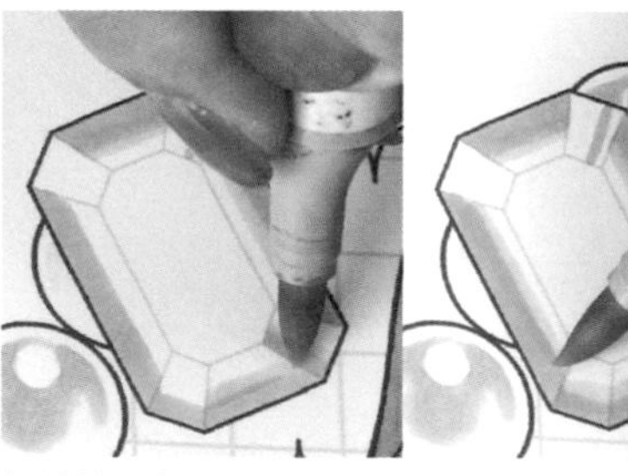

繼續繞圈上色。

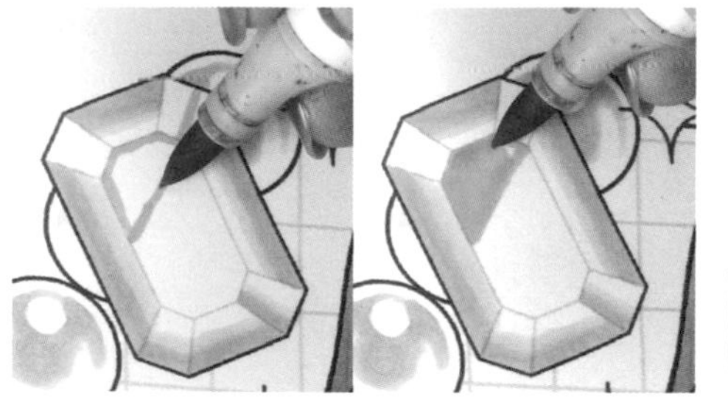

在最上層的切面中上色，保留斜斜的留白空間，將光反射的現象表現出來。繪製大面積時，先決定上色範圍再填滿顏色。

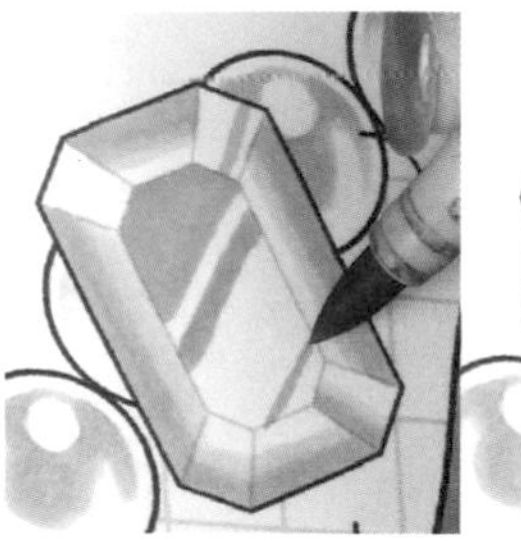

在下面保留大面積的留白空間。

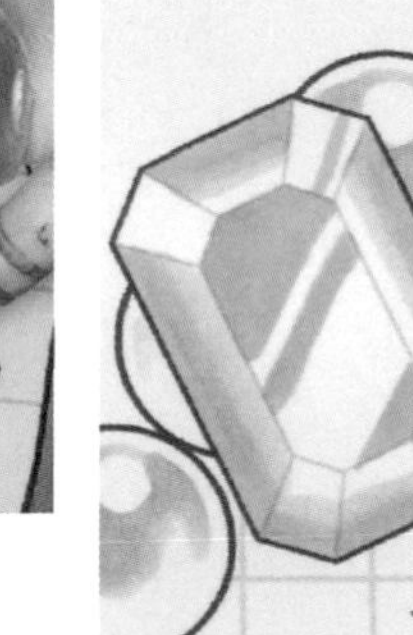

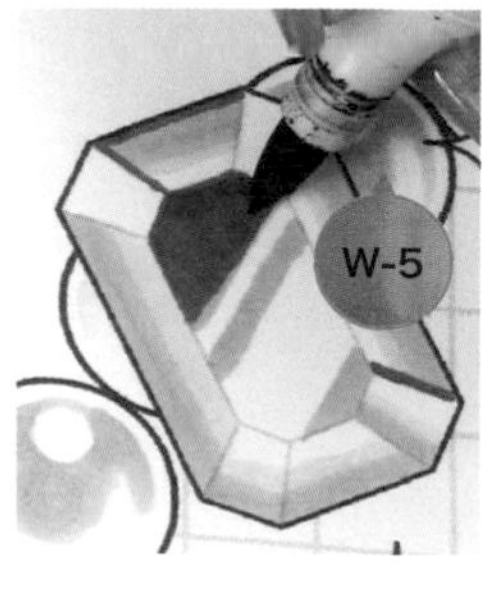

紙張乾了之後，畫出深灰色的陰影。

藍寶石
上色完成

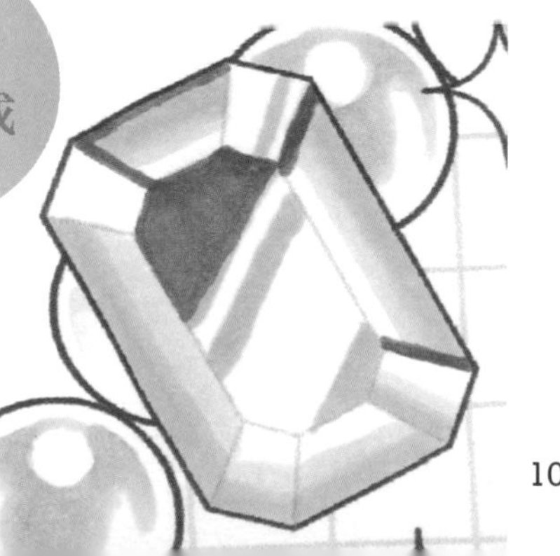

後續用白色畫出高光，
這樣就完成了。
你也可以試著改變
其他寶石的顏色喔！

■ 黃色（黃玉）上色

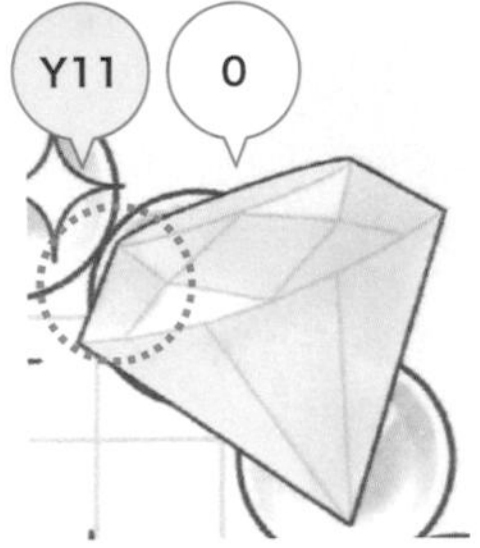

用黃色畫底色，用 0 號暈開局部。

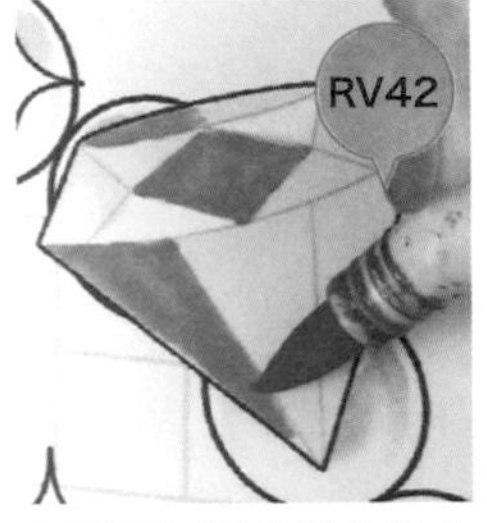

在需要加深的部分塗上粉紅色。

改變正面的陰影形狀，加強顏色深度的表現。

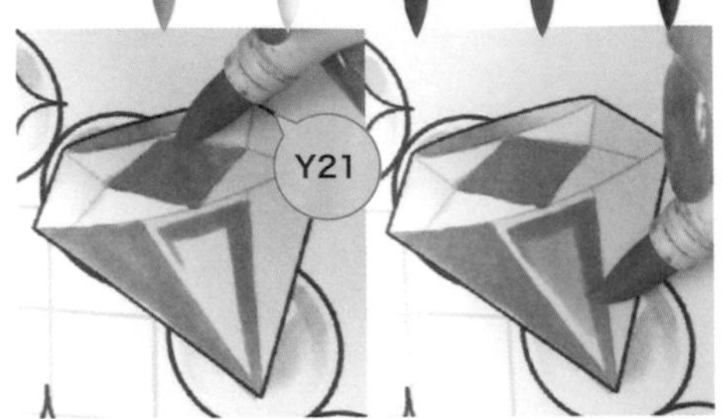

在粉紅色上面疊加橘色。重疊處與未疊色的粉紅色之間，呈現出獨特的透明感。

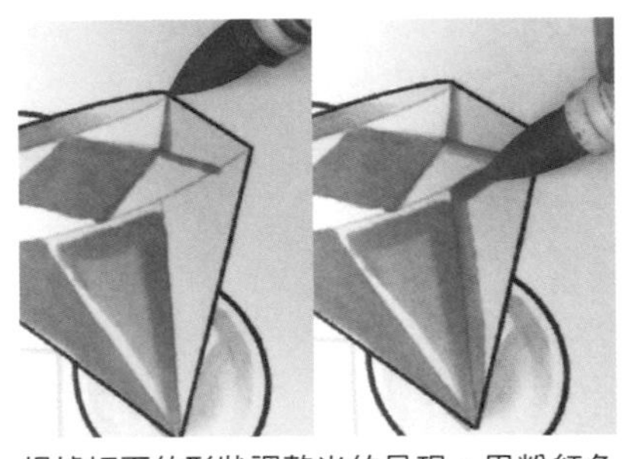

根據切面的形狀調整光的呈現，用粉紅色和橘色畫出陰影。

底色繪製完成。

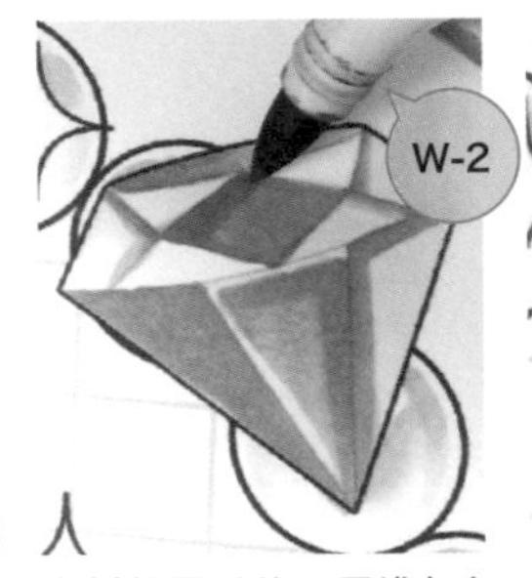

畫紙乾了以後，用淺灰色加深陰影。

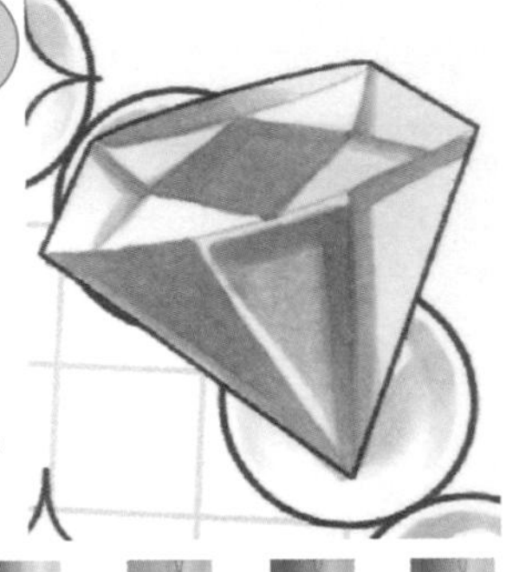

■ 綠色（綠寶石）上色

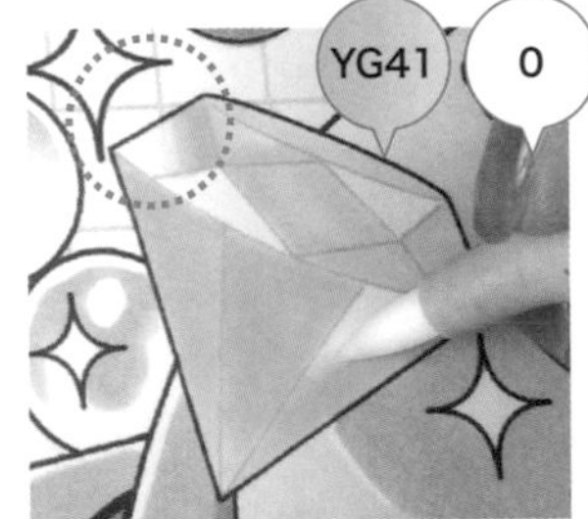

用綠色繪製底色，用 0 號暈開局部。

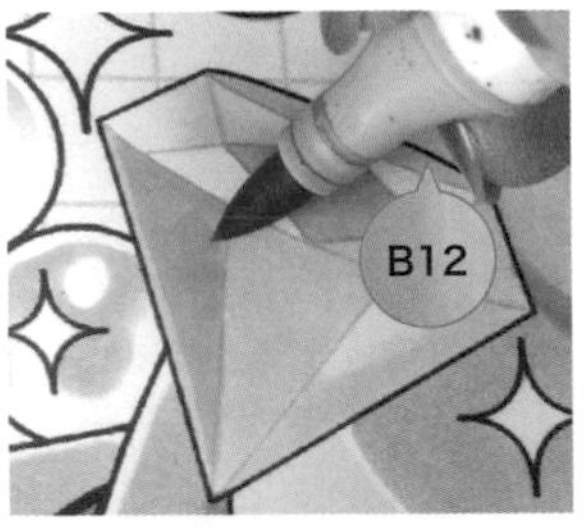

在需要加深的地方塗上藍色。

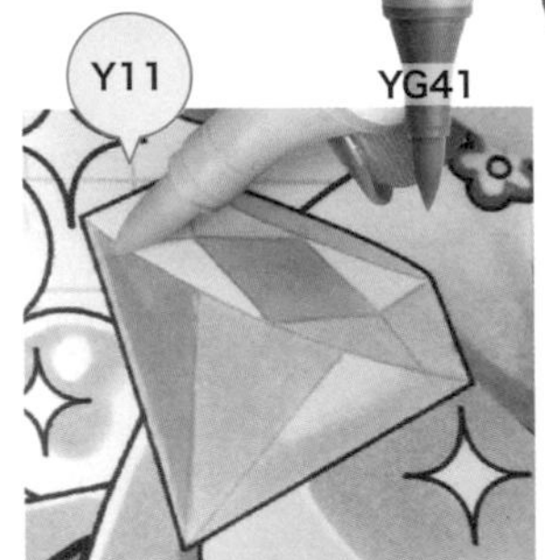

疊加黃色，畫出深綠色。

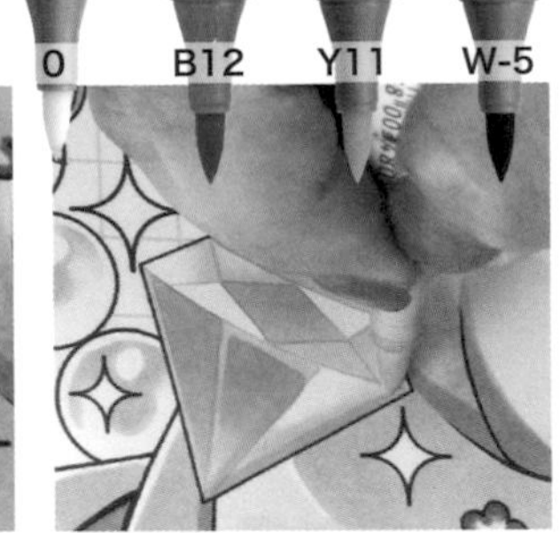

繼續用藍色和黃色畫陰影。

底色完成了。

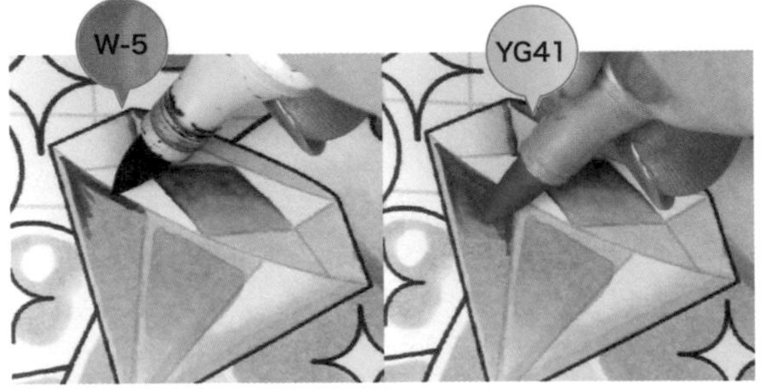

畫紙乾了以後，用深灰色加深陰影。
用綠色暈開交界處。

■ 紅色（紅寶石）上色

R14 RV42 R00 0 W-5

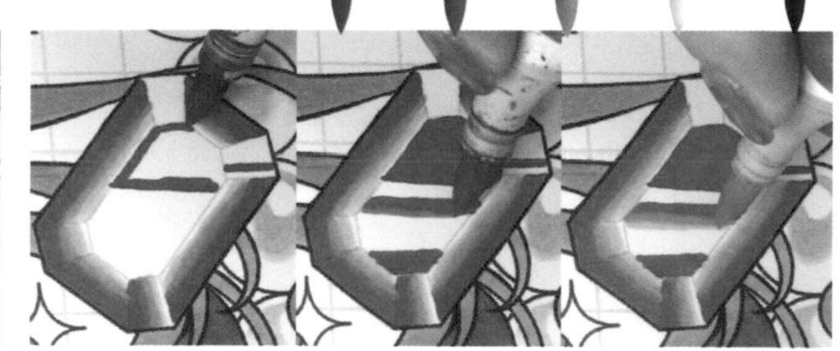

基本上，上色方式跟藍寶石一樣。在邊緣和線條上塗紅色，用粉紅色和淡粉色往內暈開。

在最上層的切面塗紅色，稍微用粉紅色和淡粉色暈開也會很漂亮。

用 0 號修飾出漂亮的漸層色調。

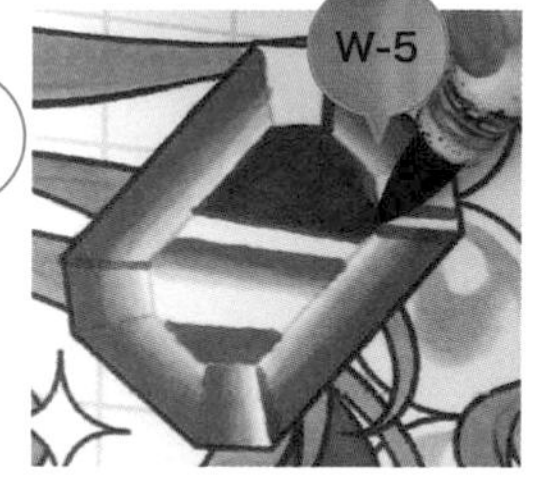

畫紙乾了以後，畫出深灰色的陰影。

5 最後修飾

YG41 B12 RV42 Y11

■ 用白色繪製高光

用白色畫出高光，添加閃閃發光的質感。

■ 背景上色

在背景中塗上綠色的格紋，在交接面上疊加藍色。

畫出粉紅色和黃色的星星，再用白色添加一些星星，上色完成。

請在練習頁底下
墊一張白紙
（有墊板更好）

第5章

練習繪製其他人物2
短褲女孩

本章內容

本章將繪製短褲女孩以及兩種背景。
第13課海洋背景，以漸層色調繪製海中之物。
第14課將改變人物的頭髮和服裝配色，
繪製咖啡杯、書籍、點心、金屬邊框等物件。

第12課

第13課

第14課

Lesson 12 短褲女孩

1 皮膚

E000 R00 RV42

■ 底色上色

用淺膚色畫出底色。
用粉紅色在臉頰上畫出微微紅暈，
並且用淡粉色和膚色暈開顏色。

加深脖子的顏色，調淡胸口的顏色。

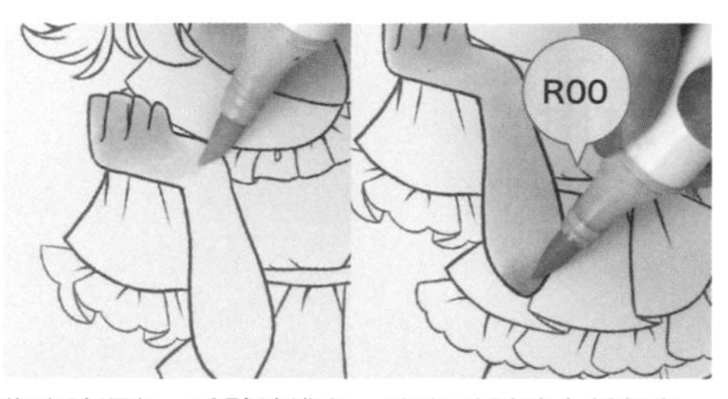

指尖塗深色，手臂塗淺色。先在手肘塗上粉紅色，再用淡粉色和膚色暈染。

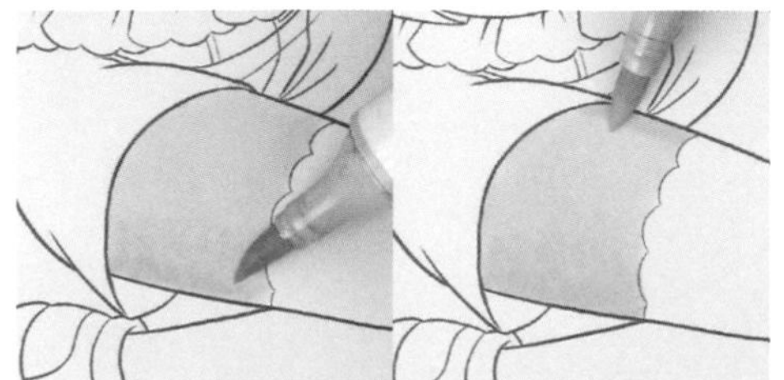
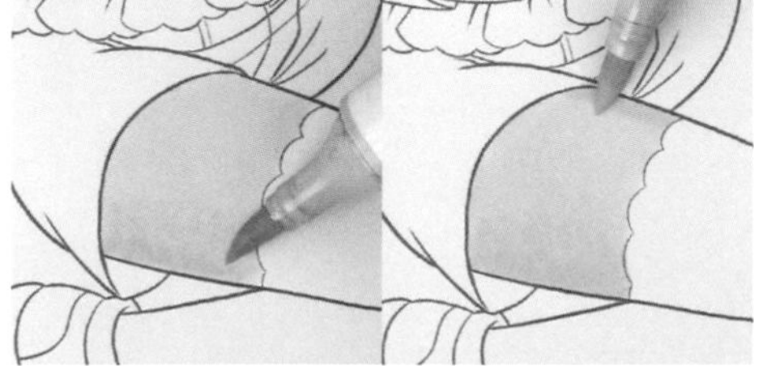

為了增加大腿的立體感，先用淡粉色加深外側，再用膚色暈染，讓顏色融入底色。

■ 風乾後塗上陰影

RV42 B60

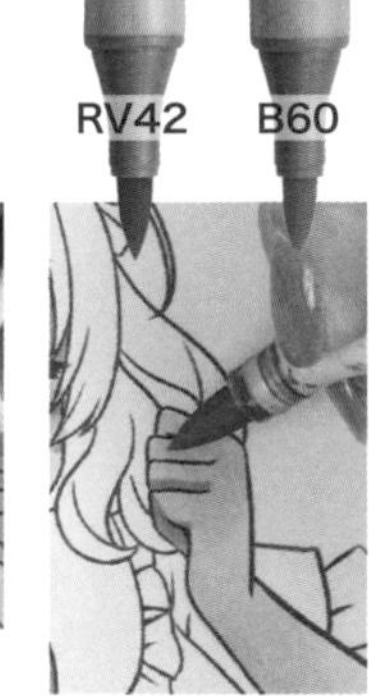

用粉紅色畫出瀏海、嘴巴、手指的陰影。

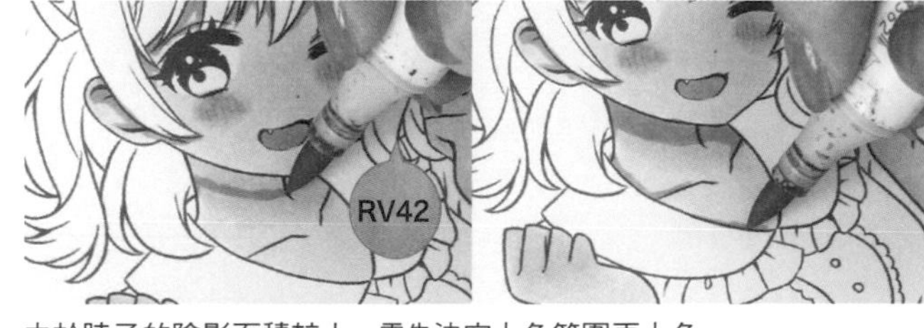

由於脖子的陰影面積較大，需先決定上色範圍再上色。
鎖骨和衣服的陰影也要仔細地刻畫。

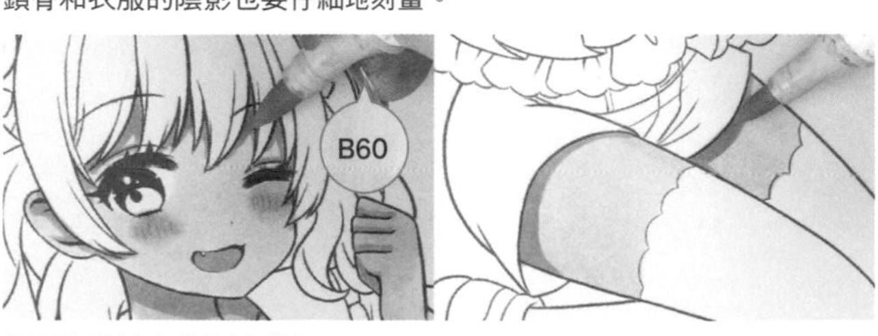

在更暗的地方疊加淡紫色。

2 眼睛

RV42　Y11　W-2

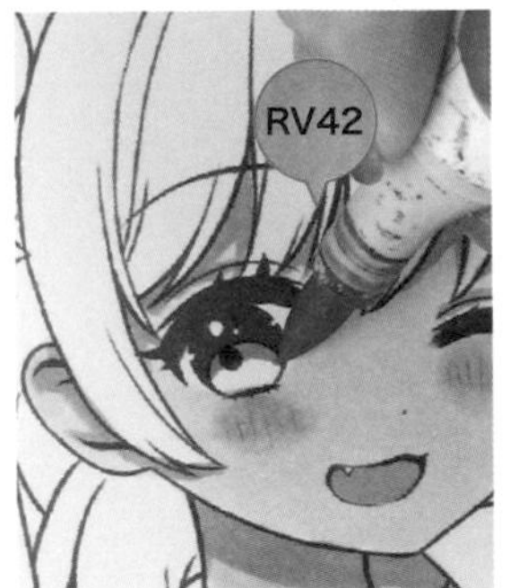

在眼睛上方塗粉紅色。

在粉紅色上面疊加黃色，繼續往下塗色。

在眼睛上方畫出眼皮的影子。

3 頭髮

■ 畫出上色

由髮旋開始往下上色，在頭髮的光澤處留白。

用 0 號暈開，讓留白的光澤融入畫紙的白色。

從髮尾上色時，也以同樣的方式保留光澤。

用 0 號暈染。

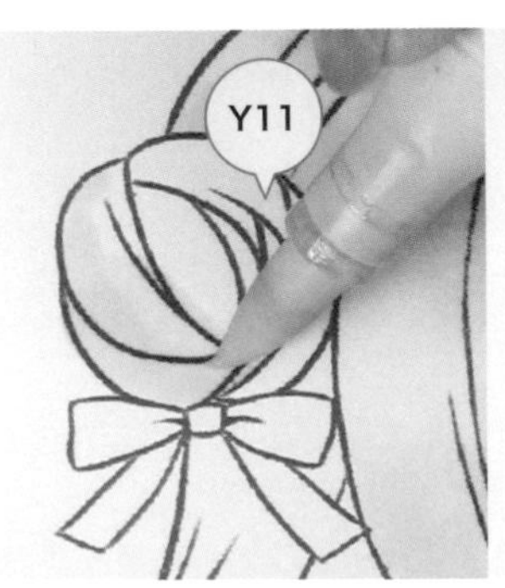

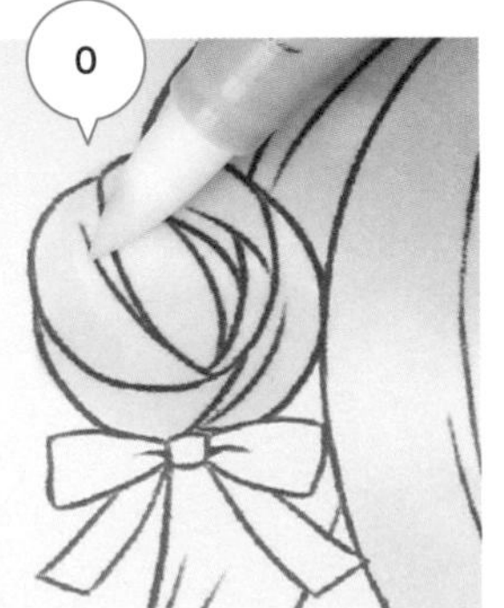

在包包頭的區塊塗上黃色和 0 號，並且在上方留白。

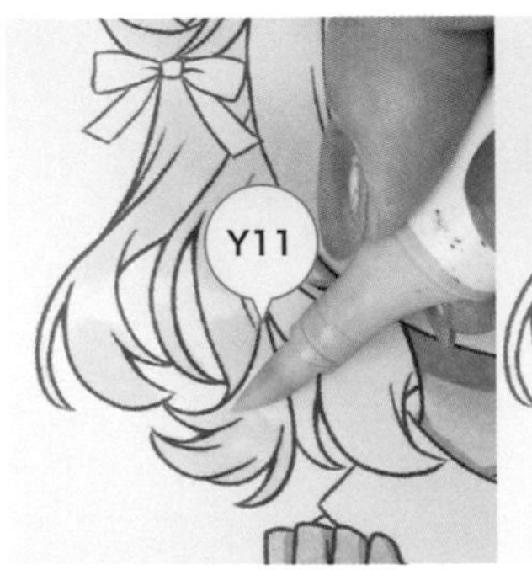

髮尾也要用筆尖仔細地上色。
在彎曲的地方留白，畫出亮部。

■ 風乾後塗上陰影

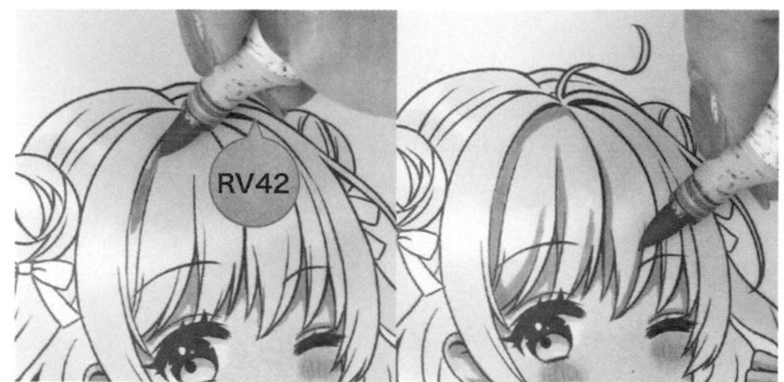

用粉紅色畫出陰影。留意髮束的形狀，筆尖順著髮流上色。

頭頂及包包頭的區塊也要延著線條畫出陰影，增加立體感。

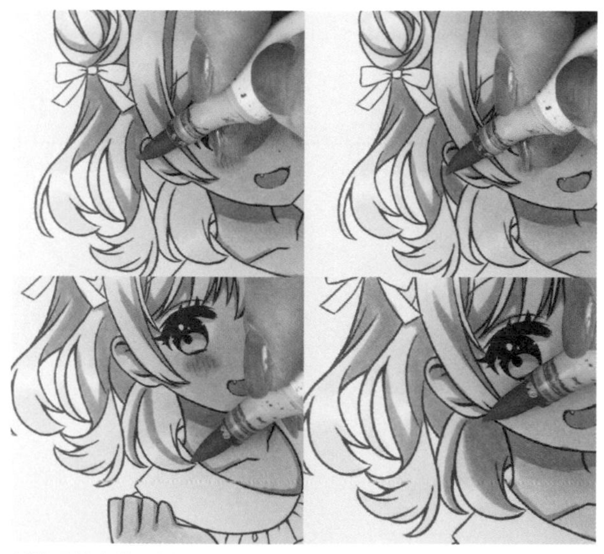

側邊及後方的頭髮，陰影的面積較大。
上色時需注意頭髮的前後位置喔！
先決定上色範圍再填滿顏色比較不會失敗。

陰影的底色完成了。

塗完粉紅色後，在上面疊加橘色。運用疊色技巧減少紅色調，就能畫出深橘色。

頭髮
上色完成

B60

4 襯衫

■ 塗底色

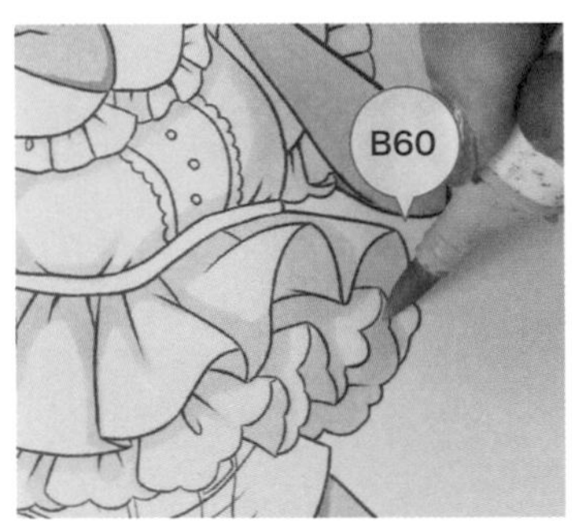

用淡紫色畫出襯衫的陰影。留意衣服的凹凸起伏，在下方和陰影處，用筆尖仔細地上色。

YG41　Y11

■ 繪製格紋

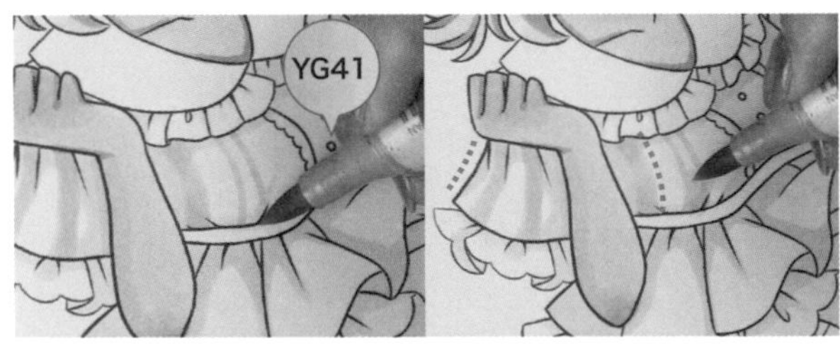

畫出襯衫上的格紋圖案。袖子的弧度是凹的，而胸口的弧度則是凸的。先利用兩條線決定寬度再進行上色，不要一次畫出整條粗線。

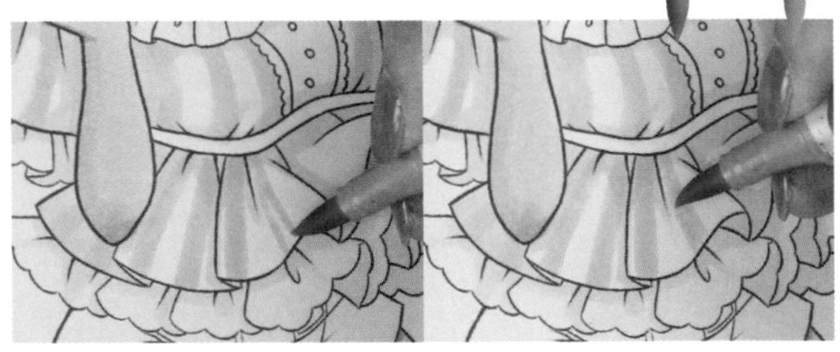

繪製腰部以下區塊時，畫出往下散開的線條。請依照衣襬飄動的形狀來繪製。

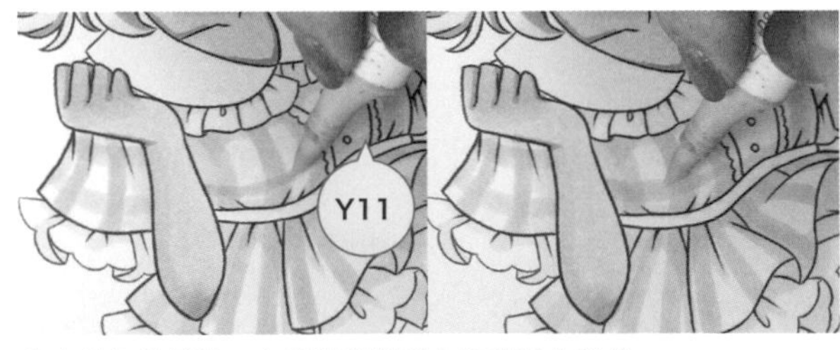

畫出黃色的橫線，上色時需留意衣服的凹凸起伏。先決定線條寬度再上色。

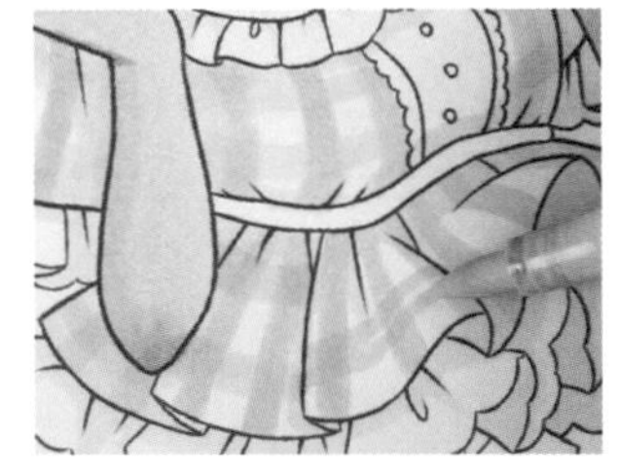

沿著布料擺動的樣子畫出橫線，與下襬的線條搭配。

繪製格紋時，要留意衣服的凹凸起伏，以及下襬飄動的形狀喔！

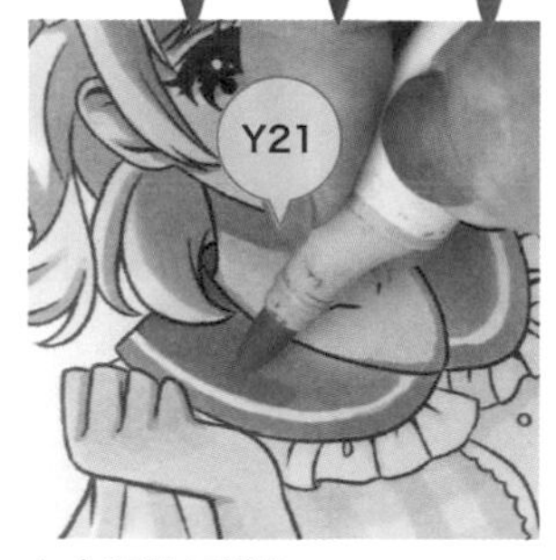

雖然底稿上沒有線條，但在這裡保留衣領邊緣的白線。
先用粉紅色畫出外圍的線條，再填滿內側。

脖子後方的暗部，用紅色畫出陰影。

在上面疊加橘色。

■ 腰帶與蝴蝶結上色

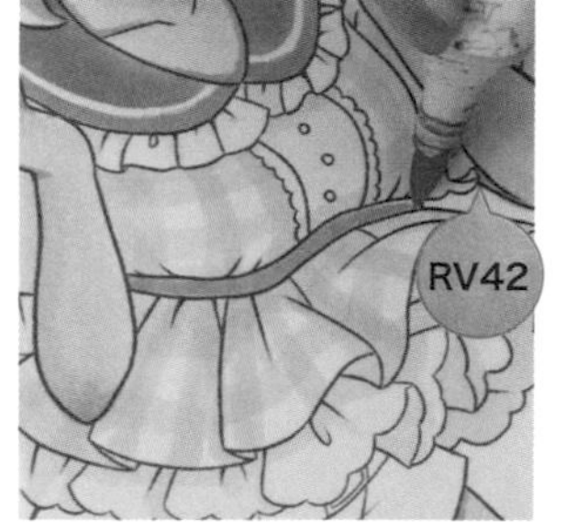

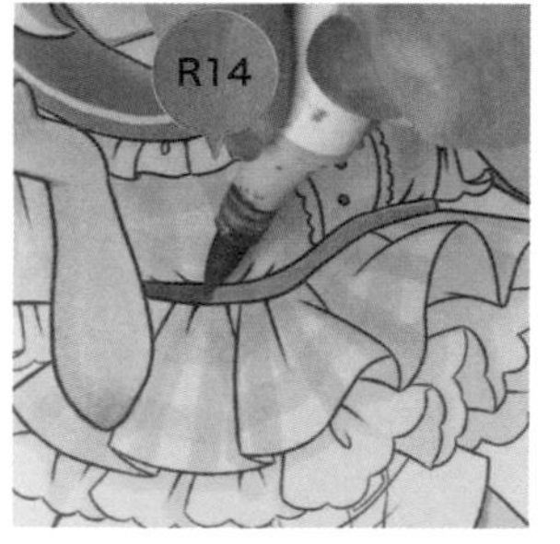

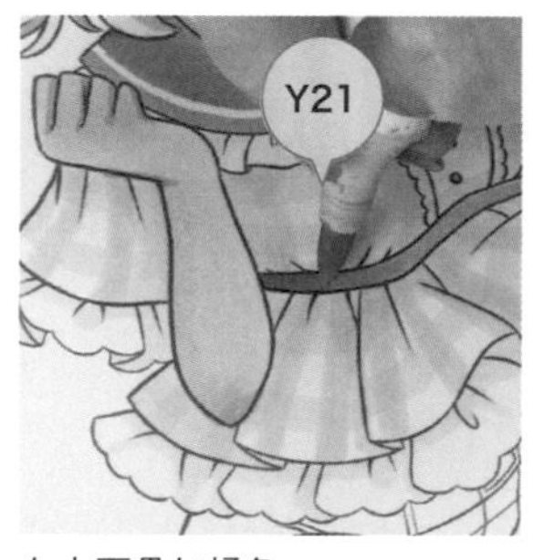

用筆尖在腰帶上塗粉紅色。

由於兩側的顏色稍暗，需加入一點紅色，並用粉紅色加以暈染。

在上面疊加橘色。

鈕扣也要塗上粉紅色和橘色。

5 頭部的蝴蝶結

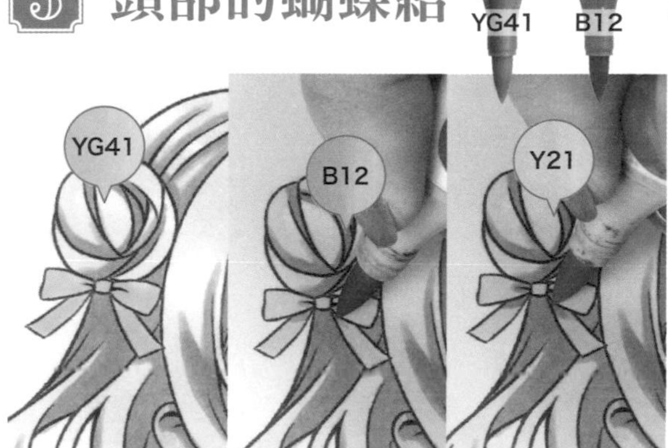

先在頭部的蝴蝶結上平塗綠色，用藍色畫出陰影，
接著在藍色上面疊加橘色。

RV42 R14 Y21 W-2

6 短褲

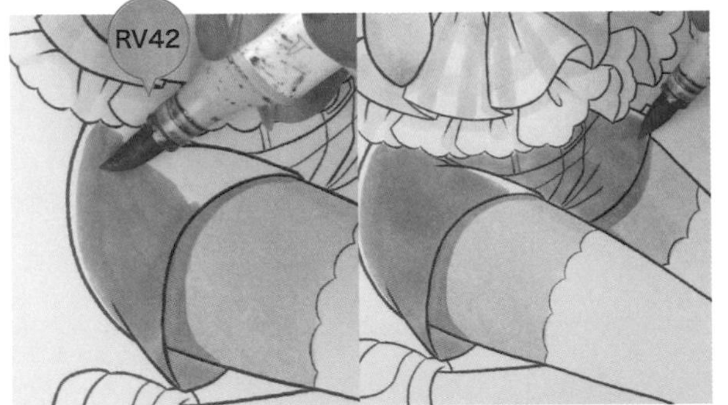

以粉紅色繪製底色。在臀部、大腿等處的布邊上稍微留白。

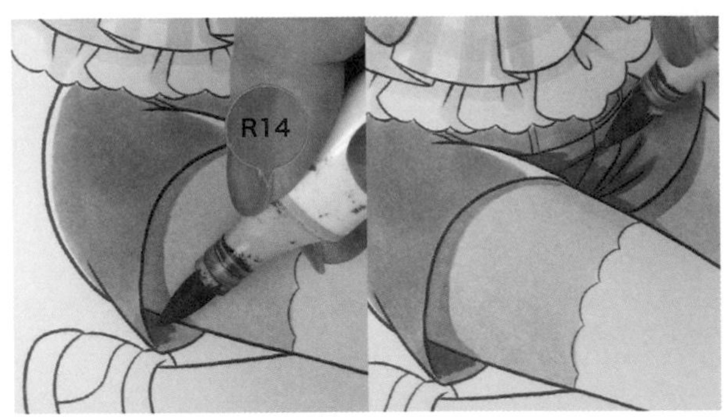

顏色乾了之後，用紅色畫出暗部的陰影。
請沿著皺褶線條上色吧！

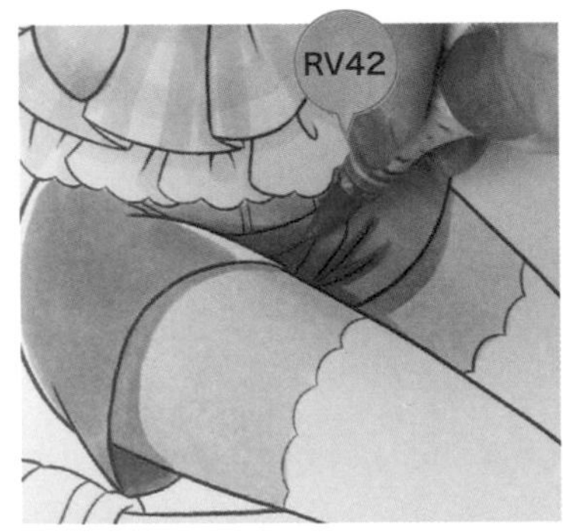

用粉紅色暈開紅色的陰影，讓紅色更融入底色。

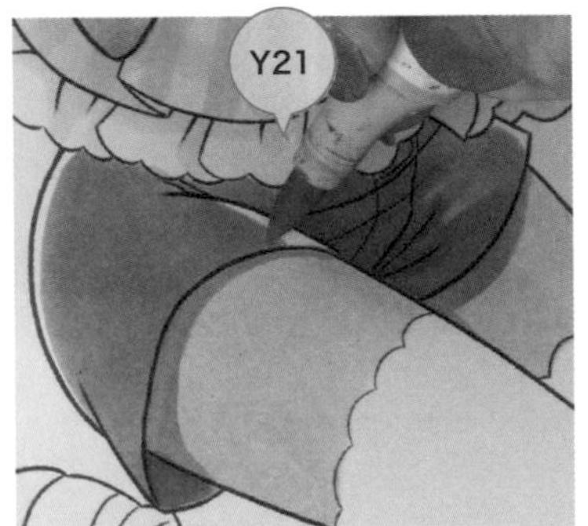

疊加橘色，這樣就能畫出深橘色。

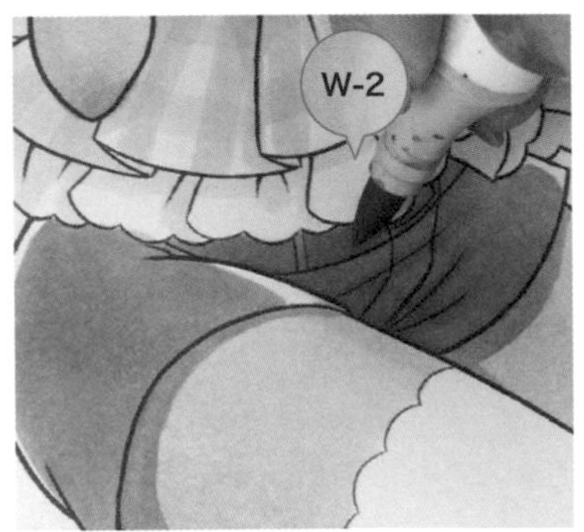

在皮帶上塗淺灰色。

7 長襪

B60 0

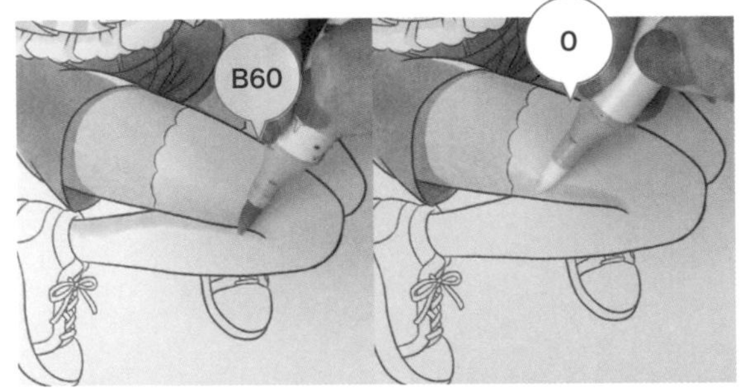

繪製白色的長襪。在陰影處塗上淡紫色，將腿部的弧度突顯出來。用 0 號暈開淡紫色，使其融入紙張的白色。

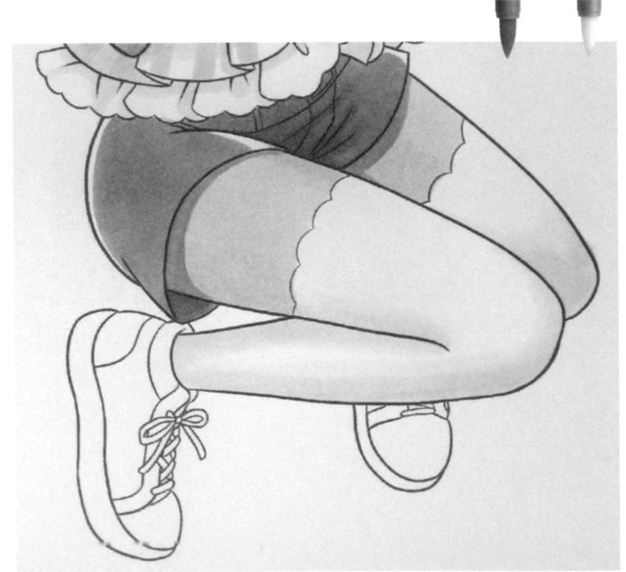

8 運動鞋

YG41　B12　Y11　Y21　W-2

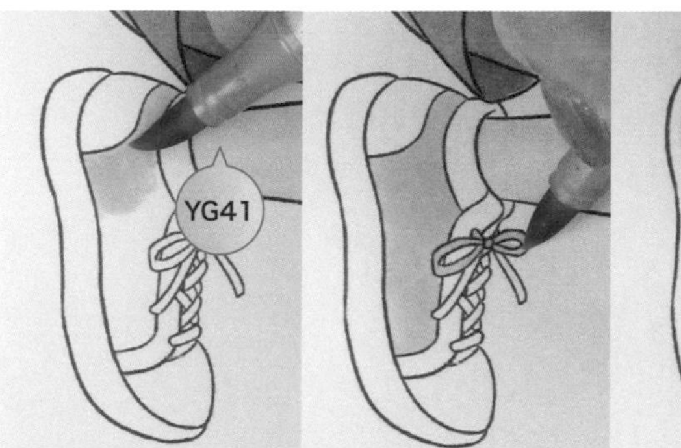

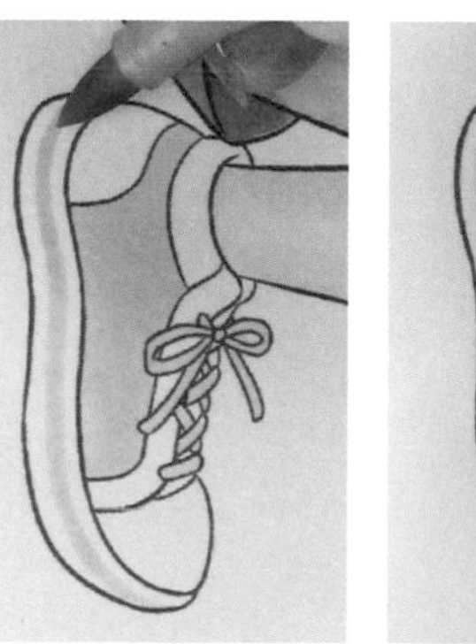

用綠色繪製運動鞋的底色。
鞋帶也塗上綠色，並在鞋底畫出綠線條。

在有陰影的地方塗藍色，例如後腳跟、布料的邊界、腳尖等處，並且在同一處疊加黃色，畫出深綠色。

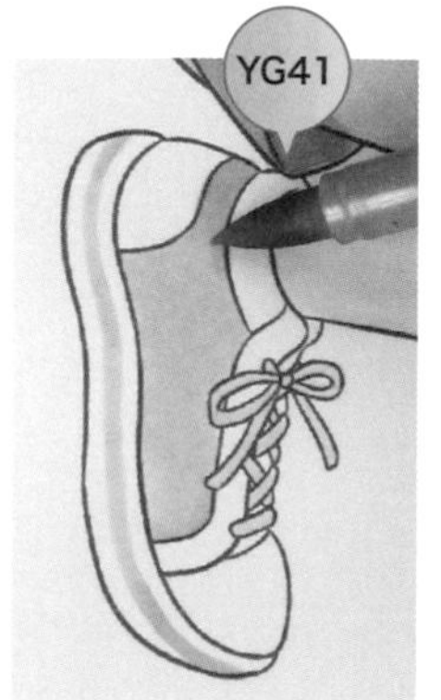

用綠色暈染陰影。

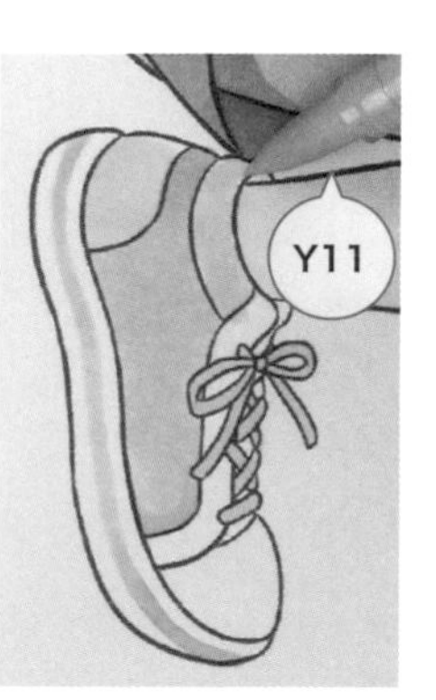

在腳尖和鞋底以外的地方塗黃色。

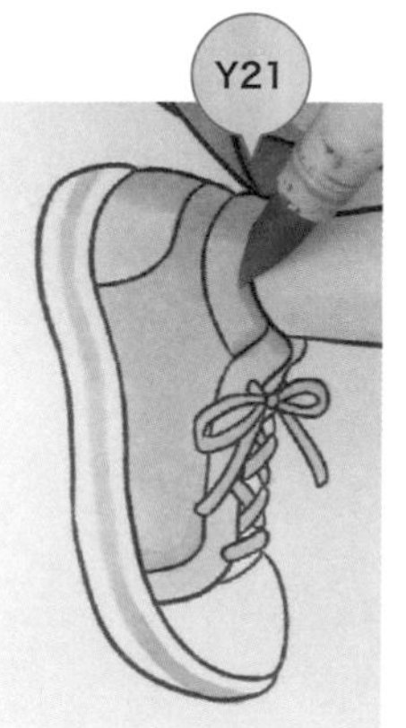

用橘色畫出陰影。

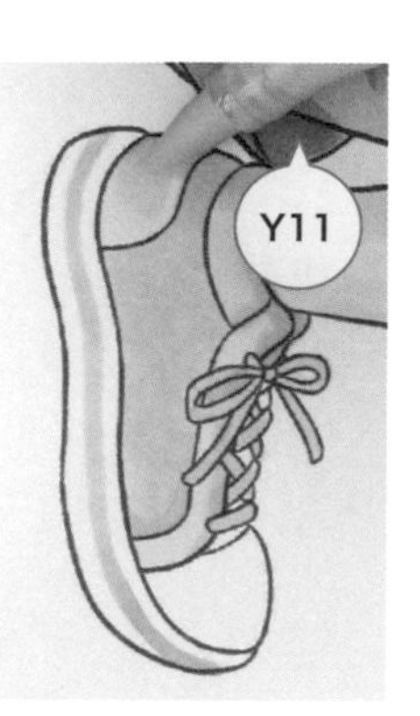

用黃色暈染陰影。

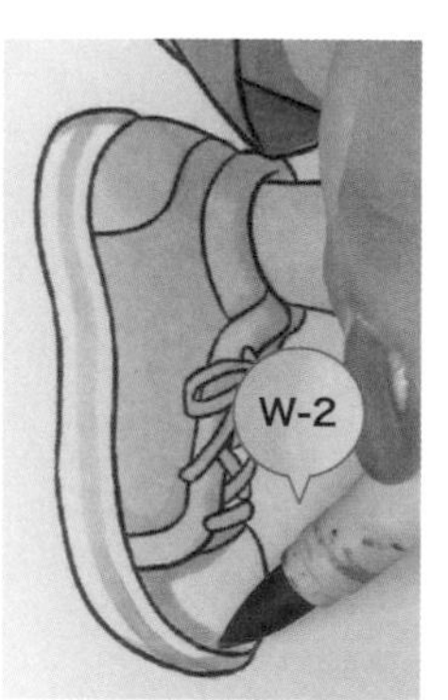

在留白的地方塗上淺灰色的陰影。

9 修飾長襪

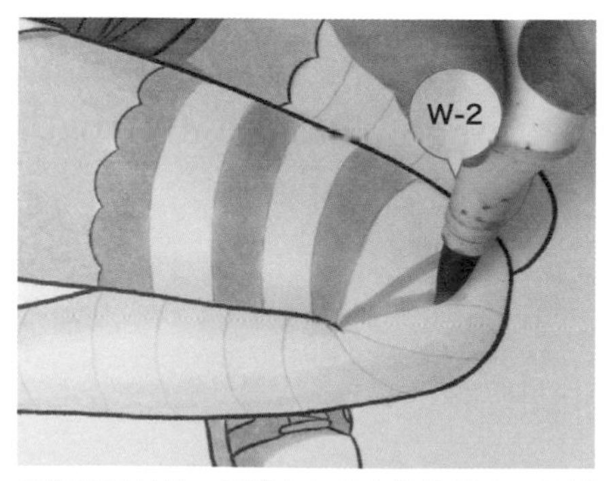

顏料乾了以後，用淺灰色畫出條紋圖案，用鉛筆輕輕上色比較不會失敗。

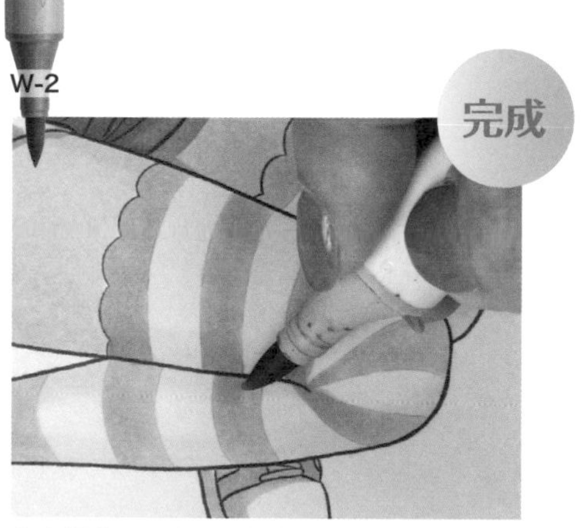

在大腿背面、小腿兩側的暗部疊加淺灰色，讓顏色變得更深。

Lesson 13

海洋背景

1 皮膚

■ 塗底色

用膚色和淡粉色繪製皮膚的底色，在臉頰和手肘塗上粉紅色，增加紅暈。

■ 塗陰影

顏料乾了以後，用粉紅色和淡紫色畫出陰影。

2 眼睛、頭髮、服裝

目前為止的畫法請參考第12課。

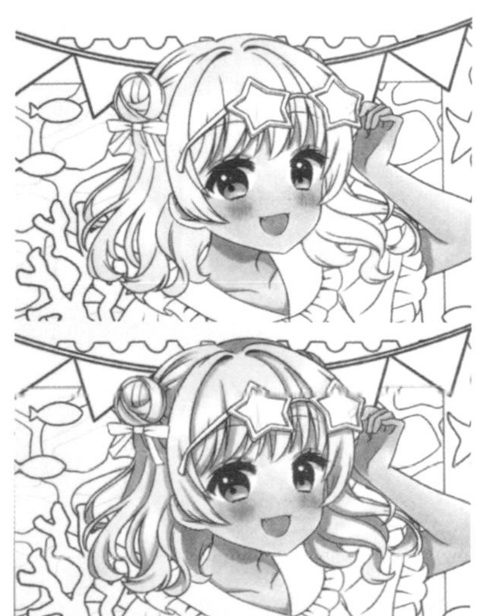

依照目前為止的畫法繪製頭髮和衣服，先塗上底色，底色乾了再疊加陰影。

人物繪製完成

3 太陽眼鏡

R00 RV42 R14

留意來自右上方的光，在鏡片的右上方塗上淡粉色。

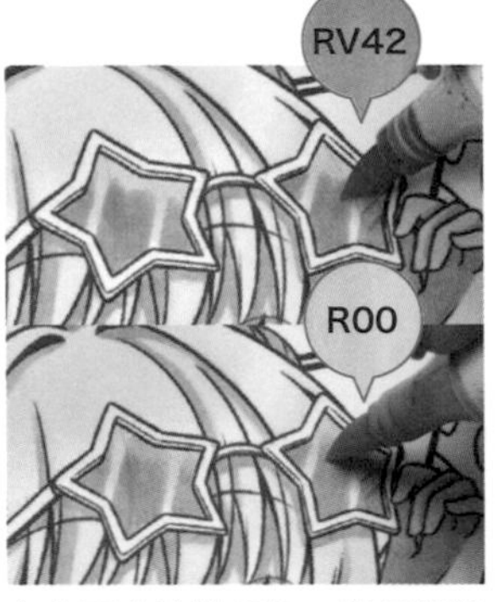

在左下方塗粉紅色，並用淡粉色暈染融合。上色時要保留兩條白線。

在亮部（右上）以外的邊框中塗紅色。

在留白的地方塗上粉紅色，讓粉紅色與紅色互相融合。

4 救生圈

W-2 0

■ 繪製白色區塊

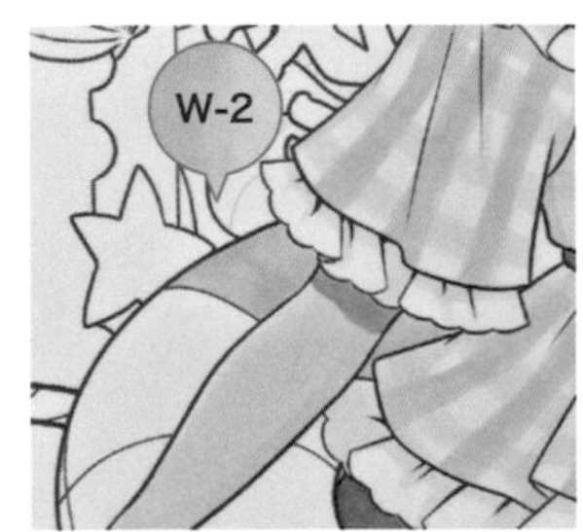

繪製紅白相間的救生圈，從白色區塊開始上色。在後面塗上淺灰色。

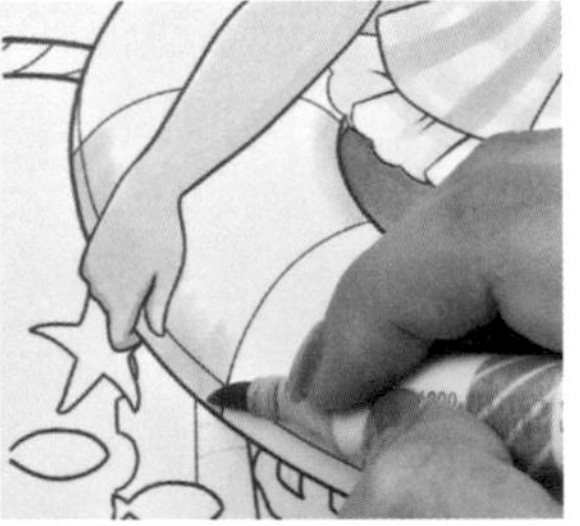

在前方比較明亮的地方，用淺灰色畫出陰影，製造立體感。

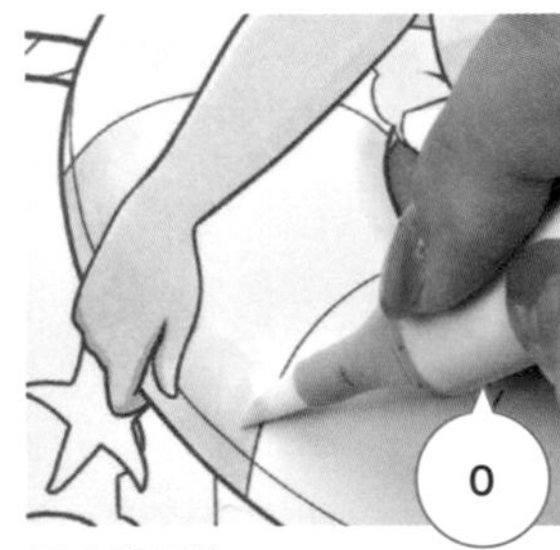

用 0 號暈染。

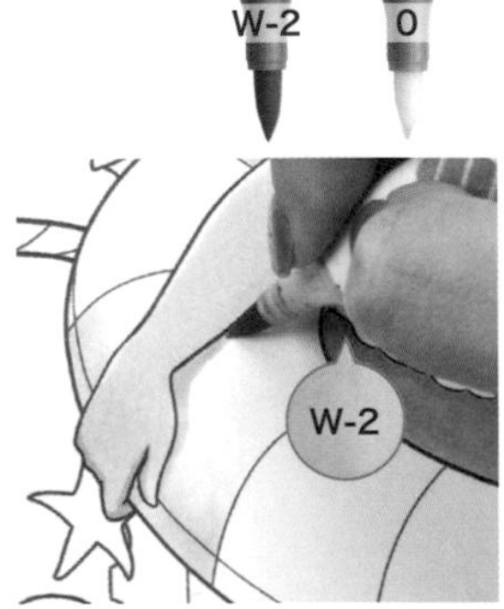

也將手臂的影子畫出來，看起來會更自然。

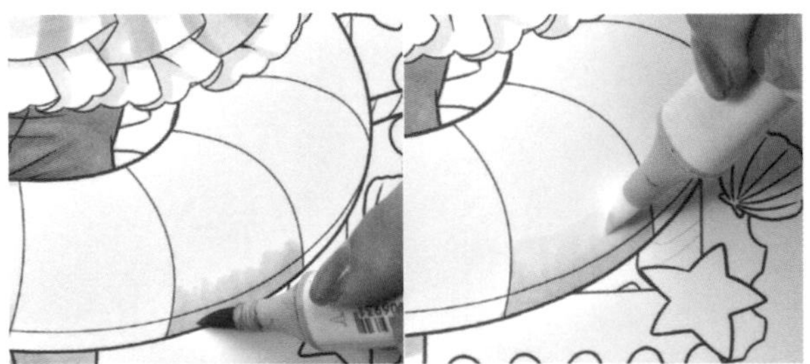

其餘的白色區塊也以同樣的方式上色，用淺灰色和 0 號畫出陰影。

R14 B12 RV42 R00 W-2

■ 繪製紅色區塊

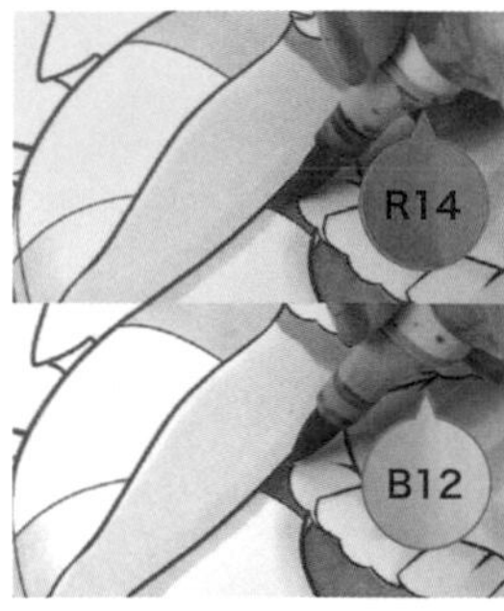

救生圈紅色區塊從裡面開始上色。先平塗紅色，再用藍色畫出陰影。

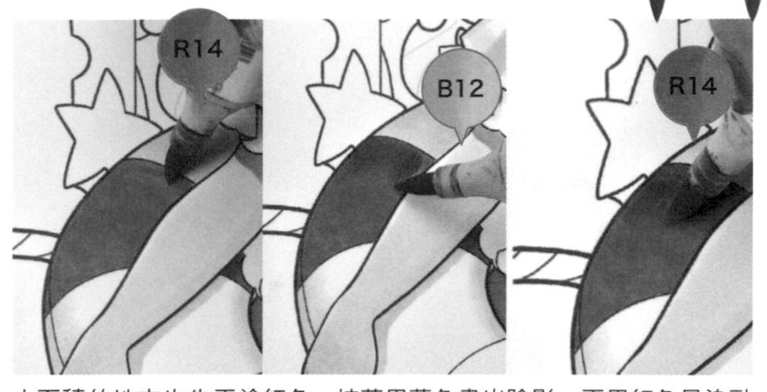

大面積的地方也先平塗紅色，接著用藍色畫出陰影，再用紅色暈染融合。

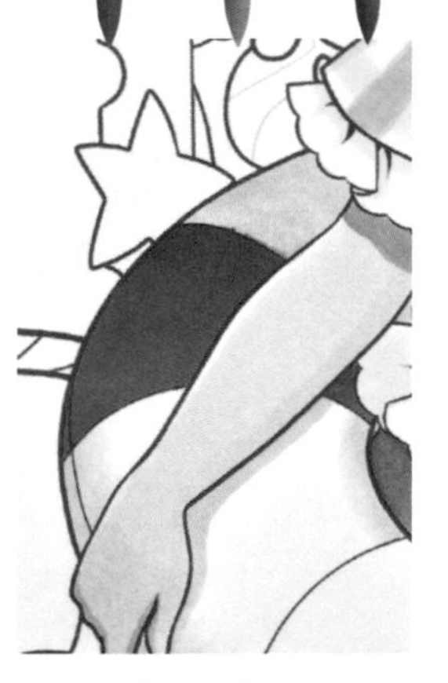

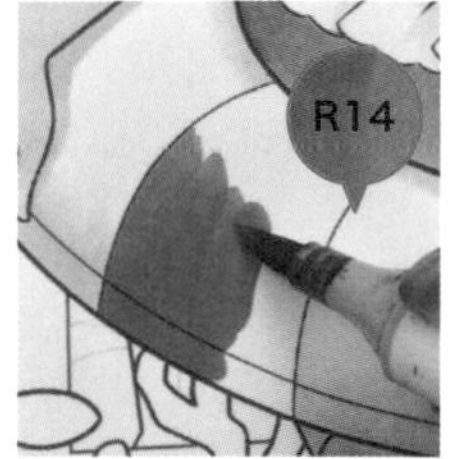

繪製前方亮部時，先將紅色塗在照不到光的側面。

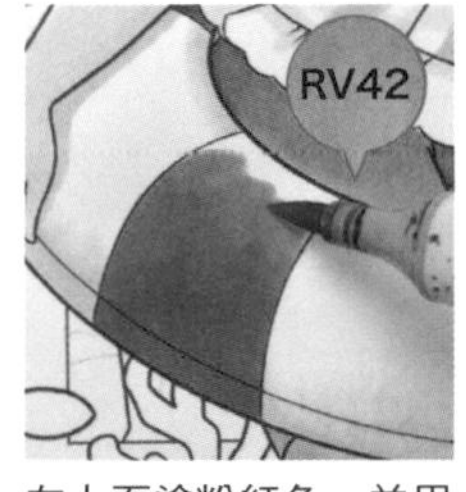

在上面塗粉紅色，並用紅色暈染融合。

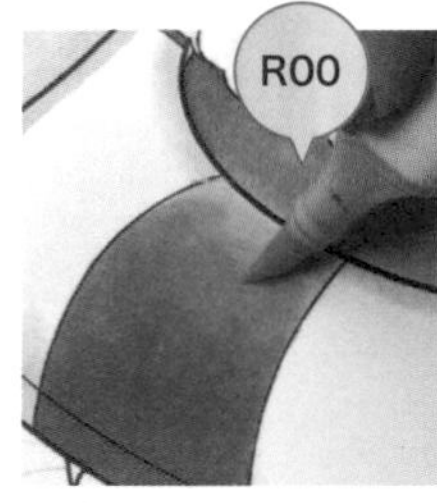

更亮的地方則用淡粉色暈染上色。

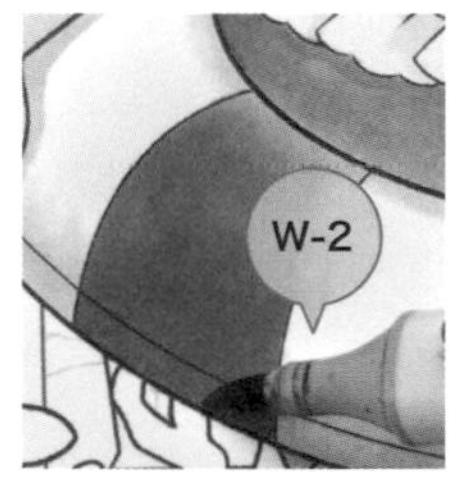

在紅色的側面中，加上淺灰色的陰影。

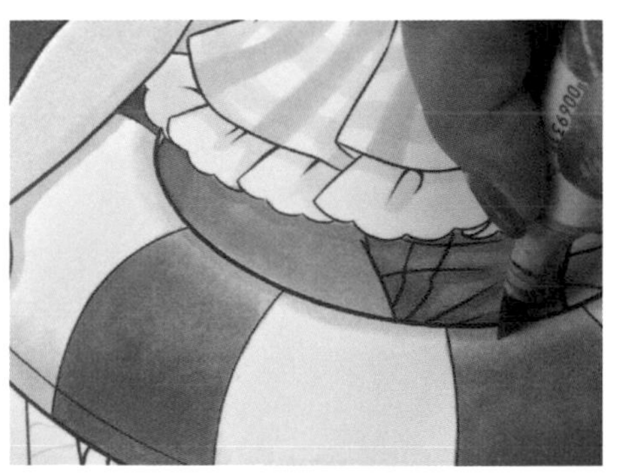

在整個救生圈的內側塗上淺灰色的陰影。

太陽眼鏡與救生圈上色完成

記得觀察整體平衡，畫出漸層效果一致的救生圈。

5 海洋

B12　R14

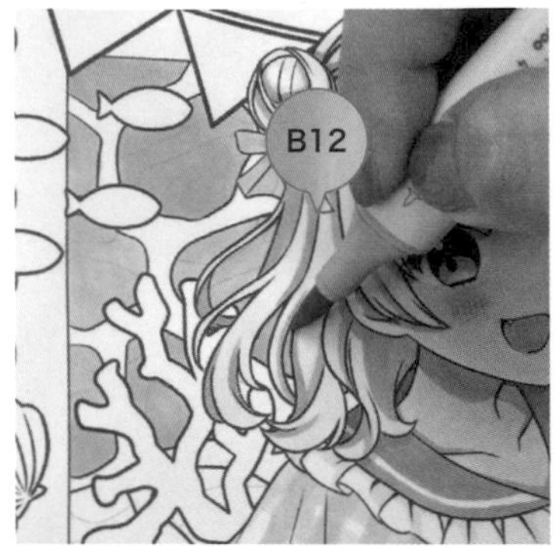

在整個海洋背景中塗上藍色，並且避開白色區塊。

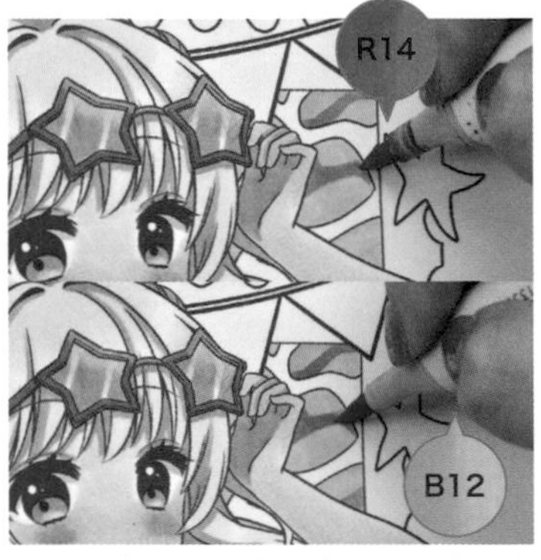

海洋圖案中有淺淺的線條，在線條上塗紅色，並在同一處疊加藍色，加深顏色。

6 珊瑚

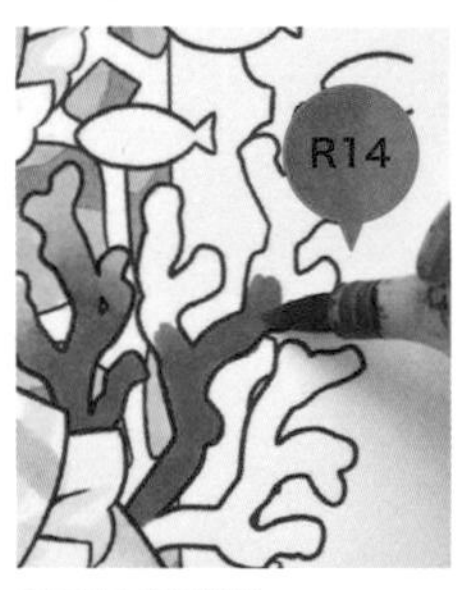

在下方塗紅色。

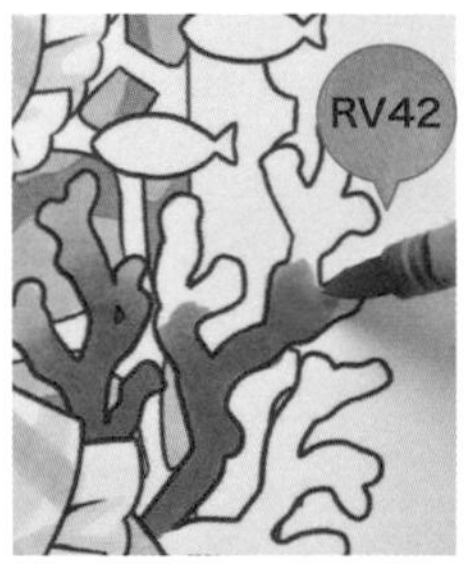

用粉紅色往上暈染。

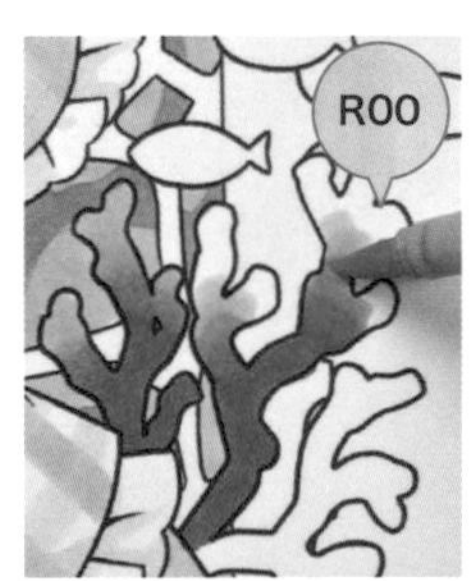

繼續用淡粉色往上暈染。

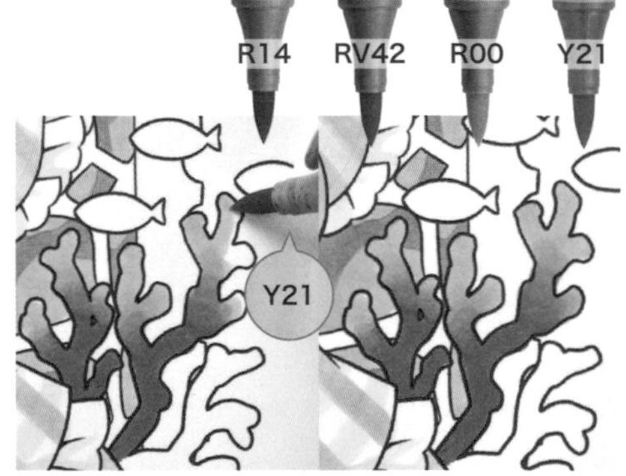

由上而下塗上橘色，再用淡粉色暈染交界處，畫出自然的漸層色調。

7 魚

■ 繪製漸層色：紅色→粉紅色→淡粉色→黃色

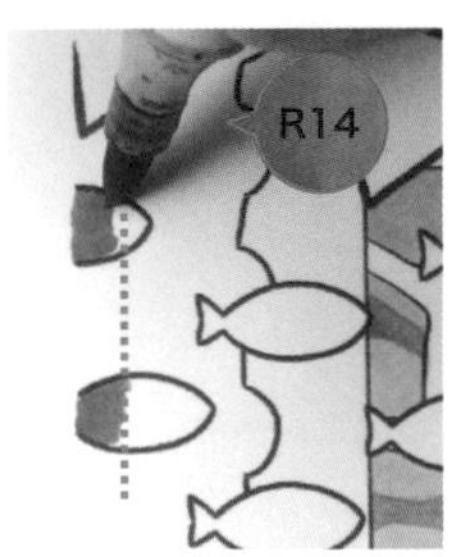

首先繪製左邊的魚，將紅色塗到上下一致的地方。

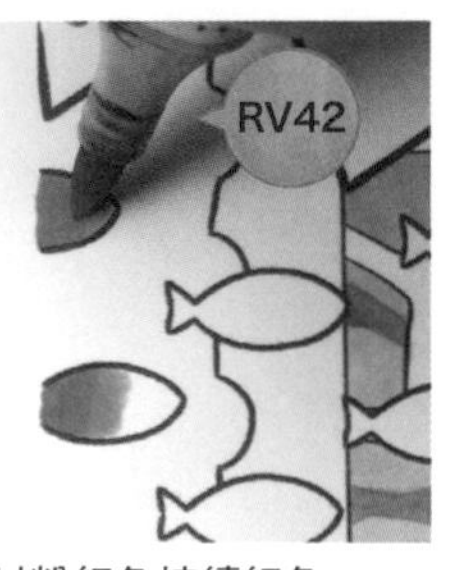

以粉紅色接續紅色。

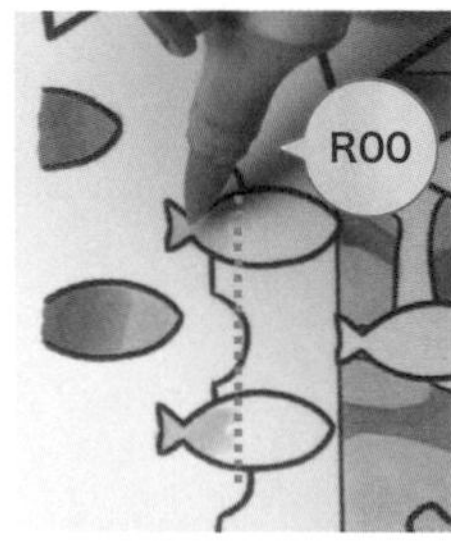

對齊縱向直線，繼續用淡粉色畫出漸層感。

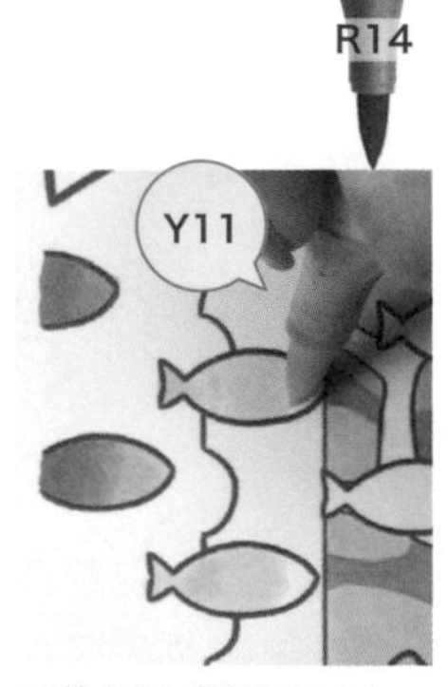

用黃色延續漸層色調。

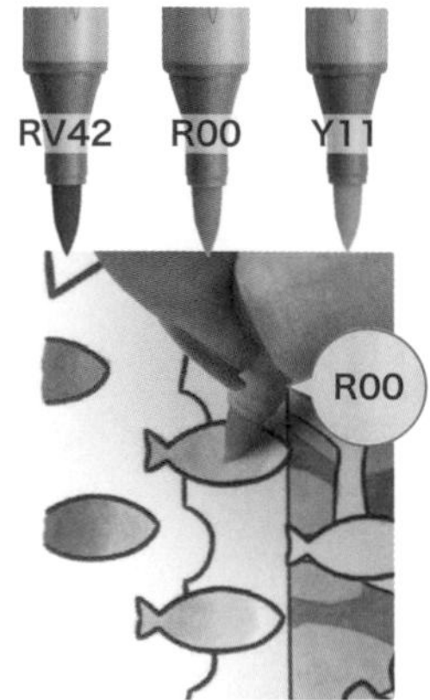

疊加淡粉色，暈染邊界。

■ 繪製漸層色：黃色→綠色→深綠色

YG41 Y11 B12

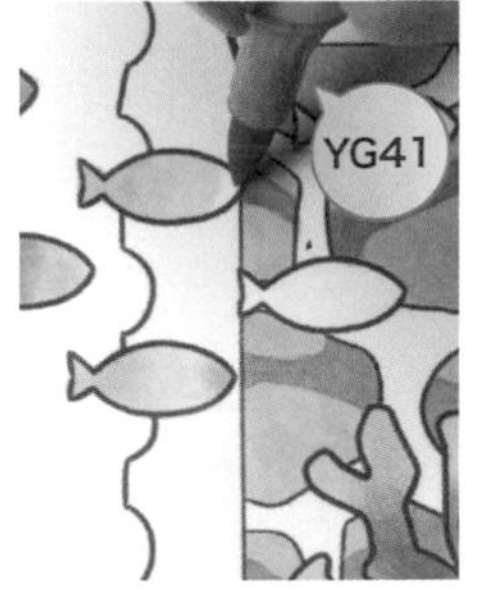

在黃色後面接著塗上綠色，畫出漸層色調。

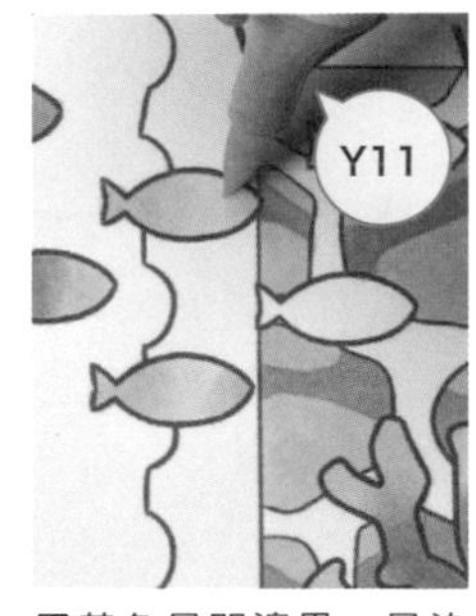

用黃色暈開邊界，暈染黃色和綠色的交界處。

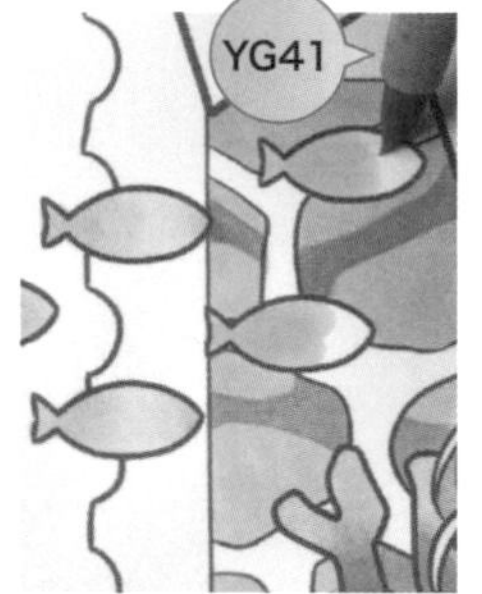

繼續用綠色著色。

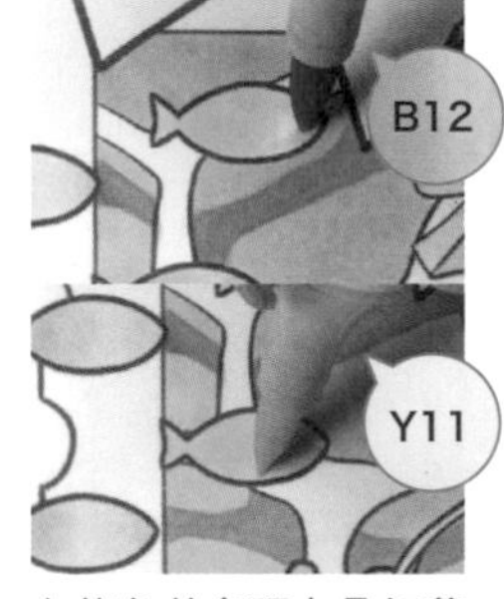

在綠色的魚頭上疊加藍色以及黃色，畫出深綠色。

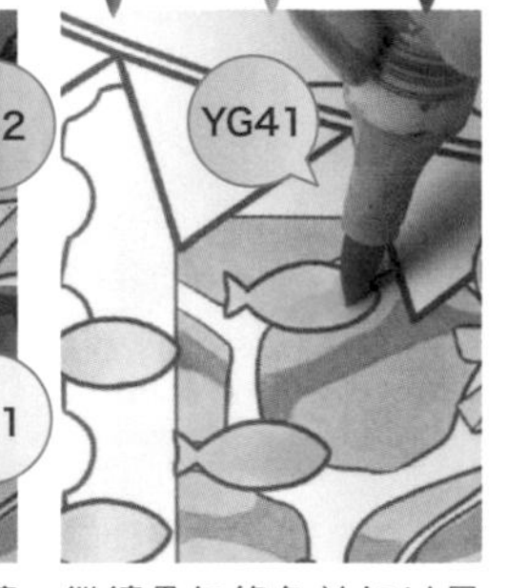

繼續疊加綠色並加以暈染。

■ 繪製右側魚群的漸層色：紅色→粉紅色→紫色→藍色

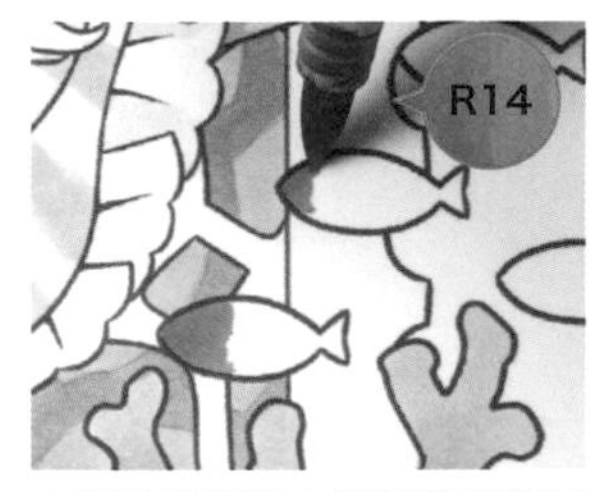

右側魚群呈現由紅至藍的漸層色調。先塗紅色。

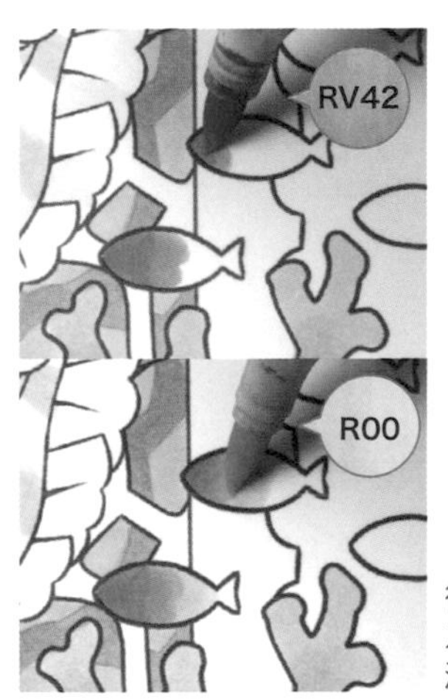

往右塗上粉紅色及淡粉色，畫出漸層效果。

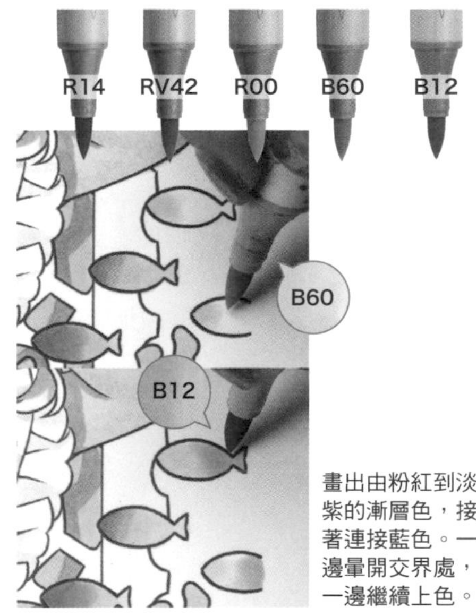

畫出由粉紅到淡紫的漸層色，接著連接藍色。一邊暈開交界處，一邊繼續上色。

RV42 R00 Y11 YG41

貝殼與海星

■ 貝殼上色

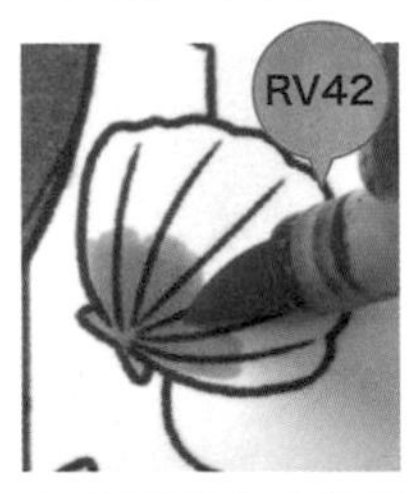

從下方開始塗上粉紅色。

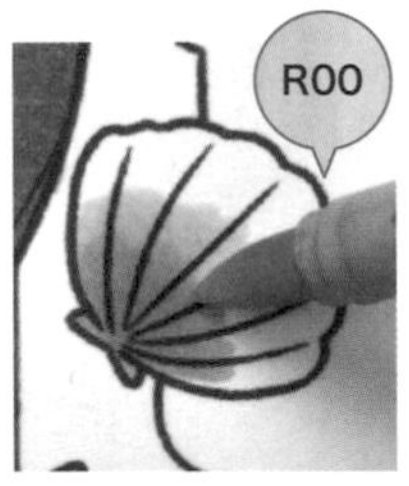

用淡粉色往上暈開。

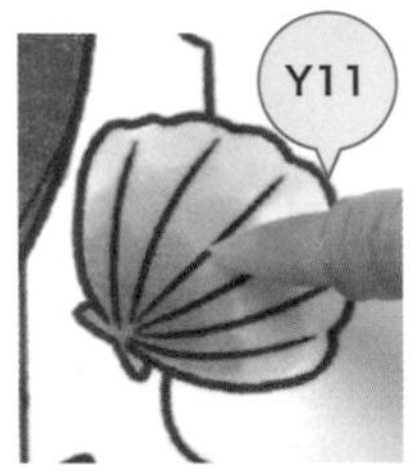

在上面塗黃色。

用黃色暈開，讓交界處更加融入。

■ 海星上色

由下而上畫出粉紅色與淡粉色的漸層。

往上畫出黃色的漸層。

YG41

在上面塗綠色。

用黃色暈開，讓綠色與下方的黃色互相融合。

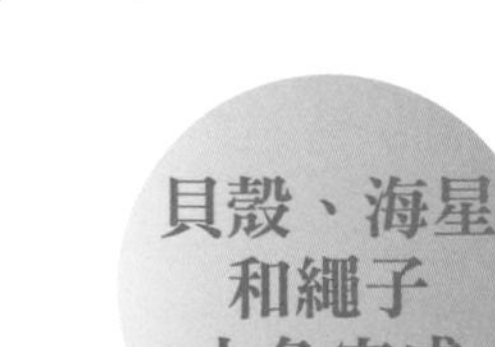

繩子

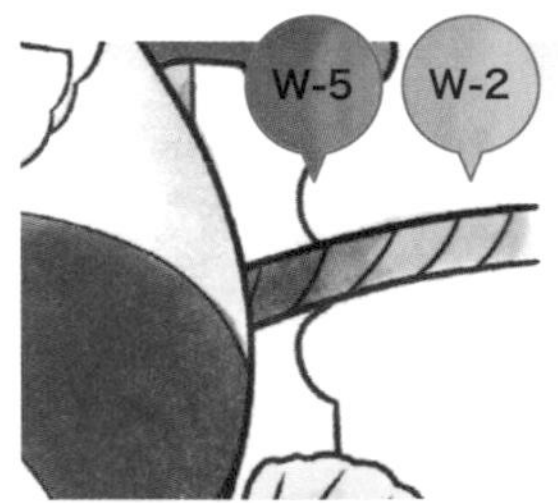

用兩種灰色畫出深淺差異。

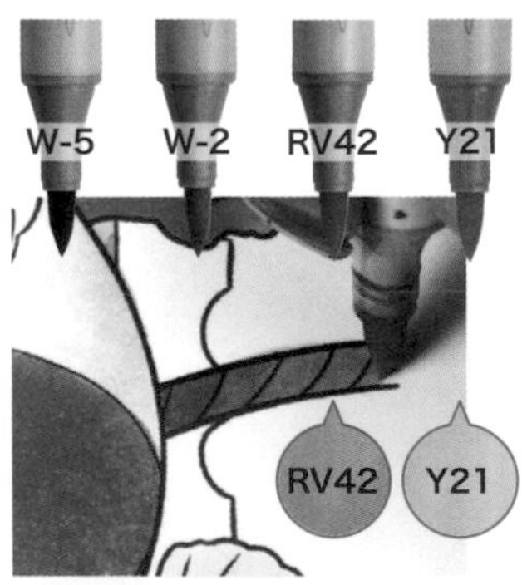

在上面疊加粉紅色和橘色，畫出褐色。

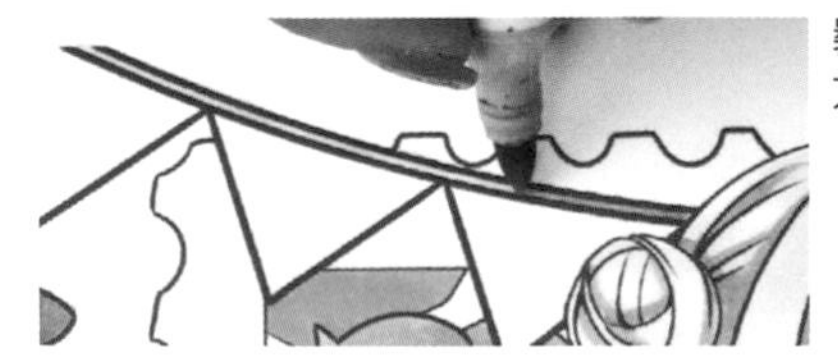
裝飾繩也以同樣的方式畫出褐色。

10 三角吊旗裝飾

RV42 Y11 YG41 B12 R14

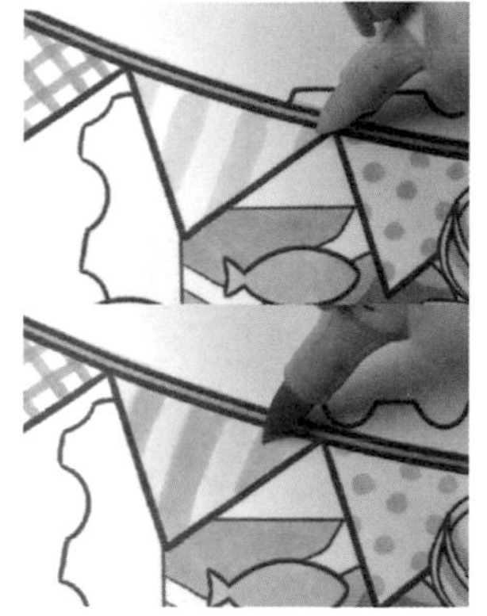

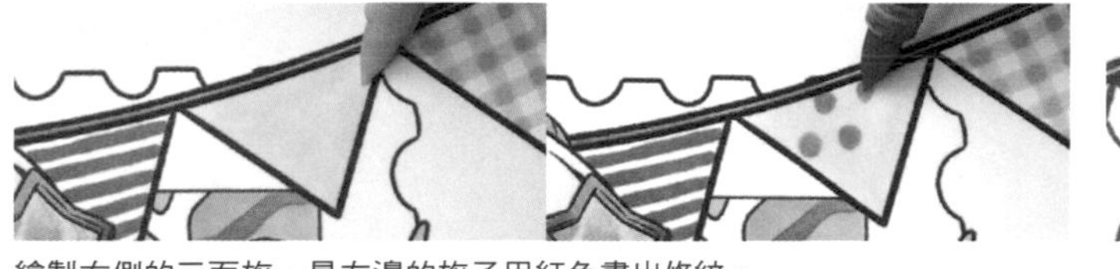

繪製右側的三面旗，最左邊的旗子用紅色畫出條紋。
正中間的旗子先平塗黃色，再畫出粉紅色的圓點。
最右邊則先畫出綠色格紋，並在交叉點上塗藍色。

先畫左側的三面旗，最左邊的旗子用粉紅色畫出格紋，正中間的旗子是黃綠條紋，最右邊是藍色點點圖案。

六面旗子，繪製完成。

11 陰影與高光

B60

■ 陰影上色

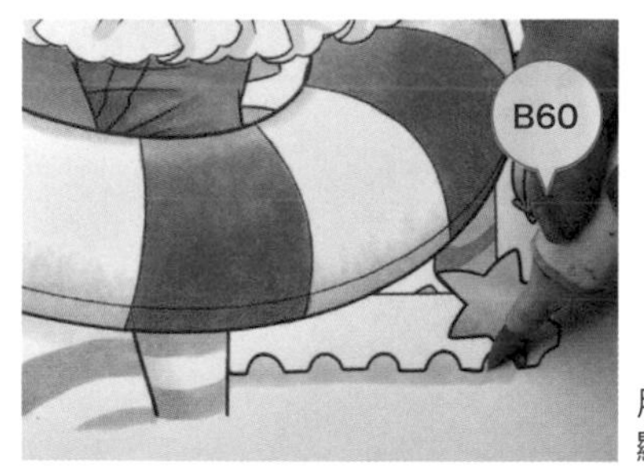

用淡紫色畫出陰影，突顯郵票造型的邊框。

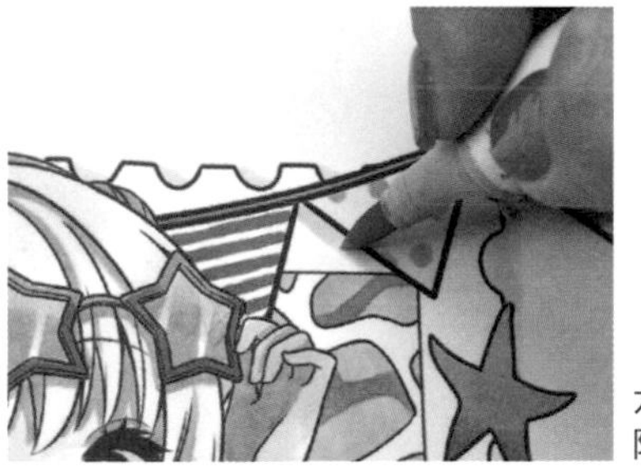

六面三角吊旗也要添加陰影才能增加立體感。

■ 高光上色

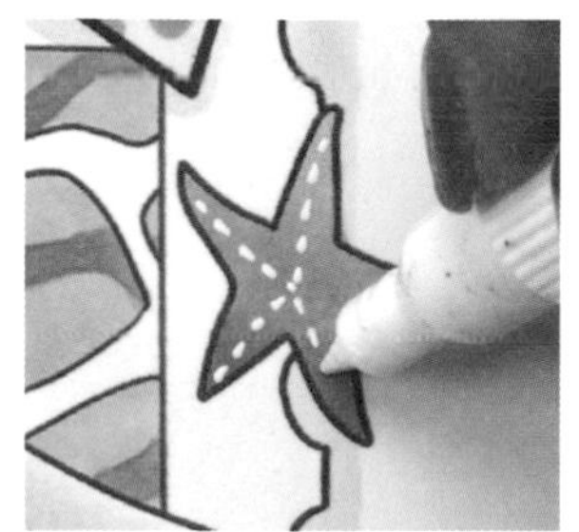

用白色畫出海星的紋路。

貝殼上也要畫出高光，製造立體感。

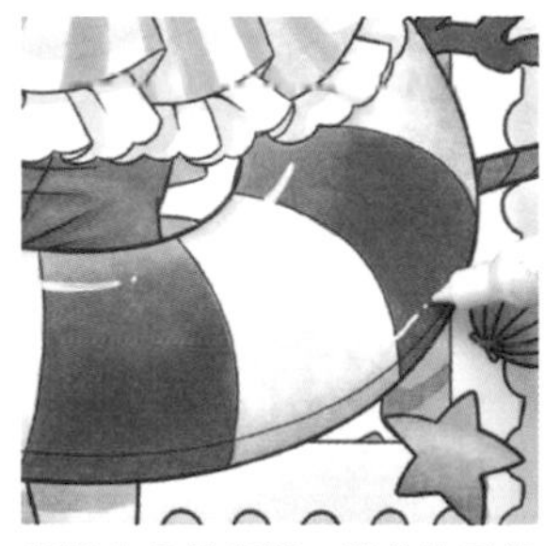

畫出白色的光澤，將救生圈的材質感呈現出來。

完成

用白色畫出太陽眼鏡的反光，上色完成。

Lesson 14 雜貨與日式點心背景

1 皮膚

E000 R00 RV42 B60

■ 底色上色

用膚色、淡粉色、粉紅色 3 種顏色畫出皮膚的底色。

■ 陰影上色

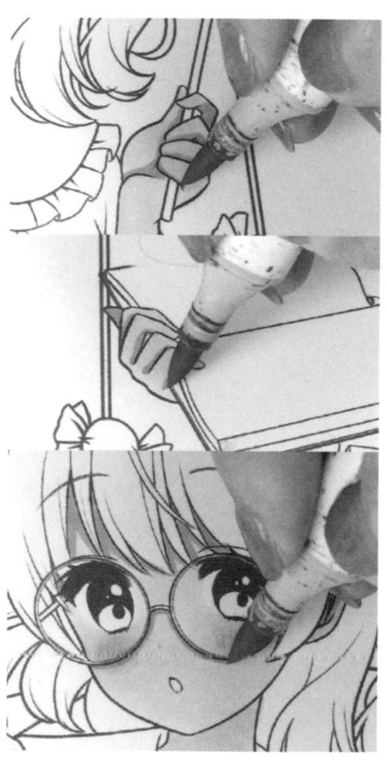

疊加粉紅色與淡紫色並畫出陰影，拿著物品的手、眼鏡等物件上也有細部陰影，上色時需多加留意。

皮膚上色完成

2 眼睛

RV42 Y11 W-2

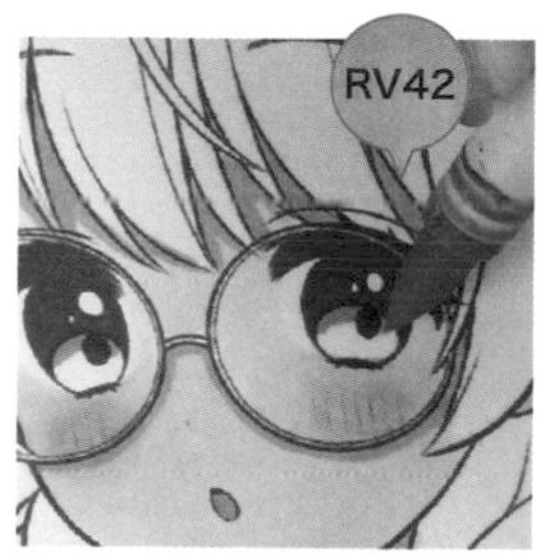

在眼睛上方塗粉紅色。

在粉紅色上面疊加黃色，並且往下塗色。

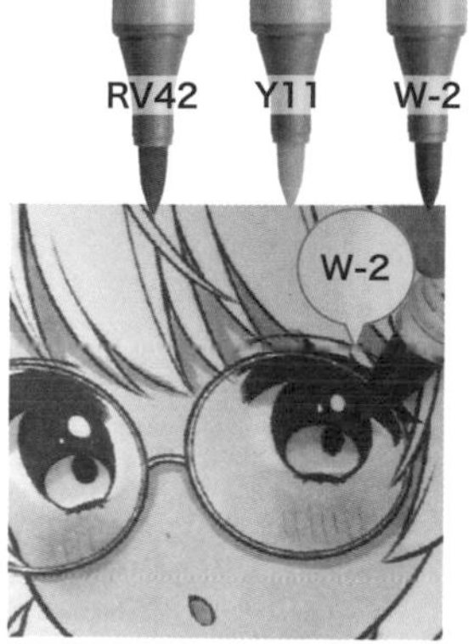

畫出淺灰色的眼皮陰影。

眼睛上色完成

YG41 0

3 頭髮

■ 底色上色

將藍色或綠色之類的深色暈開前，需要確實塗上 0 號，讓紙張保持溼潤，依序畫出每一條髮束。
用 0 號增加溼潤度後，從上面開始塗綠色並在高光處留白，接著繼續用 0 號暈染。髮尾也以同樣的方式上色。

側邊飄動的頭髮也一樣，以高光部為中心塗上 0 號，然後由上而下塗綠色。

用 0 號暈染，髮尾也要塗上綠色，並且在高光處留白。

■ 風乾後畫出陰影

B12 Y11

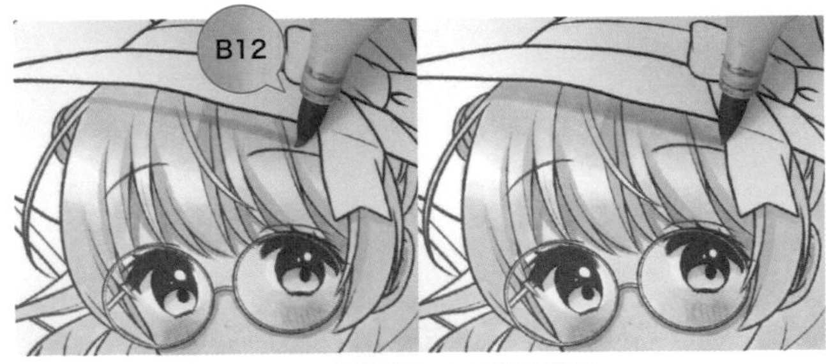

在需要調暗的地方塗綠色，例如帽子和頭髮的陰影。

在藍色的地方疊加黃色，畫出深綠色。

有深綠色麥克筆的人，也可以直接用深綠色畫陰影，不需進行疊色！

4 襯衫

B60 B12 Y21

■ 底色上色

用淡紫色畫陰影。上色時可以參考照片素材，想想該在哪些地方上色才能突顯立體感。

■ 衣領上色

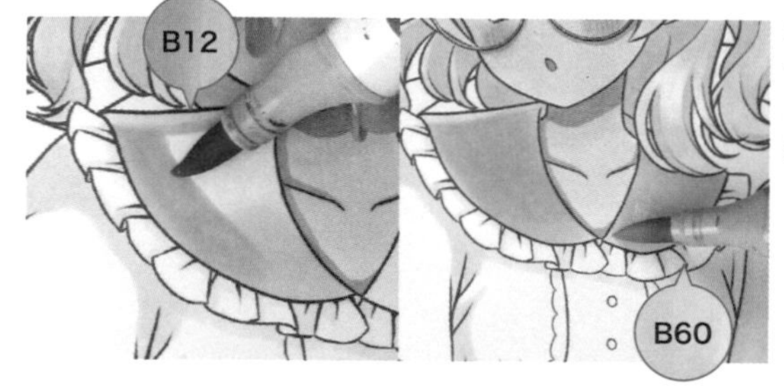

在亮部塗一點淡紫色並疊加藍色，畫出漸層色調。用淡紫色暈開交界處。

■ 繪製條紋

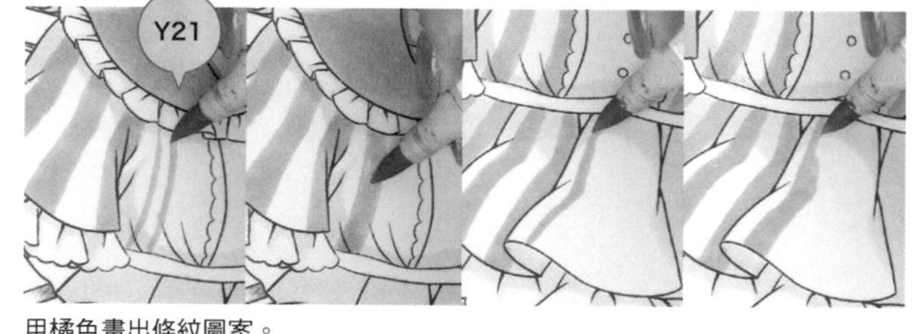

用橘色畫出條紋圖案。
上色時，也要考慮到衣服的凹凸起伏及下襬的寬度喔！

■ 繪製邊緣和皮帶

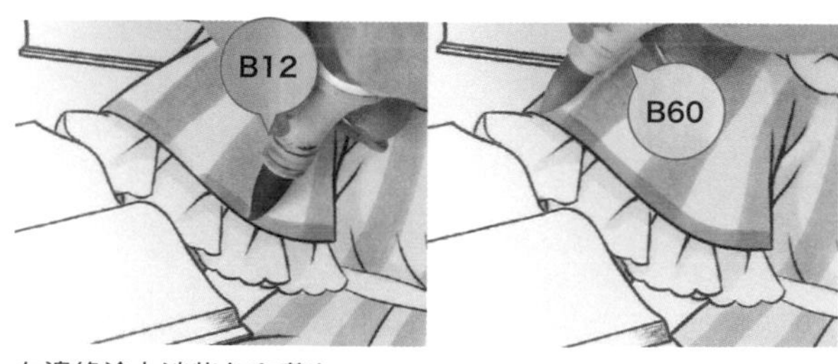

在邊緣塗上淡紫色和藍色。
在亮部塗淡紫色，並且暈開交界處。

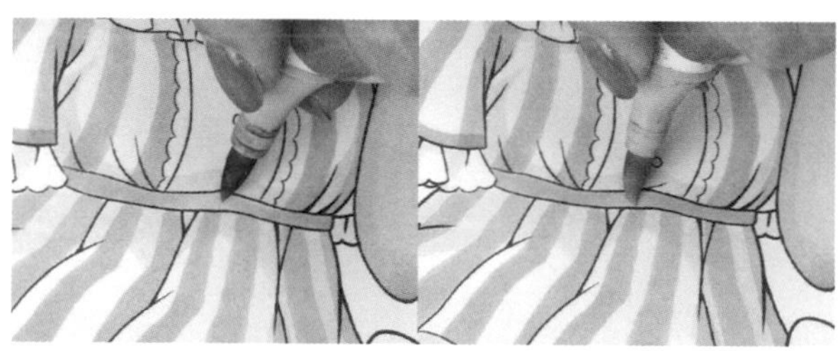

用同樣的兩種顏色繪製皮帶，在中間塗上淡紫色。

■ 繪製荷葉邊和鈕扣

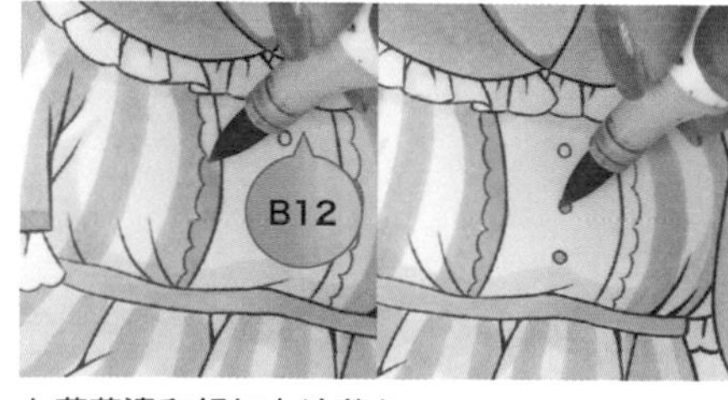

在荷葉邊和鈕扣上塗藍色。
用筆尖仔細地上色。

覺得徒手畫線條很困難的話，可以先用鉛筆畫出淺淺的線條喔！

襯衫 上色完成

5 短褲

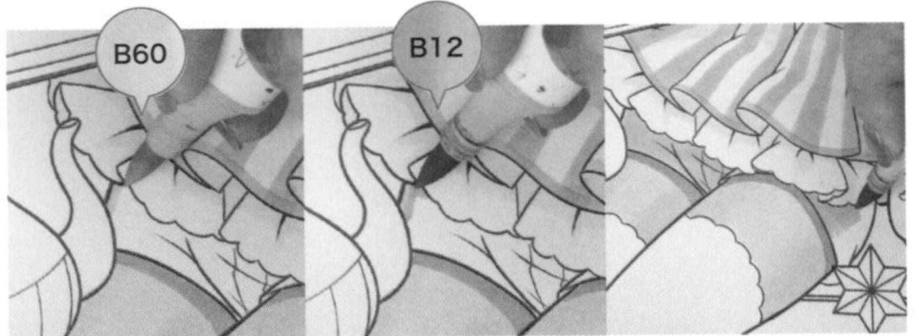

在亮部塗上淡紫色，接著畫出藍色的底色。

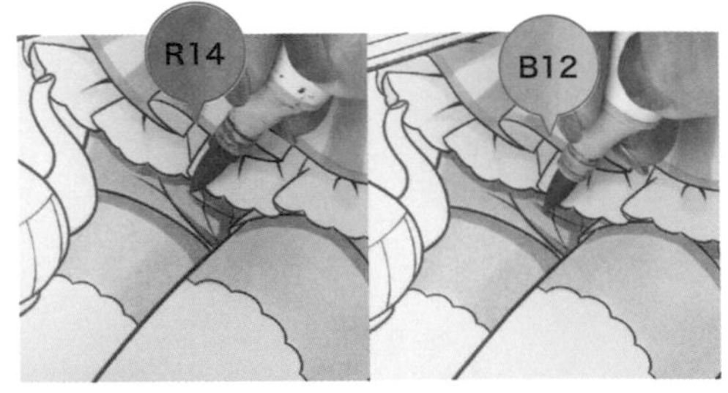

顏料乾了之後添加陰影。在荷葉邊的陰影和皺褶上塗紅色，接著疊加藍色，調出深紫色。

6 帽子與長襪

■ 帽子上色

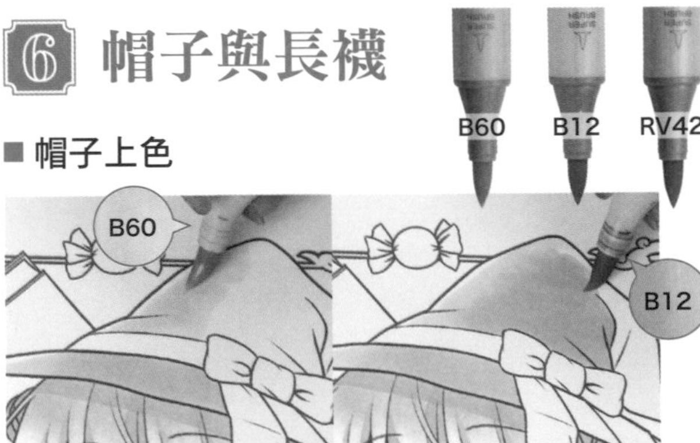

在亮部塗上淡紫色，接著畫出藍色的底色。
用淡紫色暈開邊界，讓顏色更融入。

畫出帽子內側的陰影。
在邊緣留白，先塗粉紅色再疊加藍色，畫出更深的顏色。

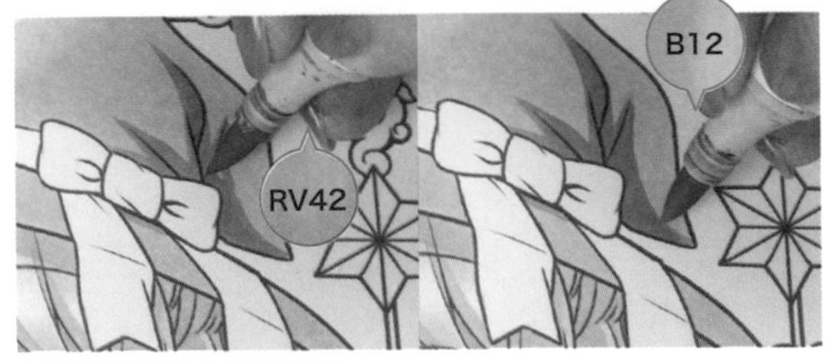

在彎折的帽子中添加皺褶。
用粉紅色和藍色畫出陰影，增加立體感。

■ 蝴蝶結上色

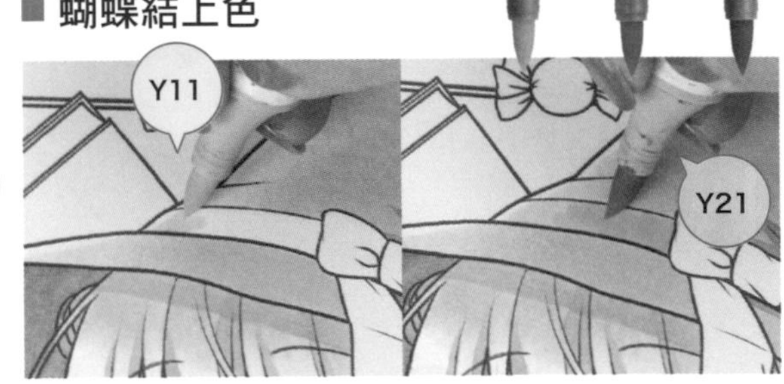

在亮部塗上黃色，用橘色畫出底色。
用黃色暈染邊界。

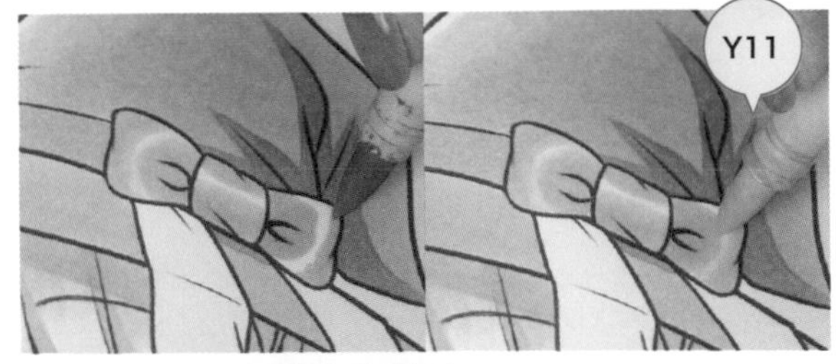

在高光處留白，在蝴蝶結中塗橘色。
在留白的高光上疊加黃色。

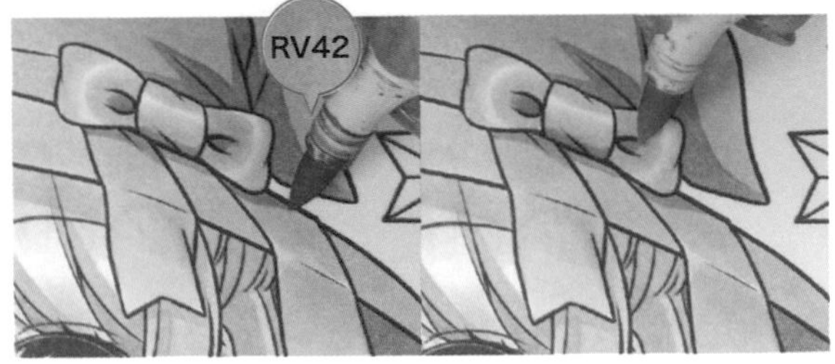

在打結處的周圍以及環形區塊的下方，
疊加粉紅色和橘色，將陰影畫出來。

■ 長襪上色

W-2　W-5

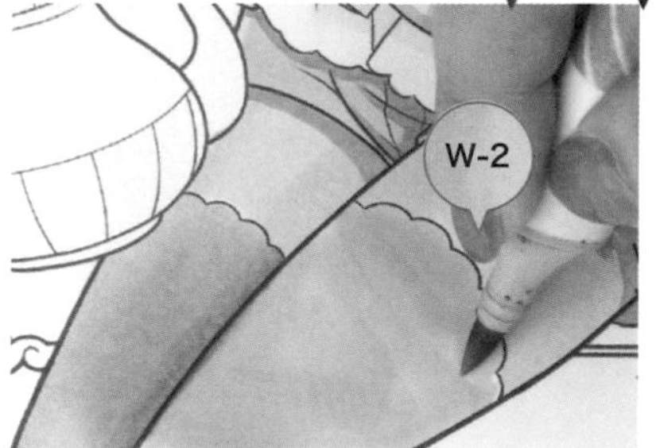

在整體塗上淺灰色。

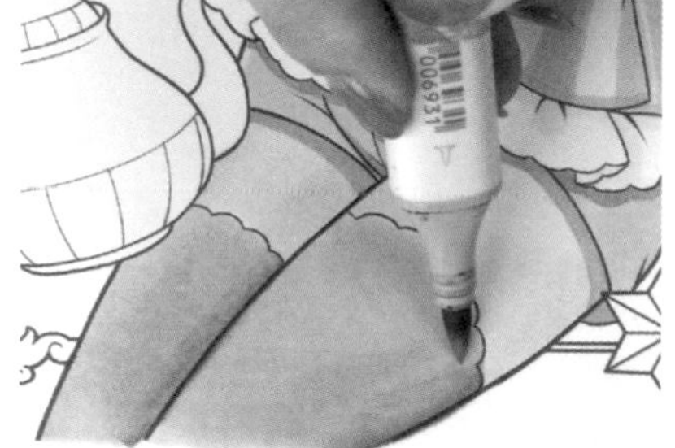

在邊緣二次塗色，畫出更深的灰色，增加立體感。

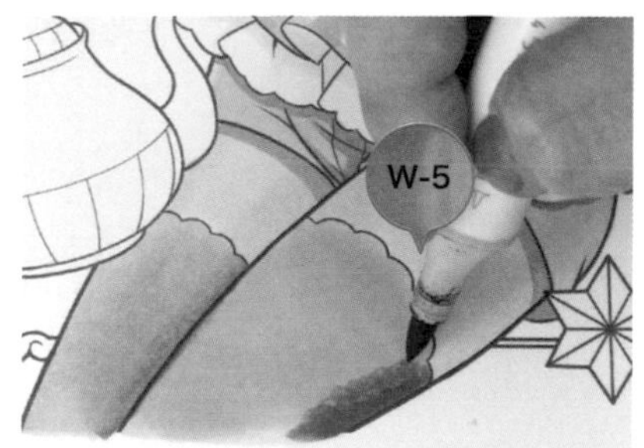

用深灰色加深最前面及兩腿交界處的顏色，呈現立體感。

接下來讓我們練習看看咖啡杯、書本和金屬邊框吧！

■ 衣領陰影上色

RV42　B12

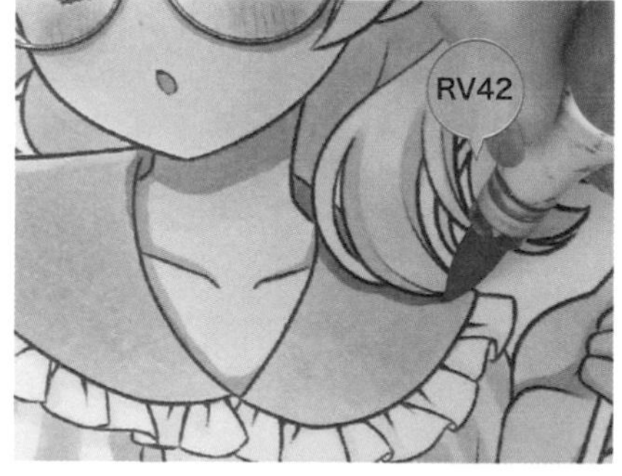

修飾人物，畫出陰影細節，做出層次感。
頭髮蓋住的衣領或是脖子後方的顏色比較深，在這些地方塗上粉紅色。

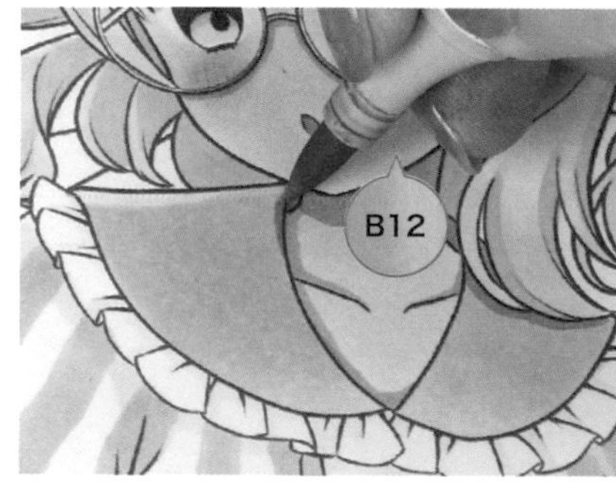

在上面疊加藍色，畫出更暗的顏色。

W-2 B60 0 RV42 R14 W-5

咖啡杯與茶壺

■ 咖啡杯上色

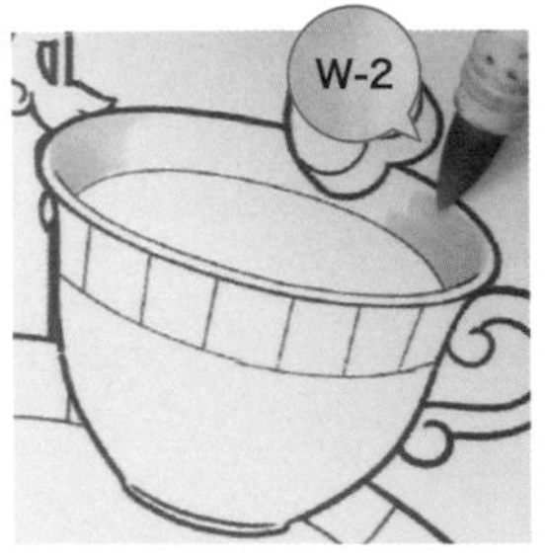

在杯子內側的兩端塗上淺灰色。

疊加淡紫色。

用 0 號暈開，讓淺灰色融入中間的白色。

底色完成。

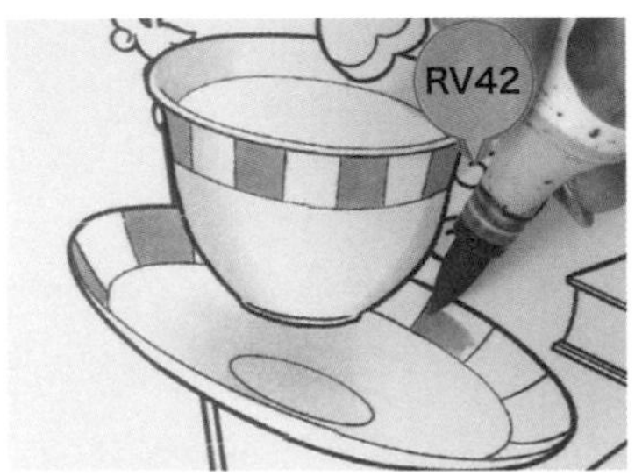

畫出杯子的圖案。
在圖案中交替塗上粉紅色。

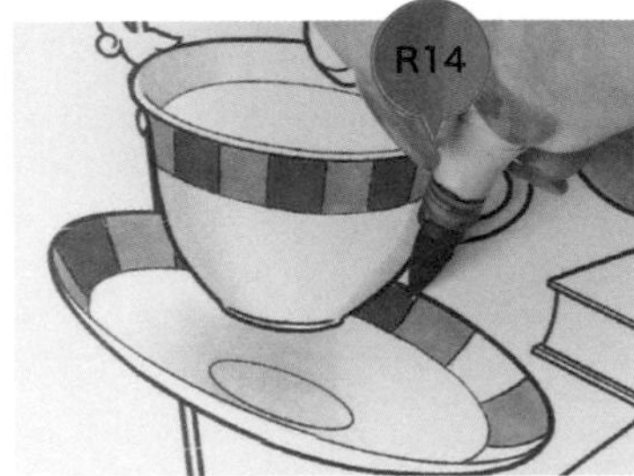

在留白處塗上紅色。

先在咖啡區塊中平塗紅色。

繼續疊加深灰色，畫出咖啡色。

最後在心型糖塊中塗上淺灰色的陰影。

■ 茶壺上色

上色的順序跟咖啡杯一樣。塗好底色後，用粉紅色和紅色繪製圖案。

8 點心

R14 RV42 R00 W-2 B60 YG41 B12 Y21

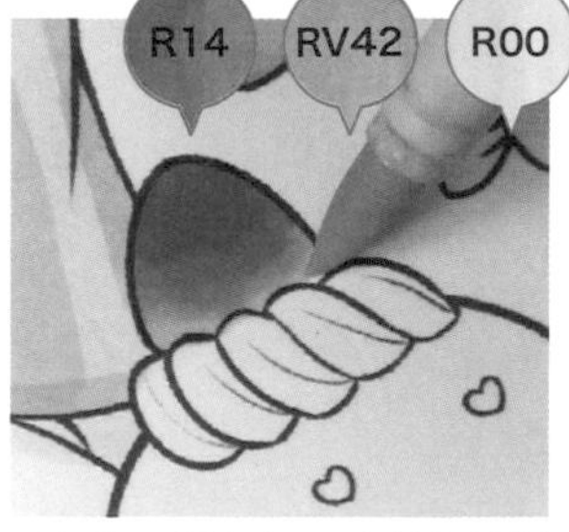

用紅色、粉紅色、淡粉色繪製草莓，畫出 3 色漸層色調。

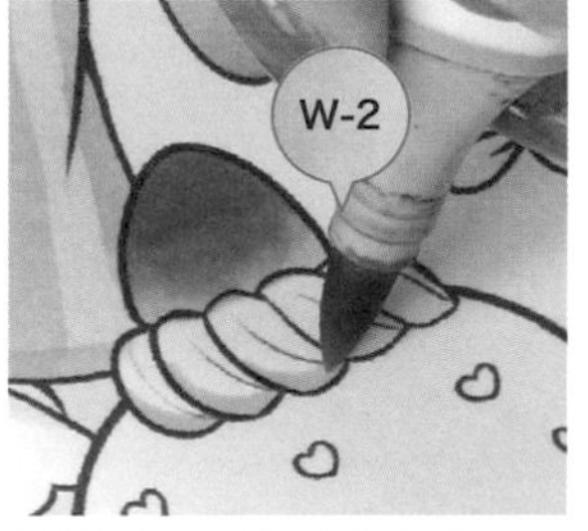

用淺灰色畫出奶油的陰影。

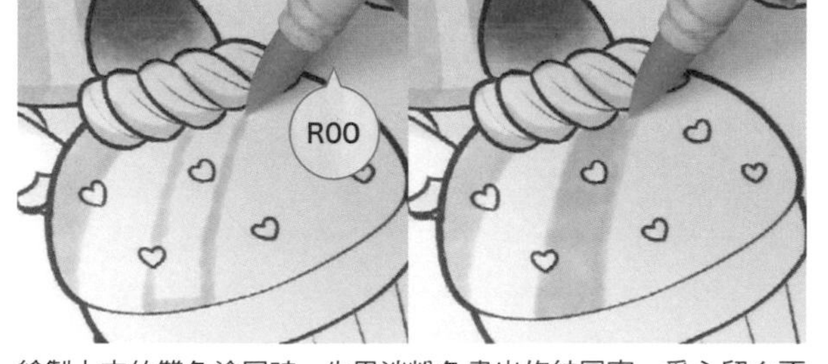

繪製上方的雙色塗層時，先用淡粉色畫出條紋圖案，愛心留白不上色。

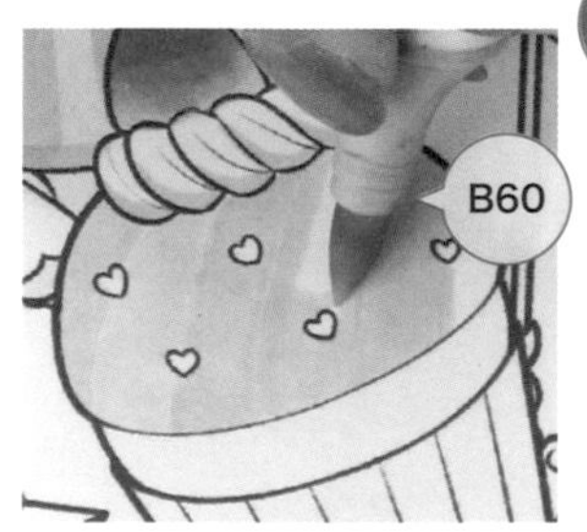

另外一色則選用淡紫色。

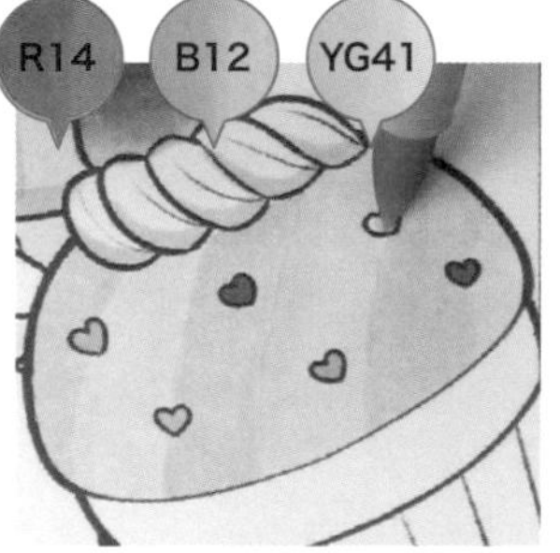

用紅、藍、綠 3 色繪製愛心裝飾。

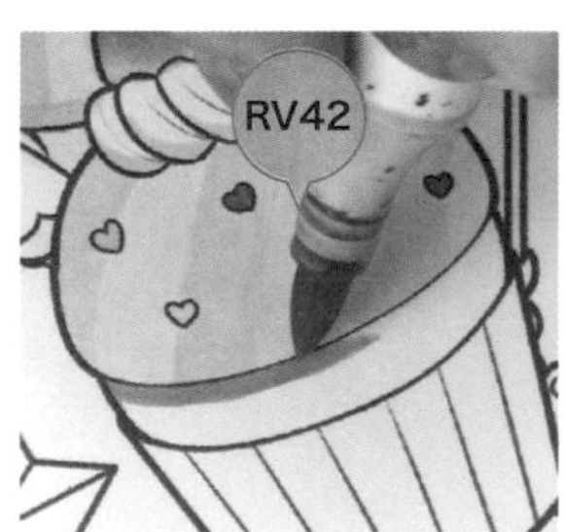

下層海綿蛋糕的上方有陰影，在陰影處塗上粉紅色。

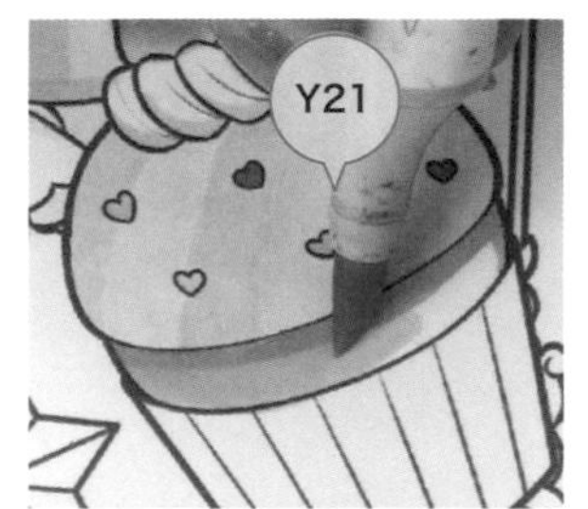

以橘色作為海綿蛋糕的底色，並用粉紅色暈染。

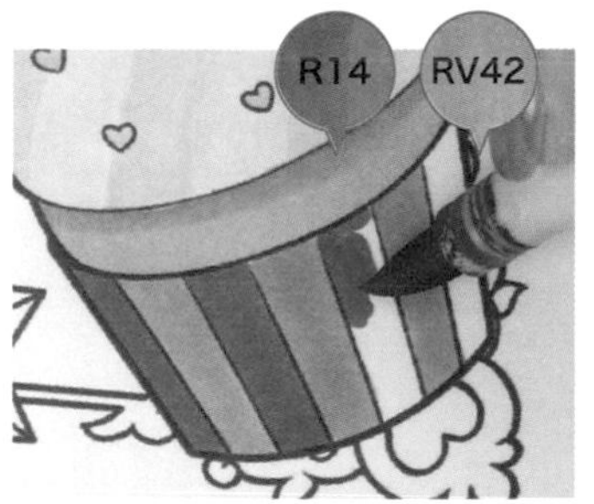

在杯底的條紋中塗上粉紅色和紅色。

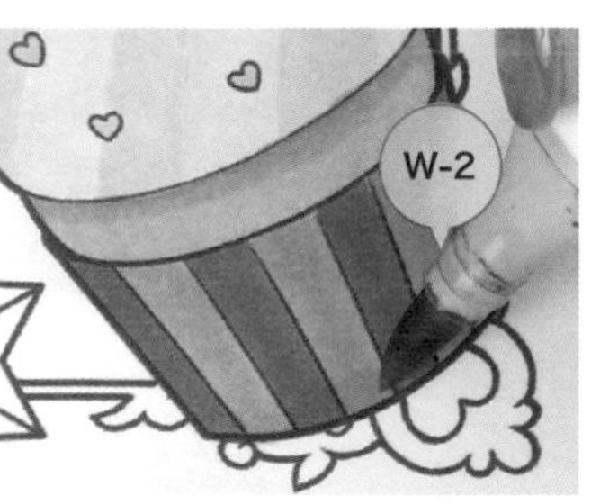

在下方用淺灰色塗一點陰影。

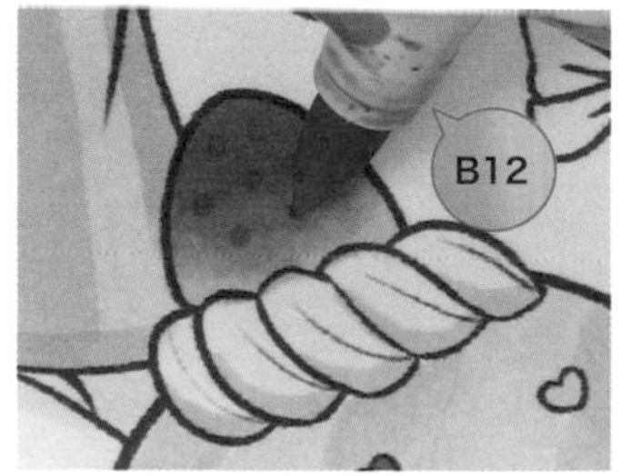

用藍色畫出草莓籽。

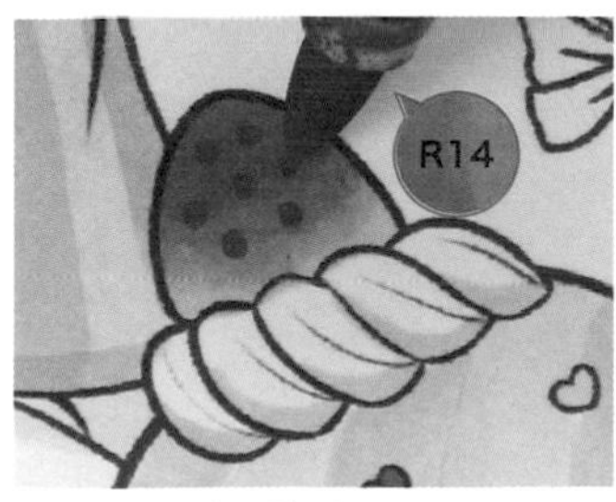

疊加紅色，加深顏色。

YG41 B12 Y11 B60 W-2 Y21 R00 RV42 0

9 書本

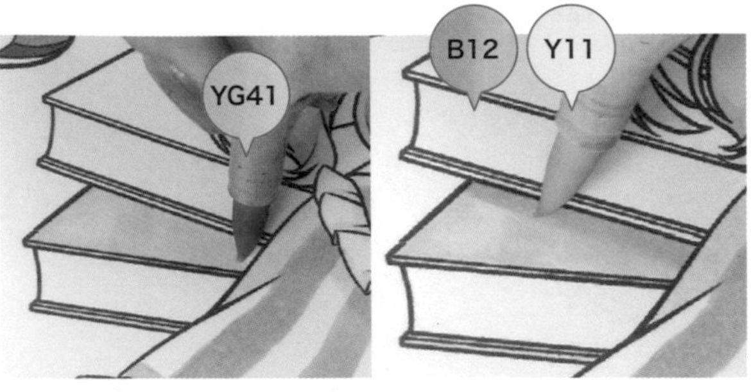

繪製綠色書本。以綠色作為底色，
在陰影處疊加藍色和黃色，讓顏色更深。

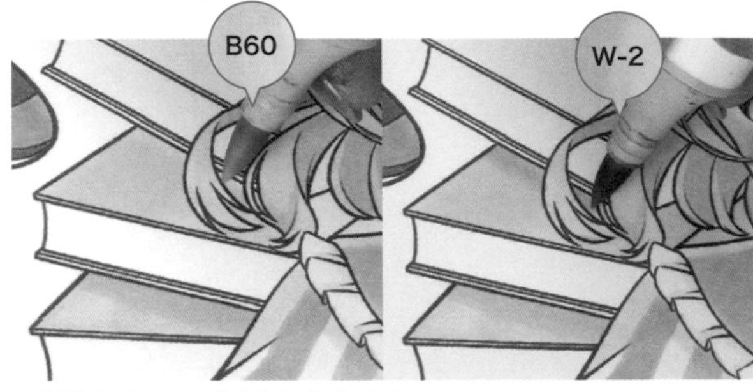

繪製紫色書本。以淡紫色作為底色，
在陰影處添加淺灰色。

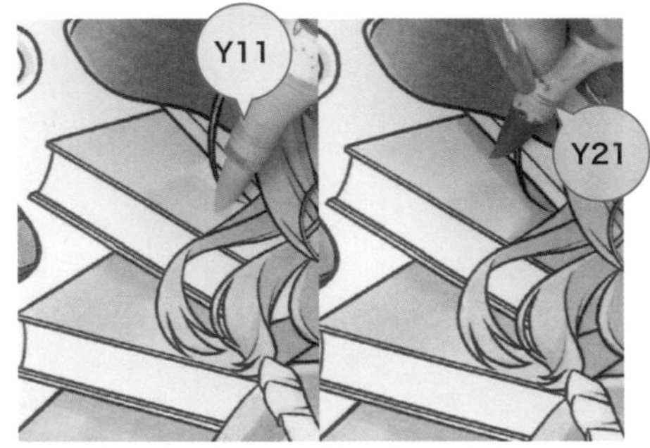

繪製黃色書本。以黃色作為底色，
在陰影處疊加橘色，讓顏色更深。

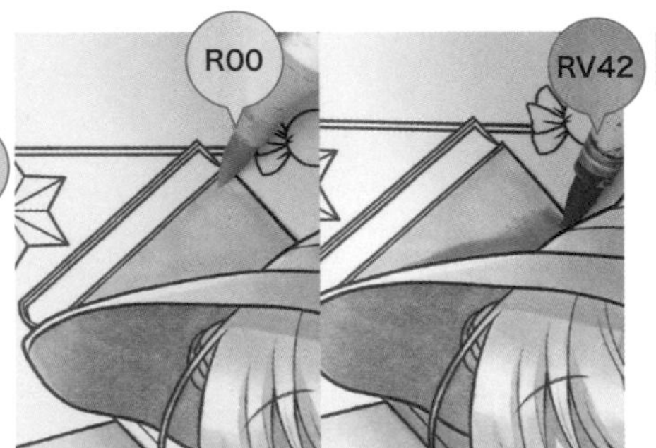

繪製粉紅色書本。以淡粉色作為底色，
在陰影處疊加粉紅色。

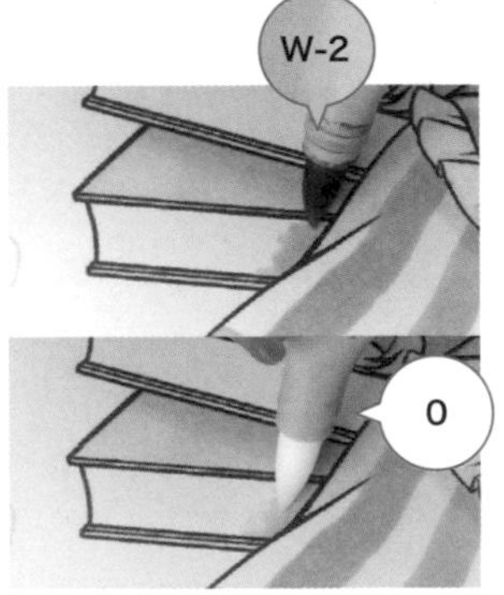

在白色區塊塗上淺灰色的陰影，
並用 0 號暈染。

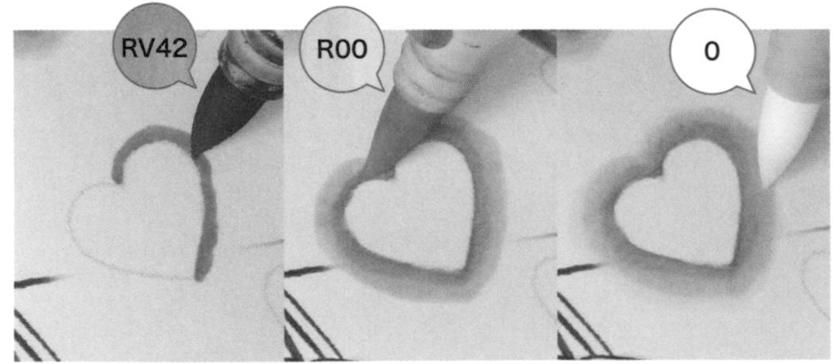

繪製從書中飛出來的愛心。在邊緣塗上粉紅色，並用淡粉色暈開外圍。
接著用 0 號暈染，讓顏色更融入白紙。

人物的手上有一本書，選用綠色作為書皮的顏色。
在書頁中塗上淺灰色的陰影，並用 0 號暈開。

Y11 W-5 W-2 RV42 Y21 B12 R14

10 金屬邊框與手杖

用黃色繪製底色。保留四個面，將光從右上方照射的樣子表現出來。

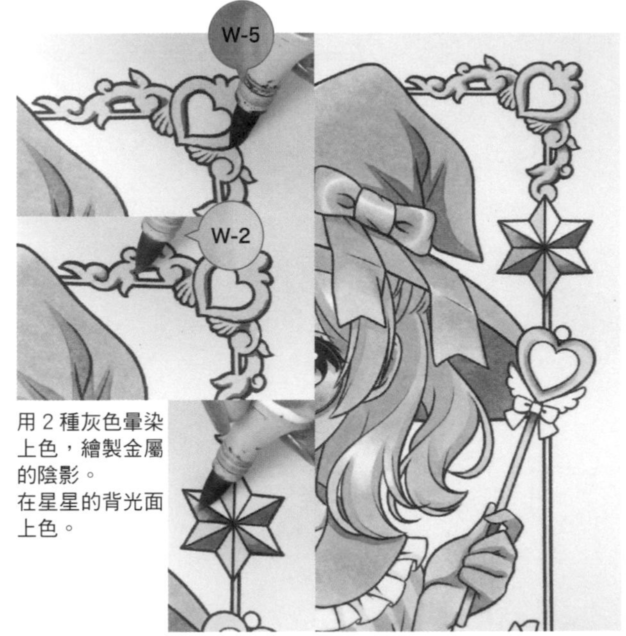

用2種灰色暈染上色，繪製金屬的陰影。
在星星的背光面上色。

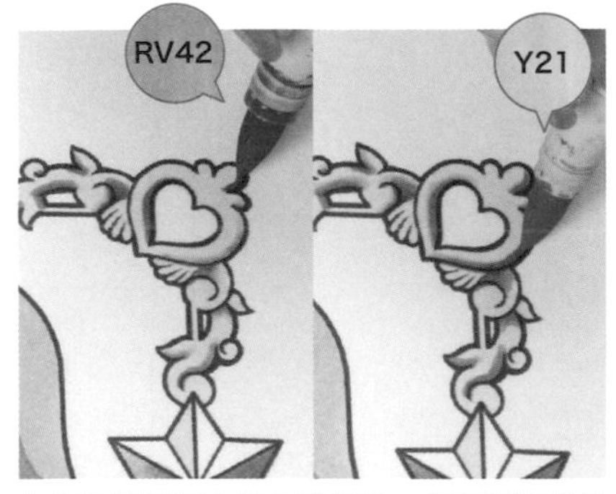

在灰色的陰影上疊加粉紅色，接著繼續疊加橘色。

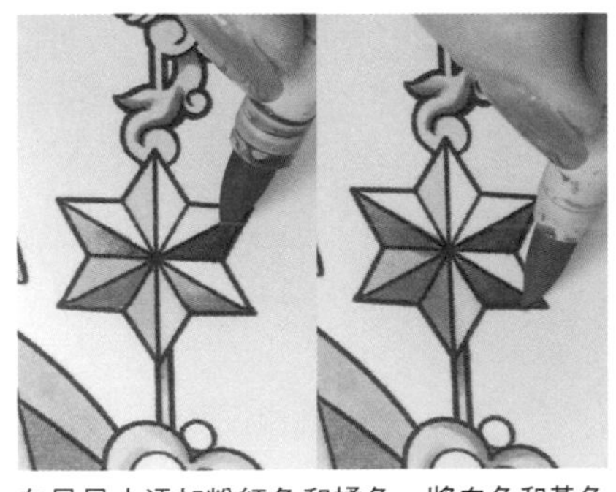

在星星中添加粉紅色和橘色，將白色和黃色2面留白。

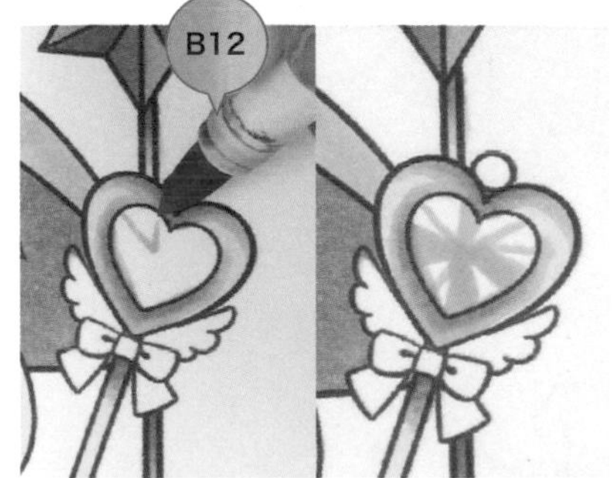

手杖裡嵌著寶石，在寶石中塗上藍色。畫出往中央集中的線條。

在蝴蝶結中塗紅色。

藍色乾了之後，用深灰色畫出反光。

完成

依喜好繪製糖果圖案，上色完成。

Q&A まりぽり問答時間！

Q 開始使用COPIC麥克筆的契機為何？

A 我在瀏覽某個拍賣網站時發現一件出乎意料的事，原來許多人會販售自己繪製的COPIC插畫，這讓我感到很驚訝。
因此我有了「我也想挑戰COPIC插畫」的念頭，於是便購入COPIC Ciao 72色套組開始練習。

Q 你喜歡畫哪些東西？

A 我喜歡畫女孩子、日式點心、甜點這類可愛的人事物。

Q COPIC麥克筆有什麼的魅力？

A 顏色很漂亮，可以畫出很好看的作品，這點我很喜歡。
而且還可以補充墨水、更換筆尖（筆頭），所以可長期使用、CP值很高也是COPIC麥克筆的優點。

Q 除了COPIC麥克筆之外，你還會使用其他畫具嗎？

A 繪製線稿時，我會使用「COPIC Multiliner代針筆」，這款代針筆跟COPIC麥克筆很搭，另外還會使用色鉛筆。畫高光時會搭配「COPIC Opaque White」不透明白色水性顏料，可以畫出很好看的白色。

Q 從草稿、底稿到上色的製作過程是如何進行的？

A 我會使用「CLIP STUDIO PAINT」繪圖軟體，在電腦上完成草稿和草圖。
觀察畫面平衡並進行微調，修飾到一定程度後，用印表機影印草圖。
接著放在透寫台上，用自動鉛筆在正式稿的畫紙上描線，用COPIC Multiliner代針筆描黑線。
接著用橡皮擦仔細地擦掉鉛筆稿，並且用COPIC麥克筆上色。

Q 你如何決定該使用哪些顏色？

A 用自己擁有的所有COPIC麥克筆製作色彩表，色彩表是很方便的工具。我經常一邊檢視色彩表，一邊決定使用的顏色。
我會先決定插畫的主色調（例如：天空的插畫採用藍色調，草莓或莓果風格的插畫則是紅色調）。
接著再看看色彩表，「偏藍的綠色」、「偏藍的灰色」、「偏紅的褐色」、「偏紅的紫色」像這樣尋找能夠搭配主基調的顏色，並在廢紙上試塗後決定使用的顏色。

Q 如何發現可愛的人物姿勢？

A 我覺得手放在臉上的動作很可愛（笑）。

我會用素描模型擺出姿勢，或是參考「CLIP STUDIO PAINT」3D素描人偶的動作。

Q 在背景的題材方面，你是如何找到靈感的？

A 我會一開始就決定想畫的主題、主題物、形象色，接著查詢資料，上網搜集相關資訊，在不影響主要人物和主題物的情況下，尋找次要的主題物。

Q 在畫面的構圖和角度呈現上，你會注意哪些地方？

A 我覺得A4尺寸畫起來很順手，所以平常喜歡用A4紙張作畫。我會思考該用什麼樣的構圖和角度才能順利將構思放入畫面中。
臉部和主題物是最需要被突顯的地方，我會思考它們在A4畫紙上的位置，觀察畫面是否保持協調。

Q 請分享一下推薦的練習方法吧！

A COPIC、水彩、電腦繪圖都可以，請多多欣賞各種形式的插畫作品。
雖然上色方式不大相同，但只要從中發掘作者的用色方式或講究之處，就能得到很多收穫。
在現今的時代，我們可以從社群媒體、繪畫技法書、YouTube等平台獲取豐富的資訊，請多多善用這些工具。

Q 未來想挑戰什麼樣的題材？

A 夏季夜空中的煙火這種表現閃耀光芒的主題，希望可以畫得更好！

Q 你想把這本書推薦給什麼樣的人？

A 剛開始練習時，我們會產生很多疑惑，例如有人想畫女孩子，或是水果、寶石之類的各種主題物，卻不知該如何使用顏色。有人不知道該準備幾支筆才能完成一幅插畫。
透過這本書可以學習到人物、多種主題物的上色及混色方法。少少的顏色也能體驗繪畫的樂趣，如果讀者能因此體認到這點的話，我會很高興的。

Maripori Gallery

まりぽり畫廊

星之子（2019年・A4）

女孩與星辰一同漂浮漫步於太空中。背景中的閃爍光點和銀河也是一個一個畫出來的。

水果潘趣酒（2021年・A4）

作者想畫出夏天的感覺，於是加入了喜歡的水果主題物，這是一幅具有時尚可愛氛圍的插畫。

星之公主（2021年・F5）

為了COPIC AWARD繪製的作品。作者努力將光芒真實閃爍的效果表現出來。構思光和頭髮的流向及構圖，並且呈現出符合公主氣質的人物設計。

Strawberry Charlotte Cake（2021年・A4）

發表於地區性團體展「日式點心展」的作品，以草莓夏洛特蛋糕為主題繪製而成。作者喜歡草莓和莓果類型的主題物，平時經常使用這些題材。

作者　まりぽり

以繪製COPIC插畫為主的插畫家，主要在社群網站、活動、展覽等平台發表作品。喜歡可愛的事物，經常畫女孩子、日式甜點、點心、獸耳等元素。負責繪製『※塗り絵でまなぶ　コピックのきほん』（HOBBY JAPAN）、『コピックかんたん上達色ぬりレッスン』（玄光社）、「季刊S vol.51」（德間書店）的COPIC繪畫頁面，以及『きせかえひめ』（学研）『かしこガールのキラキラレッスン　心理学を使ってこころを整理する本』等書的插畫，工作範圍十分廣泛。
※繁中版 從著色繪本學習：COPIC 麥克筆技法（ISBN 9789579559591）北星圖書事業股份有限公司出版

【工作人員介紹】

攝影	小川修司（レッスン6・7・9・10、11～13） 末松正義（レッスン10・14）
設計	清水佳子（smz'）
排版設計	高八重子
企劃編輯	森基子（ホビージャパン）
企劃協力	トゥーマーカープロダクツ

※COPIC為株式會社Too的註冊商標。

從著色繪本學習

COPIC麥克筆插畫

12色繪製女孩與可愛背景！

作　者　まりぽり
翻　譯　林芷柔
發行人　陳偉祥
出　版　北星圖書事業股份有限公司
地　址　234新北市永和區中正路462號B1
電　話　886-2-29229000
傳　真　886-2-29229041
網　址　www.nsbooks.com.tw
E-MAIL　nsbook@nsbooks.com.tw
劃撥帳戶　北星文化事業有限公司
劃撥帳號　50042987
出版日　2022年11月
ISBN　978-626-7062-26-5
定　價　350元

如有缺頁或裝訂錯誤，請寄回更換。

塗り絵でまなぶコピックイラスト
女の子キャラとかわいい背景が12色で完成!

國家圖書館出版品預行編目(CIP)資料

從著色繪本學習：COPIC麥克筆插畫—12色繪製女孩與可愛背景！／まりぽり作；林芷柔翻譯. -- 新北市：北星圖書事業股份有限公司，2022.11
144面；　18.7×23公分
ISBN 978-626-7062-26-5(平裝)

1. CST：繪畫技法

948.9　　111008531

官方網站

臉書粉絲專頁

LINE 官方帳號